陕西师范大学中国语言文学"世界一流学科建设"成果
本书获陕西师范大学公费师范生教育硕士教材建设项目资助

基于核心素养提升的语文智慧课堂

主　编　吕　洋

副主编　徐殿东　张晓华

陕西师范大学出版总社

图书代号　　JC19N1453

图书在版编目(CIP)数据

基于核心素养提升的语文智慧课堂/吕洋主编. —西安：
陕西师范大学出版总社有限公司，2019.9
ISBN 978 - 7 - 5695 - 0386 - 9

Ⅰ.①基…　Ⅱ.①吕…　Ⅲ.①语文课—课堂教学—教学
研究—研究生—教材　②语文课—课堂教学—教学研究—
中小学　Ⅳ.①G633.302

中国版本图书馆 CIP 数据核字(2018)第 256732 号

基于核心素养提升的语文智慧课堂
JIYU HEXIN SUYANG TISHENG DE YUWEN ZHIHUI KETANG
吕　洋　主编

责任编辑/	冯新宏　原　馨	
责任校对/	李　敏　冯新宏	
封面设计/	金定华	
出版发行/	陕西师范大学出版总社	
	(西安市长安南路 199 号　邮编 710062)	
网　　址/	http://www.snupg.com	
经　　销/	新华书店	
印　　刷/	西安日报社印务中心	
开　　本/	787mm×1092mm　1/16	
印　　张/	18.75	
字　　数/	310 千	
版　　次/	2019 年 9 月第 1 版	
印　　次/	2019 年 9 月第 1 次印刷	
书　　号/	ISBN 978 - 7 - 5695 - 0386 - 9	
定　　价/	58.00 元	

读者购书、书店添货若发现印刷装订问题，请与本社高教出版中心联系调换。
电　话:(029)85303622(传真)　85307826

目　　录

第一章　语文核心素养与智慧课堂

2014 年 3 月,教育部印发的《关于全面深化课程改革落实立德树人根本任务的意见》中,"核心素养"被置于深化课程改革、落实立德树人目标的基础地位。2015 年 5 月,教育部部长袁贵仁在普通高中课程标准修订第五次工作会议上讲话强调,要围绕"培养什么人、怎样培养人"这个根本问题,准确把握好新时期课标修订的目标任务,并指出要抓好学生核心素养发展、学业质量标准研制的关键环节,充实完善课程标准,发挥其应有作用,使其真正成为教材编写的指导、教师培训的大纲、课堂教学的遵循、学生学习的标准、考试命题的依据。由此可见,我国课程标准修订的重大主题也从"三维目标"逐步转向"核心素养"。国际上大多数国家、地区与国际组织认为,以个人发展和终身学习为主体的核心素养模型,应该取代以学科知识结构为核心的传统课程标准体系。核心素养是时代的选择,也适合当今社会的需要。

第一节　语文教育要指向核心素养

一、核心素养、语文素养与语文核心素养

1. 核心素养的内涵

"素养",《辞海》里解释为"经常修习涵养",如艺术素养、文学素养,并举《汉书·李寻传》为例:"马不伏枥,不可以趋道;士不素养,不可以重国"。《现代汉语词典》解释为"平日的修养"。从解释中可以看出,"素养"释义的三个关键词:过程(平日、经常);锻炼(修习);涵养。将其综合起来,"素养"是指人通过长期的学习和实践(修习培养)逐渐养成的达到某一高度的涵养,包括功利性和非功利性。所谓"核心"是指事物最主要且赖以生存和发展的那一部分,这一

部分可以是形象的,也可以是抽象的。因此,核心素养是学生最主要且赖以生存和发展的素养。核心素养远远超越知识、技能等的意义,它有丰富的内涵,是知识、能力、态度或价值观等方面的融合,在个体的终身发展、终身学习中,核心素养是关键、不可或缺的品质、能力、才干及精神面貌。杭州师范大学教育科学研究院的张华教授认为,核心素养是人们适应信息时代、知识社会和全球化时代的需要,是解决复杂问题和适应不可预测情境的能力和道德。它指向于培养21世纪信息时代、知识社会、全球化时代的新人,它既包括跨学科核心素养,又包括学科核心素养。这样的核心素养不是只适用于特定情境、特定学科或特定人群的特殊素养,而是适用于一切情境和所有人的普遍素养。

落实到学校教育中,核心素养引领、指导学科课程教学,它是学科壁垒的软化剂,打破各学科之间的界限,强调知识与知识之间并不相互孤立,学生可以综合运用多种学科知识解决实际问题。核心素养的形成依赖于各个学科独特的育人功能的发挥。学生的核心素养旨在促进人的全面发展,塑造关键能力,培养创新思维,适应未来社会,促进终身学习。

2. 语文素养的内涵

"语文素养"是《义务教育语文课程标准(2011年版)》(简称《义务教育语文课程标准》)和《普通高中语文课程标准(实验)》(简称《普通高中语文课程标准》)中的一个核心理念。《义务教育语文课程标准》指出:九年义务教育阶段的语文课程,必须面向全体学生,使学生获得基本的语文素养。语文课程的建设应继承我国语文教育的优良传统,注重读书、积累和感悟,注重整体把握和熏陶感染;同时应密切关注现代社会发展的需要,拓宽语文学习和运用的领域,注重跨学科的学习和现代科技手段的运用,使学生在不同内容和方法的相互交叉、渗透和整合中开阔视野,提高学习效率,初步养成现代社会所需要的语文素养。①

《普通高中语文课程标准》对"语文素养"是这样表述的:"高中语文课程应进一步提高学生的语文素养,使学生具有较强的语文应用能力和一定的审美能力、探究能力,形成良好的思想道德素质和科学文化素质,为终身学习和有个性的发展奠定基础。""高中语文课程必须充分发挥自身的优势,弘扬和培育民族

---

① 中华人民共和国教育部. 义务教育语文课程标准:2011年版[S]. 北京:北京师范大学出版社,2012:2-4.

精神,使学生受到优秀文化的熏陶,塑造热爱祖国和中华文明、献身人类进步事业的精神品格,形成健康美好的情感和奋发向上的人生态度;应增进课程内容与学生成长的联系,引导学生积极参与实践活动,学习认识自然、认识社会、认识自我、规划人生,实现本课程在促进人的全面发展方面的价值追求。"①这两份课程标准都明确提出了"全面提高学生语文素养"这一目标理念,并把它置于基本理念之首。

根据课程标准,语文素养可以界定为:在语文学习和实践中,学生通过识字、写字、阅读、写作与口语交际等能力的培养及综合性学习,内化人类优秀的文化成果,最终使自身的语文涵养达到一定的高度。这其中包括字词句篇的积累,语感,思维品质,语文学习方法和习惯,识字写字、阅读、写作和口语交际能力,文化品位,审美情趣,情感态度,思想观念等。

从心理学的角度,语文素养还可以理解为:(1)言语信息。加涅讲的言语信息在语文课程中主要表现为:课文内容知识;语言知识;课文背景知识。(2)语文智慧技能。语文智慧技能是运用语言文字正确表述自己思想的技能,主要体现在字词句篇的掌握之中,可以大致分为字词学习、句子学习、篇章学习。(3)语文认知策略。语文认知策略是一套学习语文的程序,支配学生的学习过程并提高其学习效率。许多语文教师总结出来的语文学习方法,包括记忆字形的方法、阅读课文的方法以及文章构思取材的方法等,都属于认知策略。(4)语文动作技能。语文课程中的动作技能主要包括发音技能和书写技能等。(5)语文情感与态度。语文教材中的课文都是经过精心选择的,里面蕴含了许多情感和态度方面的内容。这些内容可以分为两方面:一是道德,课文中歌颂、赞美的人物可以作为学生模仿的榜样,学生从中习得做人处世的价值标准。二是审美,课文作者在文中表达的情感、描绘的美好意境,可以引起学生的共鸣,达到陶冶情操的目的。语文素养中的情感态度、审美情趣、文化品位等内容基本上属于此类。

"语文素养"这一概念全面体现了课程改革的三个思考维度:知识和能力、过程和方法、情感态度和价值观。它不仅强调学生基本知识和基本能力的获得,也关注学生的语文学习动机、兴趣、感受等具有个人色彩的因素,并要求学

①中华人民共和国教育部.普通高中语文课程标准:实验[S].北京:人民教育出版社,2003:1-2.

生参与到语文活动之中,在语文实践中学语文、用语文。它既追求学习的结果——知识与能力,也追求学生学习过程中的经历与使用的方法,更重要的是在民族精神的培育,健康美好情感的形成,向上的人生态度的培养等方面也提出了要求。这就改变了以往课程偏重知识、能力获得的倾向,挖掘了语文课程的多功能性,并将语文课程引向了全面发展的道路。

3. 语文核心素养的内涵

语文核心素养的概念是建立在语文素养的基础之上的。如上所述,语文素养的内涵十分丰富,语文学习者在语文学习过程中积累的语文知识,培养的语感,形成的语文思维、语言文字运用能力、语文情趣以及完美的人格,通过语文的视角来观察事物,用语文学科的思维、方法解决生活问题的内在涵养都可以称为语文素养。语文核心素养的培养,需要以语文素养的形成为基础,有机地结合学生发展核心素养的指标,从中提炼出语文核心素养的精华和灵魂。华东师范大学的陈胜庆教授认为:"课程的核心素养是学生在接受相应学段的教育过程中,逐步形成的与个人终身发展和社会发展有关的、最基本的知识与能力、观念与态度、情感与价值观等综合的表现。"

那么,语文课程的核心素养就是指学生接受语文教育,通过对语文课程的学习,初步形成语文学科的素养,并在此基础上有机结合基础教育课程的共同核心素养,逐步形成能促进个人终身发展,能适应未来社会的最基本的知识、必备品格和关键能力。其中最基本的知识就是指语言文字知识,必备品格是指立德树人,关键能力是指语言文字运用能力、语感、语文情趣、创新思维等。语文核心素养使人们适应信息时代、知识社会和全球化时代的需要,有能力解决生活中的复杂问题以及适应不可预测的情境。语文核心素养的具体含义是一个还需要继续深入研究的课题,但是语文核心素养必定不只是适用于语文教学情境、语文学科或是语文学习者的一种特殊素养,它应该适用于一切情境和所有人,是一种普遍素养。

语文核心素养具有基础性。一方面,因为语文核心素养是所有学生经过正常的语文教学过程可以达成的。因此,结合学生的心理发展规律,在相应的学段教授合适的内容,学生都可以实现积累语言知识,发展语文思维,形成相应的语文能力的学习目标。另一方面,因为语文核心素养是最基础的学科核心素养,掌握语言文字运用的能力,才可以学习其他学科课程。比如,做一道理科的题目,只有看懂文字,理解题目的意思,才可以尝试着去解答它。

语文核心素养具有终身性。语文的外延等于生活的外延,语文学习贯穿于人的一生。人一出生,语文学习就开始了,从牙牙学语到会造句,再到会阅读、会写作,语文能力一步步提升。语文核心素养就是学生在原有的语文知识经验和语文能力的基础上生成的稳定、长久的语文能力与语文素养。换言之,语文核心素养的内容是与社会发展和时代要求紧密结合的,它体现了对人终身发展和社会发展的要求。语文核心素养具有长效性,能够对个体的未来生活产生持续影响。语言文字运用能力、语文情趣等都会使个体在未来社会发展中终身受益。

语文核心素养不是与生俱来的,它是在日常生活和语文课程的学习过程中慢慢培养起来的。在不同的教育阶段,语文核心素养也呈现出不同的阶段性特征,任何一个教育阶段的结束都不会是语文核心素养培养的终点。语文核心素养的培养过程也是语文知识不断丰富,语文思维不断拓宽,语文情趣更加健康,语文能力日益提高的过程。语文核心素养的培养是长期的任务,是一个循序渐进、不断丰富、不断深化的发展过程。

二、语文核心素养的构成要素

语文核心素养是学生全面发展和终身发展的基础,应包括以下基本点:语言运用、思维发展、语文习惯、审美情趣、文化传承、品德修养。

1. 语言运用

语文课程应不断丰富学生的语文知识,指导学生更好地了解语言规律。如现代汉语知识、作家作品知识、文章知识、文学知识、文化常识等,在掌握知识的同时,体悟文本的表达方式、表现手法、语言特色、篇章结构和文体特征。另外,也应把社会常识和科普常识纳入教学内容安排在初高中各个年级之中。初高中各年级均应不断加强和提升学生的语文综合能力,包括语文应用能力、审美能力和探究能力,并促使这些能力不断适应学生实际和生活需要。因此,语文核心素养中的语言运用能力,主要是指学生在丰富的语言实践活动中主动积累、梳理和整合知识,逐渐掌握语言文字的特点及其运用规律,形成个人的语言经验,在不同的语言环境中正确有效运用语言文字进行交流沟通的能力。

(1)加强语言积累。课程标准多次提出"语文教学要注重语言的积累""在诵读实践中增加积累",并对学生的语言积累提出了阅读和背诵的量化指标。积累,它是一种极为重要的实践,因为学习的过程就是积累的过程。语言积累不是对语言现象的简单记忆,而需要经历一个理解、感悟、鉴赏、应用的过程。可以把语言积累分为四个方面:语言的知识积累,包括字、词、句、段、篇、章知识的逐步积累和丰富;语感的积累,这是在阅读教学中培养起来的,从中增强学生与文学作品进行心灵对话、理解沟通的能力,提高审美情趣,积累语言中所蕴含的形象感、意蕴感和情趣感;语言法则的积累,包括词法、句法、章法和修辞法则;规范语言的积累,如课文精彩片段的记忆,优秀诗文的背诵等。

根据以上内容,就积累的方法来说,主要有两个方面:一是从文本中摘录,二是从交际中习得。语言积累是一种动态的体验,因此,加强语言积累,既要注重"是什么""为什么"的显性知识,更要重视"怎么做"和"如何做"的隐性知识。显性知识通过相关媒介可以获得,隐性知识要靠社会实践获得。所以教学中不仅要学习、掌握这些语言知识,更重要的是要钻到课文里,结合具体语言环境让学生习得语言、积累语言,在语言品味和语言训练上多下功夫,从而学习作者运用语言的妙处和运用这些知识来表情达意的技巧。通过对语言的品味、揣摩,让学生能够理解课文内容;通过对语言的训练,培养学生运用语言的本领。

(2)加强语文综合能力的培养。语文核心素养是以语文能力的培养为重点内容的,没有能力,就没有素养。语文教学的重中之重就是培养听说读写能力。

《义务教育语文课程标准》明确指出:"语文是实践性很强的课程,应着重培养学生的语文实践能力,而培养这种能力的主要途径应是语文实践,不宜刻意追求语文知识的系统和完整。语文又是母语的教育课程,学习资源和实践机会无处不在,无时不有。因而,应该让学生更多地直接接触语文材料,在大量的语文实践中掌握运用语文的规律。"这项内容大大淡化了对系统的语文知识传授的要求,这在当前系统的语文知识已被严重狭隘化的情势下是很有必要的。同时,这一精神也贯穿于识字与写字、阅读、写作、口语交际等各方面的能力要求中,突破了传统学习的知识灌输方式。例如,在识字写字教学中强调能识、能写、能说等;关于阅读,强调丰富积累,发展语感,学会运用多种阅读方法;关于写作,也注重实际的表达和交流能力;在口语交际方面强调"在各种交际场合""人际沟通和社会交往"等等。《普通高中语文课程标准》继续强调:"应该让学生在广泛的语文实践中学语文、用语文,逐步掌握运用语言文字的规律。"新的高中选修课程目标中不同的系列也都提出了不同实践活动的要求,形式多样,丰富多姿。既提倡尝试各种文体的创作活动,又有组织文学社团、朗诵小说、表演戏剧、演讲与辩论等生动有趣的活动,更有小说、戏剧、文化等的专题研究和探究学习。这些不同层次、不同形式的实践活动,为学生的语文学习和素养提升打开了一扇自由的门,学生可以根据自己的需要和兴趣选择课程,提高学习语文的兴趣和积极性。从更广阔的视野看,还适应了社会对人才的多样化需求和学生对语文教育的不同期待,体现出高中语文课程力求富于实践性、开放性、多元化的变革目标。

语文核心素养的培养,重点就应该放在听话、说话、阅读、写作四项上,按不同的学段和年级,其侧重点应有所区别。初中主要培养学生的识字和写字能力、阅读能力、写作能力和口语交际能力;高中主要培养学生的语文应用能力、审美能力和探究能力。应用能力,包括口语交际能力、阅读理解能力、收集信息能力和书面表达能力。审美能力,即必须着力培养学生的审美意味、审美情趣、审美感知和审美创造。探究能力,积极引导学生大胆进行质疑问难,广泛开展辩证思维,并通过课堂训练,提高思考的深度和广度,实现综合思考和理性思考,进而逐步形成研究意识、研究习惯和研究方法,具有一定的语文能力。

但是,语文能力不仅表现为较强的听说读写能力以及应用、审美和探究能力,而且还表现为有较强的语文综合运用能力以及不断更新知识的能力。加强学习方式的功能整合、学习方式的转变是课程改革的显著特征。改变原有的单一、被动的学习方式,建立和形成旨在充分调动、发挥学生主体性的多样化的学习方式,是课改的核心任务。"综合性学习"作为一个突出的亮点,已经进入学生的学习方式之中,它打破了教师讲、学生听的传统的接受性学习的模式,打破课堂教学的时空模式,将学生推向各种情境和时空之中,旨在让学生通过综合性学习实践活动,培养学生综合利用知识解决问题的能力。综合性学习的立足点是实践,通过开展丰富多彩的语言实践活动,教师才能引领学生了解言语规律,体悟表达技巧,揣摩篇章结构,积累言语范式,培养听说读写能力。教师首先要全面规划,根据学生的年龄特点制定学年言语活动计划,科学安排实践性学习活动;其次要用活动、任务驱动学生学习,让学生在实践和社会中学知识、用知识,学会交际,学会合作。如布置"语言文字误用的调查与研究"综合实践活动,引导学生实地调查并利用图书馆、网络等信息渠道获取资料,写调查报告、小论文等研究性文章,促进学生调查研究、整理信息等多方面素养的形成。

第一,以课堂教学为依据,开展语文综合性学习,培养学生的探究精神。

语文教学资源包括课堂教学资源和课外学习资源。教科书是语文课堂教学资源之一,学生在校期间,主要进行的是课堂学习。因此,我们以教材为依据,充分利用好课堂这块阵地,把生活中丰富的语文学习资料与教材结合起来,建立开放的语文课堂教学,开展综合性的语文实践活动,激发学生学习语文的兴趣,使学生真正地行动起来。在目前的语文教学实践中,仍然存在着只重视以理解为目的的知识讲读,而忽略以学生的自主性、探索性学习为基础,通过亲身体验进行学习,积累和丰富直接经验,培养创新精神、实践能力的综合实践活动。而这种综合实践活动能增进学校与社会的密切联系,培养学生的社会责任感,满足学生个性差异的发展的要求。

第二,利用自然、生活中的资源,探究学习中遇到的问题。

生活即语文。从社会生活、自然现象中去发现问题,展开语文实践,进行探究性学习,可以实现语文教学的课内外联系、校内外沟通、学科间融合,扩大学生的视野,增加学生学语文的实践机会。为了让学生乐于学语文,学好语文,提高语文实践能力,有效地提高学生的语文综合素养,教师应该广辟渠道,组织学生开展丰富多彩的语文综合实践活动,引导学生进行探究性学习,促进学生语文综合能力的提高。

其实语文的课外学习资源是非常丰富的。工具书、各种图书、报刊、电影、电视、广播、网络、报告会、演讲会、图书馆、布告栏、报廊、各种标牌广告等等都是语文资源;自然风光、文物古迹、风俗民情、国内外的重要事件、学生的家庭生活,以及日常生活话题等也都是语文课程的资源。这些丰富的资源,为我们开展语文综合实践活动,引导学生进行探究性的学习提供了无数的契机,为学生增加了许多学语文、用语文的机会,有利于多方面提高学生的语文能力,培养学生的语文综合素养。这种综合实践活动不仅仅是语文课外活动,还包括大量非指定领域,如班团队活动、学校传统活动(体育运动会、文艺活动)、学生同伴间的交往活动等等。

第三,利用图书馆、网络等渠道获取信息,研究作品写作背景,培养学生搜集、处理信息的能力。

在信息社会时代,学生获取信息的渠道有很多,他们了解的信息有时比教师还要多。我们看到,在一些语文课上,教师在介绍文章时代背景等有关资料时,有的学生漠不关心,或者根本就不听,因为他早就知道,或者不想知道。当教师让学生想办法解决一些靠课文不能解决的疑问时,他们很有兴趣,一定想办法解决,汇报交流时也一定会积极主动。

第四,开展小组学习,鼓励学生用不同的方式学习、表达,培养学生合作、探究的精神。

在课堂上分小组学习,是学生进行合作、探究性学习的有效形式。它不但能使学生始终处于积极的合作、探究的学习活动中,而且能使学生在互相协作、互相帮助中解决问题,培养学生的合作精神。

由于语文综合实践活动以学生的直接经验为基础,密切联系学生自身生活和社会生活,体现了对知识的综合运用,所以我们要让学生密切关注自身生活和社会生活,让语文学习走进生活,实现语文教学与生活的沟通和联系,与其他学科的融合。

2.思维发展

思维发展是指学生在学习语文的过程中获得思维能力和思维品质的提升。语文教学要把着力点放在激活学生的思维,发展思维能力,培养创新精神上。《义务教育语文课程标准》提出了基本原则:"语文课程丰富的人文内涵对学生精神领域的影响是深广的,学生对语文材料的反应又往往是多元的。因此,应该重视语文的熏陶作用,注意教学内容的价值取向,同时也应尊重学生在学习过程中的独特体验。"语文课程的人文教育,教师要充分认识到,正如"有一千个读者,就有一千个哈姆莱特"一样,学生对一篇篇课文、一个个命题乃至种种社会现象或自然现象的理解也是多元的,这是一种客观事实。也只有这种反应的多元化,语文课程丰富的人文内涵才能真正得以挖掘与拓展;同时,也利于学生创造性思维品质的形成与语文能力的发展,有利于学生良好个性的形成。教师在认识"多元"这一客观现实的基础上,一定要尊重学生在学习过程中的独特体验。对于学生这种既是自己的又是独特的体验,教师应给予充分的理解和肯定。自己的、独特的认识也可能是有缺陷的,甚至是错误的,但只要学生在这一过程中有所思考,说的是真话,教师都应给予包容。肯定与包容都是对学生在学习过程中独特体验的尊重,这种尊重既能达到人文教育的目的,也利于教学民主的发扬光大,形成和谐宽松的语文学习氛围。

在语言实践活动中让学生获得对语言和文学形象的直觉体验、让学生学会辨识、分析、比较、归纳和概括基本的语言现象和文学形象,有依据、有条理地表达自己的观点和发现;让学生学会有效运用口语和书面语与人交流沟通,且能准确、清晰、生动、有逻辑性地表达自己的认识;学会初步运用批判性思维审视言语作品,探究和发现语言现象和文学现象,形成自己对语言和文学的认识;初步学会分析和反思自己的言语活动经验,提高语言运用的能力和思维的深刻性、灵活性、敏捷性、批判性、独创性。无论是学生的学习活动,还是人类的一切发明创造活动,都离不开思维,思维能力是学习能力的核心。

3. 语文习惯

在语文素养培养过程中,语文教师要着力培养学生良好的语文习惯,这有利于形成良好的心理定势和行为定势,保证迅速提高语文水平和自学语文的能力。

课程标准要求教师在教学中要让学生"养成语文学习的自信心和良好的习惯","注重培养学生自主学习的意识和习惯",因此,教师要致力于培养学生良好的语文学习习惯。

养成喜欢阅读的习惯,引导学生博览群书,吸纳人文精华。文学宝库为我们展示了一个博大精深的人文世界,这些名著名篇中融汇了事态百相,凝聚了人间真情,沉淀了历史精华,囊括了大地沧桑,是语文教育极好的教材,让学生喜欢阅读,并能正确、流利、有感情地朗读,会默读,能边想边读,会作批注,从中感受阅读的乐趣。文化积累和文化建构更多的还是要依靠课外阅读,不但阅读文学作品,而且还应包括科普和科幻读物以及政治、历史、文化等各类读物。大语文的教学思想,也是课程标准的基本理念,语文素养包括的内容是丰富具体的,所以要提高学生的语文素养,仅靠课堂教学是远远不够的,还要和课外阅读有机地结合起来。

养成勤于写作的习惯,让学生成为写作的主人。作文是源于生活的,离开了生活,作文就失去了活水,我们的作文课堂要向生活打开一扇窗,让学生走向社会和自然,深入生活。作文最具主观色彩,最富创造力,最能全面反映一个人的语文素养。因此,学生作文不仅可以锻炼语言表述能力、语言文字应用能力,更能促使其积极主动地去认识世界,感受人生。教师在培养学生勤于写作的习惯时,首先要消除学生的写作畏难情绪,让他们敢于写作;其次要激发兴趣,让他们乐于写作;再次,确立学生的主体地位,把写作的空间还给学生,让他们充分表述自己的思想观点或看法,抒发真情实感,充分发挥其想象力和创造力。教师还应注意培养学生经常收集信息及趣闻的习惯、自改作文的习惯、动笔进行创意表达的习惯、进行课外练笔的习惯。在其中表达自己对自然的热爱、对社会的关心、对弱者的同情、对生命的爱护、对人生的独特感受和真切体验。

养成课前预习、课后复习、注意听讲、喜欢质疑、讨论等常规习惯。养成口语交际的习惯。口语交际是学生进行人际沟通,发展合作能力的基本素养。让学生能与别人轻松地交谈,态度自然大方,有表达的自信心,与他人交流时能尊重、理解对方,在交际中注重语言美等。这些良好习惯的养成,有利于形成良好的心理定势和行为定势,能迅速提高语文水平和自学语文的能力。语文课堂还应注重学生语文学习方法的指导,如各种文体的阅读方法,朗读、默读、精读、略读、浏览的方法,各类文体的写作方法以及修改作文的方法等。学生一旦养成了良好的学习习惯,掌握了大量的学习方法,将终身受益。

4.审美情趣

审美情趣是指学生在语文实践活动中体验、欣赏、评价、表现和创造美的能力与品质。一个具有优良语文素养的人须具有一颗善感的心灵,即一种爱与审美的能力。语文教育除语言教育的功能外,更是一种爱的教育和审美教育,是培养人追求真善美的精神品质的教育。真善美的终极是人的健全人格。语文教学以教材为载体,传承着优秀的民族精神,我们从中挖掘出其精神内涵,接受优秀人格的熏陶,追求高尚、正直与完美,从而让心理变得健全,让情感日益丰富,有一种对美好与正直的向往和追求的感性需求。如果一个人没有对美的渴求和对爱的追求,他就不会从规范的语言形式中读出人世的沧桑、时世的变迁带给人类的深刻体验,他的内心将不会因此而丰腴;他就不会从有限的文字中读出人生的壮美与无奈,从而在现实生活中学会宽容与坚强,理解失败,包容缺憾,同情弱者的呼喊,产生出拯救人类的使命感与责任感。只有拥有善感的心灵,人的内心才会变得充实,才会变得坚强与淡然,才会在体验爱与美的过程中领悟人生的美好,才会在生活中充满感恩之心,爱自己,爱他人,爱自然,爱社会,爱一切可爱之物。健全人格从某种意义上说就是有一颗善感的心,有爱的能力。

语文是最具美感的学科之一。语文的审美包括自身审美与生活审美两方面的内容。语文自身审美指语文学习者能够发现、欣赏汉语言文字的字形美、音韵美、修辞美和文学美。《义务教育语文课程标准》对语文的审美教育是有层级要求的:第一学段(1—2年级):"初步感受汉字的形体美,阅读浅近的童话、寓言、故事,向往美好的情境,关心自然和生命";第二学段(3—4年级):"初步感受作品中生动的形象和优美的语言";第三学段(5—6年级):"在书写中体会汉字的优美""受到优秀作品的感染和激励,向往和追求美好的理想"等;第四学段(7—9年级):"体会书法的审美价值""诵读古代诗词,有意识地在积累、感悟和运用中,提高自己的欣赏品位和审美情趣"等。

《义务教育语文课程标准》对培养学生的审美能力分为几个层级，并由低往高发展，是过去的语文教学大纲所没有的。并且能引导学生置身于作品之中，获得情感的体验，从中吸收文学作品的精华，以达到提高学生人文素养，加厚学生人文底蕴的目的。

丰富多彩的语文实践活动是学生形成审美体验、提高审美能力的重要途径。在语文学习过程中，教师应该引领学生通过阅读欣赏优秀作品、品味语言艺术去体验真挚情感、激发审美想象、感受思想魅力、领悟人生哲理，并逐渐学会运用口头语言和书面语言去表现美和创造美，形成自觉的审美意识和审美能力，养成高雅的审美情趣和高尚的品位。诵读中体验美，揣摩中理解美，欣赏中感知美，想象中创造美。

5. 文化传承

文化传承是指学生在语文学习活动中能够继承中华优秀传统文化的精髓，感悟中华传统文化的博大精深，理解、借鉴不同民族和地区文化特点，并能表现出比较开阔的文化视野、自觉的文化意识和自信的文化态度。

语文课程应培养学生热爱祖国语文的思想感情。这是爱国主义情感在语文教育教学上的具体体现。因为爱国，应该从热爱祖国的语言文字、热爱祖国的优秀文化开始。《义务教育语文课程标准》指出："语文课程应培育学生热爱祖国语文的思想感情""培植热爱祖国文字的情感"。每个民族都有自己的母语情结，每个人热爱自己民族的语言文字就是一种热爱祖国的情怀。语文是民族文化的载体，同时也是民族文化的组成部分，蕴藏着我们民族深厚的文化历史。汉语言文字是人类文化的一部分，是世界上最古老、最丰富、最准确、最简洁、最优美的语言文字之一。热爱祖国语言文字以及祖国的文化，是热爱本民族的具体表现，是一个公民的基本素养。语文课程应指导学生具有正确地理解和运用祖国语言文字的正确态度，这一点必须落实到具体行动上，它主要包括：尊重祖国语言文字的态度，关心当代文化、尊重多元文化、吸取人类优秀文化营养的态度，逐步养成实事求是、崇尚真知的态度，敢于对自己的言行负责的态度，主动学习语文的态度等。语文教育首先是一个情感态度的教育问题，语文教学毫无疑问要培养学生具备热爱祖国语文的基本素养。

语文教育是民族的母语教育。母语是民族思想、情感和精神生活的历史记录，是一个民族文化精神的写照。在我国基础教育所开设的诸多课程中，语文最具有中国特色和文化风格，具有重要的文化教育功能。汉语和汉字是世界上独一无二的具有悠久历史和独特优势的语言和文字,它所负载的是人类历史上独树一帜的中华文化,充满了支撑中华民族的顽强拼搏的民族精神,更彰显着忧患、人本、笃行等儒学人文精神,这是我们中华民族无比强大的精神支柱和无比宝贵的精神财富。所以,语文新课标特别提出了"认识中华文化的丰厚博大,吸收民族文化智慧""弘扬和培育民族精神,使学生受到优秀文化的熏陶,塑造热爱祖国和中华文明、献身人类进步事业的精神品格""体会中华文化的博大精深、源远流长""学习中国古代优秀作品,体会其中蕴含的中华民族精神,为形成一定的传统文化底蕴奠定基础"等目标要求。

值得注意的是,语文课程的文化传递功能,不仅表现在语言文化的客体构成上,而且也体现在教学主体的语言创造活动中。因为每一个教学主体,无论是教的主体——教师,还是学的主体——学生,从一出世就在民族文化的温床中接受馈赠。任何一个教学主体的价值观念、思维模式、精神理念及其表达方式,都与民族文化深深关联着。他们历来都是"时代文化精神的体现者"和"时代文化思想的表达者"。在语文学习过程中,教学主体的文化自觉,有助于加强和拓展教学交流的渠道,在各种新的时代文化信息的接受中,逐步摆脱陈旧教学观念的束缚,摒弃落后的教学思维方式以及僵化的教学模式,使自身的文化意识不断地适应时代文化、社会生活的变革和发展,从而实现语文新课程培养目标的时代要求。

语言文字既是文化的主要载体,又是文化的重要组成部分。学生学习语言文字的过程,就是感受文化、获得文化、传承文化的过程。通过语言文字的学习,实现文化传承是语文核心素养的主要组成部分,也是学生语文素养形成和发展的重要表征之一。

6. 品德修养

品德,健全的人格,对于一个人的全面发展,对于他的社会价值的实现,对于他自己的人生幸福都具有第一位的意义,具有核心和灵魂的意义。一个人格不健全的人,不可能充分发展他的潜能。一个没有善心、缺乏责任感的人,即使有较高的才智,也不能充分地实现其社会价值。一个不能与自然、与他人、与社会和谐相处的人,一个不能正确认识和把握自我的人,即使有较高的社会地位或巨大的财富,也不能感受心灵的安宁,不能充分体验人生的幸福。

《义务教育语文课程标准》中指出:"语文课程应激发和培育学生热爱祖国语文的思想感情,引导学生丰富语言积累,培养语感,发展思维,初步掌握学习语文的基本方法,养成良好的学习习惯,具有适应实际生活需要的识字写字能力、阅读能力、写作能力、口语交际能力,正确运用祖国语言文字。语文课程还应通过优秀文化的熏陶感染,促进学生和谐发展,使他们提高思想道德修养和审美情趣,逐步形成良好的个性和健全的人格。"①语文课程致力于学生语文素养的形成与发展,课程的基本理念就是面向全体学生,全面提高学生的语文素养。中学语文教材是将民族文化的结晶内化为学生审美底蕴和人格教育的媒介,语文教材中所涉及的文章不仅牵涉到如语言、文字、修辞、逻辑等内容,更牵涉到语言形式以外的如社会文化背景、社会意识形态审美、心理情趣等内容。教师和学生对教材的解读过程实际上是一种特殊的社会文化活动,是一种精神价值活动,是一次与作者、与社会的心灵对话。学生的现实人格在文章中为理想人格所扬弃,升华为全面自由的人格。同时,作者的理想人格内化为学生自身发展的需求和健全的人格形态,通过这种健全的个性品格使学生自身的精神潜力得到发挥和解放,形成健全完美的价值体系。因此,语文核心素养的培养既要重视学生审美底蕴的提升,更要重视健全人格的培养。

语文教育必须教书育人,立德树人,培养学生爱国爱民、明礼守法、勤学好问、友善待人、诚实守信、乐于奉献、勇于担当、自强自律、保护家园等道德情操。语文德育功能的重要性更来自语文本身的特点和规律。语文既有重要的健全人格的功能,又有强烈的德育需要。一方面,语文对于健全人格具有得天独厚的条件。我们知道,德育的最好途径或方式并不是品德教条的灌输,而在于贴近生活,在于形象化和情感化。语文课程具有鲜明的人文性,语文教材当中有着丰富多彩的德育素材,语文的情感熏陶和潜移默化正是最好的健全人格的方式。另一方面,有了健全人格的功能,语文才有生命,才有灵魂,才有动力和方向。

感受美好心灵。阅读净化心灵、陶冶情操,习作提炼精神、歌颂美德,提升表达。在阅读和习作教学中,让学生感受美好心灵,颂扬高尚情操。践行良好美德。实践出真知,活动育美德。积极开展语文实践活动,既"读万卷书",也"行万里路";既读"有字之书",也读"无字之书",让学生逐渐养成良好美德,弘扬时代精神。

---

① 中华人民共和国教育部.义务教育语文课程标准:2011 年版[S].北京:北京师范大学出版社,2012:1.

指向核心素养的语文教育,必须抓住关键内容,优化教学策略,强化语文实践,加快发展学生的语文素养、语用能力和创新精神,引领学生立德树人,获得持续发展。

第二节 语文智慧课堂的内涵及特征

课堂是培养学生素养的重要阵地,而教师是课堂教学的实施者,是语文课程的评价者,要培养学生的语文核心素养,首先要求语文教师树立核心素养的教学理念。课程改革的第一阶段完成了教育价值观的转变,课程改革的"再出发"的标志是教育知识观的转变。新一轮的课程改革强调把核心素养放在基础地位,广大的语文教师应积极响应这一决策,以核心素养标准为指导,树立正确的语文教学理念,实施正确的教学行为。语文教师承担着培养学生语文核心素养的重任,其专业水准是他们能否完成此项重任的关键。语文核心素养的具体内涵还需继续深入研究,语文教师核心素养教育理念的树立却是刻不容缓。广大的语文教师必须深刻认识到语文核心素养的培养是他们专业发展的重要组成部分,是完成语文教学目标的基本任务。每一个语文教师都必须事先了解核心素养教育及新型课堂的理念、内容及其价值,并用它来丰富自身的教育教学理论知识,指导自己的教学行为。树立语文教师的核心素养教育理念,是学生语文核心素养培养的首要环节。

一、语文智慧课堂的内涵

关于智慧,自古以来就被中西方的先哲们所关注。古希腊哲学家苏格拉底被称为是最富于"智慧"的人(智者);而亚里士多德则把"哲学"界定为"爱智慧"。可以说,关于智慧,这是一个仁智互见的问题。英国哲学家洛克认为,智慧使得一个人能干并有远见,能很好地处理他的事务,并对事务专心致志,这是一种善良的天性、心灵的努力和经验结合的产物。美国心理学家加德纳则认为,智慧可定义为:在实际生活中解决所面临的实际问题的能力;提出并解决新问题的能力;对自己所属文化提供有价值的创造和服务的能力。而我国的《辞海》(1999)则把智慧定义为对事物认识、辨析、判断和发明创造的能力。

可以看出,智慧的要义不仅仅体现在"聪明""有知识""富于才华"等日常生活经验理解的层面上,它更体现出一种"善",一种"美德":它是在恰当地处理事务中所显示的精明("恰当地"就体现一种"善"),正当地处理事务中所显示出的善意,它是一种美德。因此,在笔者看来,智慧的要素是能力加德性,智慧的实质是合理恰当的行动中所表现出来的高超和高尚的智能。智慧就是德性化的能力,是凭借善良的天性、德性去有所创造、有所贡献。

理解了智慧的实质,教育智慧就不难理解了。教育智慧,简单讲就是在教育过程中表现出来的能成功解决实际的具体问题的能力和德性,或曰能正当地解决实际的具体问题的能力。教育智慧是教育思维和教育情感互动的产物,德性是智慧的根基,思维是智慧的核心,情感则是智慧的酵母。这里还是有必要指出:教育智慧与知识、技巧丰富、学历的高低没有多少必然的因果关系。成功的教育家或教育者都是有智慧的人,但知识和技巧对他们来讲是远远不能使其成功的(当然,没有必要的知识与技巧,也不能成功),最重要的是他们都具有智慧,尤其是实践性智慧。

所谓语文智慧课堂,简单讲就是充满智慧的语文课堂,它是教育思维和教育情感互动的产物,是师生智慧互动共生的过程与结果。其中,德性是语文智慧课堂的根基,没有它,智慧将会偏离方向,沦落为技术技巧;思维是智慧课堂的核心,没有它,课堂将会呆滞、愚钝,没有生命活力;情感则是语文智慧课堂的酵母,没有它,课堂将会失去人性的关照。语文智慧课堂的表现通常是教师在面临复杂教学情境时表现出一种敏感、迅速、准确的判断与行动,这种行动往往具有情境性,即不能被复制和借鉴;它更可以是学生在与教师、与学生互动中所表现出的创意。

二、语文智慧课堂的特征

1.关注学生的多元思维和情感活动

智慧课堂具有一些内在的规定性,其中思维性是不可或缺的主要成分。将语文课程的熏陶感染与智慧课堂的多元思维进行结合,会取得较好的教学效果。思维是智慧课堂的核心,没有思维,就不可能有智慧。因此,智慧课堂应当是学生思维生成、发展的场所,应当努力让学生在课堂上"生活"在思考的世界里。为此,教师的所有课堂行为,尤其是提问、师生对话与互动(这是促使学生有效思维的主要举措)都要具有思维价值,即能促发学生深度思维。而教师所提的问题要能够真正抓住学生的心思,要能引起学生集体思维过程,使之成为课堂教学最重要的、不竭的动力。

从广义上说,语文教育是一种文化教育,语文课程是一门培养民族文化精神、民族文化气质、民族文化心理的重要课程。语文教材是丰富的语文知识的载体,也是深厚的民族文化的载体,而且涉及社会诸领域,可谓凡人文范畴,无所不包。因此,它既是学生学习汉语文的好例子,也是了解和吸取中外社会优秀文化的好读物。课程标准在"课程目标"中明确规定要"认识中华文化的丰富博大,吸收民族文化智慧,关心当代文化生活,尊重多样文化,吸取人类优秀文化的营养"。但汉语的"意合性"特点决定了它不能像学习拼音文字那样条分缕析,而要用心去感悟、体验、领略意蕴。因此,必须重视语文课程的熏陶感染作用。

具有丰富人文内涵的语文课程对学生的情感、态度、价值观的影响必然是深刻而广泛的,教师应清楚意识到教学内容的价值取向,把一种健全的价值观贯穿于语文教学的全过程。同时,教师在教学过程中还要尊重学生对教学内容独特的、多元的思维反应。

现代阅读理论认为,高层次的阅读绝非仅仅是探询和领悟文章的主题思想,表层性地解释文章的结构。阅读的本质是要从文章的"文字符号"上理解精神内核,就是以语言为媒介,借此体验、感悟和理解作家在作品中流露出的情和意。这样的阅读活动,是读者与作品之间灵魂的拥抱,心灵的对话,需要阅读主体"披文入情",敞开自己,倾注全部的生命意识,达到与作品、与教师的情感交融同构。"阅读教学是学生、教师、文本之间对话的过程",其对话关系是多重性的,即学生与作者(文本)的对话,教师与学生的对话,学生与学生的对话,教师与作者的对话。阅读教学的质量,基础在教师与文本的对话。倘若教师与文本的对话能够"见人所之未见,发人所之未发",便能为阅读课的感悟提供强有力的支架,构筑有效对话的流程,使语言知识点成为培植、激荡、融化学生感情的支撑点,实现语言与精神的同构共筑。我们教学的目的是为了每一个学生的发展,所以对话的中心自然是每一位学生。因此,我们必须要重视学生的独特感受和体验。

学生的语文学习过程应该始终伴随着主动积极的思维和情感活动,应该让他们在主动积极的思维和情感活动中加深理解和体验,有所感悟和思考,受到情感熏陶,获得思想启迪,享受审美乐趣。因此,教师就应该努力营造一种民主、和谐、宽松的课堂氛围,让学生乐于参与;创设一种具有思考价值的问题情境,让学生勇于参与,并且敢于发表自己独到的见解。

语文教师要多呵护学生的灵性、个性和悟性,开发学生的创新潜能;要善于做一个鼓励者和欣赏者,尊重学生的阅读感受,接受学生的标新立异,在语文学习中让学生的个性得到张扬。当然,对于个别学生明显不符合情理的观点和违背公认的社会价值取向的一些认识,教师需要做的不是指责、批评和训斥,而是引导他们自己去发现问题的所在,让他们在理性思考中发现自己认识上的偏差。

2.关注学生自主建构能力的提升

自主建构是智慧课堂的应有之义。自主建构表现为学生主动参与学习,即学生以一个主人的身份,充分发挥主观能动性,以适于自己个性的方式,自己决定自己的学习,在学习过程中独立分析、独立思考、独立决定,并且对学习效果进行自我评价、自我控制。而根据建构主义学习理论,知识是主动建构的,而不是被动接受的。如果没有主体的主动建构,知识是不可能由别人传递给主体并被主体所内化的。知识的意义不能机械地灌输给学生,必须靠学生根据其个人先前知识经验主动建构。因此,没有学生的自主建构,就不可能有他们智慧的迸发,也就不可能有智慧课堂的出现。

自主建构需要充分的语文实践。课程标准指出:"语文是实践性很强的课程",应该"增强学生在各种场合学语文、用语文的意识",让学生直接接触丰富的语文学习资源,重视各种语文学习实践机会,"在大量的语文实践中掌握运用语文的规律",培养语文实践能力。课程标准还特别强调"不宜刻意追求语文知识的系统和完整"。因为学生的语文能力不是"靠口耳相授而得",也不是从系统的语文基础知识中转化而来,培养这种能力的主要途径是自主的语文实践。而这个自主实践不囿于课内书本学习,应包括社会实践、自然实践、科学实践等,凡是可以成为语文教育资源的实践,都是获取语文素养,提高语文实践能力的渠道。

从自主建构和言语实践中学习母语,不是要从理论意义上去向学生传授文字学、语言学或写作学的知识,而是让他们从实践意义上学会基本的语言运用,练好适应实际需要的语文基本功;教学生语言,不是教他们一些抽象的语言法则,让他们去谈论语言,评析语言,而是发展他们基本的言语交际功能,让他们形成一定的语文实践能力,具有良好的思维品质,能正确认识事物,分析问题,解决问题,服务社会。一句话,语文教育不能过分理性化、知识化、随意拔高,求全求深,而应努力使其生活化、实用化、科学化,从学生身心发展实际和语文学习规律出发,把着力点放在识字写字、阅读积累、口语交际、写作等训练上,放在培养良好的学习习惯和学习素质上,为他们走向社会工作、学习、发展奠定基础。因此,语文教育的过程应是学生在听、说、读、写等方面不断自主实践的过程,在学习知识获得能力的同时,不断得到情感体验、态度修炼、价值观提升的过程,简言之就是实践、认识、再实践、再认识的过程。

首先,阅读教学一定要避免烦琐的内容分析,加强语言实践,给学生充分的读书、思考、质疑、讨论、练习的时间。阅读教学的语言实践一般应是:以读为本,让学生在多读多背中有所感悟,增强语感;加强口语交际训练,精心设计交际情境,让学生在特定情境的口语训练中提高语言交际的能力;注重读写结合,有机地结合阅读内容进行造句、造段以及片段小作文的说写训练等。语文智慧课堂教学必须区分"阅读"和"阅读教学"的根本差别,走出以内容分析理解为主的误区,加强听说读写的语言实践活动,这样才能有效地提高学生的语言实践能力。

其次,要努力构建课内外联系、校内外沟通、学科间融合的语文教育体系。语文教学是母语教学,有取之不尽的教育资源,有得天独厚的语文环境,所以,我们要努力构建课内外联系、校内外沟通、学科间融合的语文教育体系,把学生引向现实的社会生活,引导他们在生活中学习,在实践中学习,在应用中学习。例如,识字教学和阅读教学要努力开发校园资源、家庭资源和街道、社区资源等,让学生在大语文环境中识字和阅读。在作文教学中更要注意与生活实践结合起来,把社会生活当作大课堂,只有生活充实了,作文时才会有具体的内容可写,才能抒发真情实感。

再次,在主动实践中要加强"规律"意识。《义务教育语文课程标准》首次使用了"在大量的语文实践中掌握运用语文的规律"的提法。中国中央教育科学研究所研究员戴汝潜先生针对当前机械教学、琐碎练习、高耗低效的语文教学现状指出:"缺乏'规律'意识正是我国语文教育质量长期效率低下的根本原因。"大量的教学实践证明,根据汉语言文字的特点和规律进行教学才能增强教学效果,正如布鲁纳所说,教学就是要给学生信息的编码系统,有了编码系统,学生才能进行积极而有效的迁移。语文的规律一般应包括汉语言文字的内部规律和汉语言文字的学习规律。语言文字的内部规律一般包括汉字字义、词法句法、诗文章法等;汉语言文字的学习规律一般公认的是读写结合、多读多写,熟读成诵、积累运用,避免烦琐分析,强化语言实践等。概言之,中国语文学习的基本规律和优良传统也就是熟读、精思、博览、多作。依据这样的优良传统和学习规律去引导学生主动发现、主动探究和总结汉语言文字的内部规律,由此获得的这些带有规律性的知识才是最有价值的,由此获得的能力才是核心素养所要求的,这样的教学当然才是有效的。

三、重视培养学生的语感和整体把握能力

汉语言文字的主要特点是什么?汉语言文字相关研究认定:汉字的简明,反映了它的成熟。它的常用字数量少,发音单一变化少;它构词能力强,与思维过程保持直通流畅;有音、义、形有机结合在一起的三个信息源可充分利用,使汉字成为左右脑并用的"复脑文字",即"思维网络文字";汉字还有与事物密切结合的分类和结构的层次性,易于联想;汉语语法结构灵活,没有复杂烦琐的性、数、格变化;它重意轻言,讲求意合,极具弹性,模糊性强;它颇具乐感,富有灵性,讲究意象和意境,是一种缺乏外在形式(如形态)标志、重意合的语种。诚如王力先生所云:西方的语言是"法治"的,汉语则是"人治"的。就是说,西方的语言是有形态变化的语言,注重逻辑分析;汉语是没有形态变化的语言,强调直觉感受、体验。这便决定了汉语文学习"不靠语法分析,而主要靠语感,靠个人的悟性"。

言语交际行为本身,就是一个由话语、语用主体和语境三大要素组成的动态系统。运用语言进行交际就是适应社会和自身发展的需要,去处理语言、信息、环境与人的相互关系,这是一种相互连带、不容任意割断的系列化行为。汉族运用语言进行思维和表达最习惯于运用整体性直觉体悟的方式,最重视语感的作用。

语感是人对语言直觉地感知、领悟和把握,即对语言的敏感。这是人于感知的一刹那间在不假思索的情况下,有关的表象、联想、想象、理解、情感等主动自觉地联翩而至的这样一种心理现象。著名语言学家吕叔湘说过:"语文教学的首要任务是培养学生各方面的语感能力"。语言能力是一个多层次多侧面的复杂系统,语感应是它的核心。一个人的语言能力主要表现在听、说、读、写四个方面,而语感是左右听、说、读、写等言语活动的质量和效率的杠杆,在所有的言语活动中起关键作用而不可须臾或缺。正因如此,《义务教育语文课程标准》在阐释"正确把握语文教育的特点"这一基本理念时强调:"在教学中尤其要重

视培养良好的语感和整体把握的能力"。"培养良好的语感"是首次提出的教学目标和训练要求,用"尤其"加以强调,可见这是我们语文教学的一项十分重要的目标和任务。对于语感及整体把握能力的培养,我们应有如下的认识:

学生良好语感的形成一般是先感知客观事物,再对言语及反映的内容有所感触而领悟。在知有所获、情有所感、理有所悟的基础上以声传之,从而形成良好的语感。依据这样的认识,我们在教学中必须十分注重品词、品句、品读的训练,即通过品词和品句使学生对语言材料有所感知和领悟,再通过品读直接地进行语感训练。朗读是培养语感最有效的途径之一。因此,我们在阅读教学中应突出"以读为本"的特点,要以读代讲、以读悟情,切实地加强语感训练。在诵读和美读的基础上,还要加强背诵。只有熟读成诵,有了厚实的语言积淀,在表述时才会具有良好的语感。叶圣陶先生说:"要求语感敏锐,不能单从语言、文字上去揣摩,而要把生活经验联系到语言、文字上去。"我们应该鼓励学生多参加各种有益的社会实践活动,在社会实践中多观察、多思考、多积累、多感悟,在实际的口语交际中逐步培养自己良好的语感。

语感能力实际上也就是对语言材料和言语的整体性直觉体悟的能力。对语言的整体把握就是指对语言的形式与内容,文字符号与其传达的事物、现象、行为、思想感情、观点乃至方法的整体联系性把握。良好的语感是以整体感知为基础的,因此,培养语感还必须注意培养学生的理解能力和整体把握能力。袁微子先生在《阅读训练的基本特征》一文中说过:"阅读训练的基本特征,第一个也是最主要的就是整体性,或者叫作全面性。"必须充分注意对课文的整体认识训练。不通观全局,就不能有联系地认识局部;不掌握全文,就不能准确地理解字词句段。汉语的语言思维是一种具象思维,学生对课文每读一遍都是一个感知的过程。随着诵读遍数的增加,诵读者的理解、体会也在层层加深。基于以上认识,我们对学生阅读能力的培养要避免烦琐的分析和破碎的肢解,要从整体入手,对字里行间所含的意蕴进行感受、体味和领悟,从而完整地把握作品、理解作品,继而以声传情,形成良好的语感。

第三节　语文智慧课堂的建构

　　基于核心素养的理念，结合语文学习的本质，为了帮助学生有效学习，语文智慧课堂应该包含两个维度，即"建构什么"和"如何建构"，也就是语文智慧课堂教学的内容和方法问题。内容层面，包括文本意义的建构、审美情感的建构，重点关注学生的解读能力和情感体验。方法层面，以学生为主体来设计语文教学活动，通过对话和探究，实现作品的阐释由静态分析走向动态生成。

一、文本意义的建构

　　对文本意义的建构，是指对作品内容意义的感悟、理解、诠释和创造。文本意义建构的过程，也就是一个解读的过程。教师在实际指导学生阅读文本时应注意，文本的意义和特点需要学生接受和参与才能显现，也就是学生必须通过对文本的感受、理解之后才能有所体悟。对待同一作品，不同的学生会有不同的评价，这与学生本身的人生体验有关。所以，教师须客观接纳学生对文本意义的看法，重视学生的个性化解读。

　　在建构主义看来，知识不是凝固的、异己的、理性的经验体系，知识是主体建构出来的。表现在语文阅读教学中，最经典的言说莫过于"一千个读者就有一千个哈姆雷特"。作品的诠释充满着未定性，阅读的情境不同、知识结构不同、人生经历不同，人们获得的感受就可能完全不同。学生作为文化的载体，当他面对一部作品时，往往会有自己独特的感受和体验。学生与文本的关系也不是对文本某一个预设意义的寻找和发现，而是经由不同的路径去创造性地重建文本的意义。从这一视角来看，建构主义的阅读理论正暗合当今语文阅读教学对学生阅读创造性和开放性的诉求和强调。

　　文本解读过程中以教师的分析代替学生的解读实践是没有意义的。实际上，文本解读的目的是要克服文本与解读者本人之间的陌生和距离，使读者和文本交融，从而与文本意义"同化"成为自己的意义。因此，解读是在建构文本的同时也在建构自己①。从这个意义上说，解读作品是一种再创造，是阅读主体

　　①曹明海.文学解读学导论[M].北京:人民文学出版社,1997:19－25.

个性化的行为。学生作为读者,带着自己的知识背景、认知习惯、阅读期待等进入阅读情境,在解读的过程中必定带有鲜明的个性色彩。教师要对学生的个性解读抱以宽容和包纳的态度,摒弃唯一性的评价标准。同时,还要鼓励学生大胆表达自己独特的感受和见解。事实上,如何使学生成为富有创造力的"读者"是语文阅读教学成功的关键。真正的经典作品是解读不尽的,我们需要培养的正是阅读过程中的独特的视角与思维的创造性。

在具体的语文智慧课堂教学活动中,强调学生的个性化解读是一把双刃剑:一方面,在以学生为主体的过程中要充分尊重学生对作品解读的合理性和个性化,最终实现开放性的教学;另一方面,对于教师而言,如何在"乱花渐欲迷人眼"的解读中不至于迷失津渡,无疑对教学者的文本熟稔程度和驾驭能力提出了超出一般读者的要求。从这种意义上来说,我们有理由期待语文教师是一个具备高水准审美能力的专业阅读者。

二、审美情感的建构

在浩如烟海的作品中,凡是能够打动人心且历久弥新的杰作,无一不是作者情感体验的深沉积淀和独特表达。这些伟大作家和作品无不彰显着独有的个性与风格,因而具有了不可复制的情感魅力和审美价值。从本质上说,文学是显现在话语蕴藉中的一种审美意识形态,文学作品即为人类审美经验的语言凝结。虽然语文教学要关注作品的认识价值和教化作用,但这不是语文教学的全部,语文的真正力量在于它让人懂得同情和怜悯,懂得生命的意义,懂得生活的价值。因此,我们一定要关注作品所传达的审美价值,关注那些可以培育我们心灵的东西。

语文是通过情感发挥作用的,语文审美的过程是情感体验的过程。托尔斯泰说:"一个用听觉或视觉接受他们所表达的情感的人,能够体验到那个表达自己的感情的人所体验过的同样的感情。"体验是一种与生命活动密切关联的感受和经历,也是一种感知世界和自我的途径和方法。以体验去阅读作品,关键不在于寻找作者的意图,而是寻找作品中的鲜活生命和丰富多彩的文学世界,继而去体验这个世界。

在语文阅读教学过程中,审美情感的建构是通过学生的体验来实现的。教师在教学活动中,为学生提供各种情感体验的环境。著名情境教育专家李吉林认为,情境教学可以为学生提供"广阔的心理场",从而引导学生完成"入情—动情—移情—抒情"的体验心路历程。在情境中,体验者可以为作品反映的悲欢离合而喜怒哀乐,也可以从不同人的人生境遇中感受他们的心灵。

三、教学策略的建构

在学生主动建构知识的范式中,教师作为学生学习的引导者和协调者,在教学方法设计上要充分考虑如下因素:寻求并且重视学生的理解和感悟;课堂活动能充分考虑学生的已有观念;提供解决疑难的学习情境和机会;针对学生的意见提出问题,引导学生深入探究;通过教学过程评价学生的学习。以此为原则来建构语文阅读教学策略,教师在实践环节要注重对学生思维的点拨与启发,关注学生对文本的独特体验和感悟生成,让学生在对作品的学习中养成主动体验的习惯。从而把教师的教与学生的学连接起来,创造出引人入胜的课堂环境。

1. 经典诵读

经典作品,尤其是古典诗文,饱含着强烈的情感因素和深厚的语言内涵,同时又非常讲究音韵美、形式美,需要学生通过诵读来体会。诵读是将无声的文字符号,由视觉到思维,经过理解加工,转换成有声语言来感悟文本、体会情感的最常用的教学方法。

成功的诵读本身就是对作品的极好理解,语文阅读教学离不开诵读。一方面,从诵读指导入手,引导学生感受文气的流转,揣摩文意的深邃,体会情思的生动。教学中教师要适时进行诵读,但绝不能以教师的诵读代替学生的诵读,一定要留给学生充分的时间,或高声朗诵,或分角色读,或配乐涵泳,逐步地体会。多读的过程就是由作品的字词句进入感情体验的过程。另一方面,重视学生的个性化诵读。对同一作品不同的读者会有不同的感悟。因此,不同的读者在朗读过程中对语速、语气及重音的处理各有不同。个性化的诵读体现了学生对作品的不同的理解和在理解基础上的个性化再创造。

2. 情境创设

传统知识论认为的"知识可以超越历史与文化的界限而适用于任何情境"的观点正受到越来越多的批判,情境的作用正越来越受到重视。建构主义理论认为,情境是儿童认知与发展的重要资源,是语言、文化、知识的意义产生与实现的场所和基地。因此,情境对于语文智慧课堂教学是十分关键的。创设情境,就是要尽可能创设真实的、日常的、与学生实际生活紧密联系的情境,鼓励学生在学习中基于"真实问题"将不同学科知识整合起来，去挖掘知识更广、更深的意义，这样才有可能产生智慧的火花，发展和锻造自己的智慧。

根据建构主义的教学原理，虽然情由境中生，但这一过程不是被动消极的，它必然基于主体已有的经验并反映主体特有的个性。在语文阅读教学中，教师要运用一定的教学手段对作品情境进行复现，如语言抒情、图画再现、音乐渲染、角色扮演等，引导学生在已有经验的基础上建构知识、在情境中获得情感。学生一旦进入某一种实际情境，或接触虚拟情境，都能触发某种情感体验，教学也因此产生魅力。

3. 对话讨论

话题是智慧课堂的媒介，好的话题是促进师生智慧向深度发展的动力。话题的展开绝不仅仅是师生或学生之间的"问答"。因为课堂中的很多"问答"都是在"主体与客体"的关系状态下进行的，学生是被动的。真正的话题应该是能引起"当事人"共同兴趣、共同思考、共同探求、共同解决问题的话题，应该能引起学生自由地思考、自由地叙述他们的疑问和见解。

在语文智慧课堂，师生之间要建立"对话与互动"关系。对话就是通过语言形式进行的交流，它与权威式的"告诉"或"灌输"不一样，它是主体之间民主平等的交流；互动则是主体之间的相互作用，它具有交互性特征。正是师生之间、学生之间、师生与环境之间的多向互动与对话，参与者批判性地探讨各自的观点，新的阐释、新的意义可以层出不穷，知识也就不断得到丰富，智慧在其中则能得以有效孕育和生成。

建构主义理论认为，每个人都在以自己的经验为背景，建构对事物的理解，因此，教学中要使学生超越自己的认识，看到那些与自己不同的理解，看到事物的不同侧面。对话讨论，可以使教师与学生之间、学生与学生之间了解彼此的见解，弥补自己的不足，从而形成更加客观和丰富的知识结构。"对话是指双方'敞开'和'接纳'，双方共同在场、互相吸引、互相尊重、共同参与的关系，这种对话更多的是指双方的交互性和精神性的互相承领"①。学生在相互沟通与对话中，可以学会聆听、理解他人对作品的看法，学会相互接纳、赞赏、分享和互助，从而具备协作精神与合作意识。

①金生鈜.理解与教育：走向哲学解释学的教育哲学导论[M].北京：教育科学出版社，1997：30.

对话讨论是非常好的教学方法。年龄相仿、智力和生活阅历接近的学生之间，在对话交流中，思维被激活并发生碰撞与交融，不同的观点相互交换后，学生的思维空间得到了拓展，突破了自己的视域局限，获得了一种互补性的提高，从而激发新的热情，碰撞出创造的火花。

4. 专题探究

探究是智慧课堂的重要特征。探究是人类(尤其是儿童)固有的、本源的冲动，本真的生存形式及状态，它是人类天性中的宝石，是极其珍贵的，应当得到整个人类社会的精心呵护。只有在不断地探究中，人类才能持续探索、积累新的知识经验，不断提升人的智慧境界。智慧课堂就是要让学生在学习中不断地提出问题，善于提出与众不同的问题，善于在学习中不盲从书本或权威，敢于质疑，敢于突破常规，能独立思考，能不断反思自己的思考过程，不人云亦云，有自己的见解。

在语文课堂中应该创设问题情境，实施探究式教学。张华教授认为教学中的问题情境具有以下内涵：生活情境、社会情境、现实情境、观念情境、虚实情境。在语文教学的课堂中，教师提供与课程内容相关的事例和问题，通过阅读、思考、讨论等形式来引导学生发散思维，对问题进行探究，加深对课程内容的理解并掌握学科知识。在探究式学习中，学生是主体，通过"自主—合作—探究"的方式，培养自主学习、合作学习、探究学习的能力。自主学习发展学生自我管理的能力，合作学习锻炼学生的语言沟通能力，探究学习培养学生创新思维的能力。这些能力不只是适用于语文学科、语文教学情境的特殊能力，而且是适用于一切情境和所有人的关键能力，这符合语文核心素养的标准。因此，创设问题情境，实施探究式教学是培养学生语文核心素养的有效途径。

建构主义者对教学提出了各种不同的思路和方案，但"通过问题解决来学习"是一条核心思路。基于问题式学习，正是围绕着问题的解决，通过分析思考、查阅资料、讨论交流等活动，学习者可以建构起与此有关的知识和技能。在语文智慧课堂中，专题探究旨在促使学生积极主动思考问题、解决问题，它是培养学生文本解读能力的极为重要的教学策略。在教师必要的引导和帮助下，学生以专题为载体，创设一种类似科学研究的情境和途径，通过搜集、分析和整理相关资料来开展自主、合作的语文探究活动。从教学理念来看，专题探究就是要突出问题教学，着眼于学生学习能力的形成，激励学生自主学习、主动探究和合作交流。与常规教学策略相比，专题探究的内容更丰富，综合性更强，要求更高,实践难度也更大。

　　语文核心素养的选择和培养是一个复杂的、长期的过程,但是语文核心素养一旦形成便会慢慢积淀,伴随一生,并发挥其独特的育人功能,促进人的全面发展,使其适应社会发展的需要。目前,语文核心素养的具体内涵还没有定论,语文核心素养的模型也正在构建当中。不管是语文工作者还是语文学习者,都必须积极参与到建设语文核心素养的事业中,为终身学习和全面发展打下坚实的基础。

第四节　情境性评价:语文智慧课堂评价的新视角

　　语文课程是将中华文化的精魂内化为学生文化底蕴和人格修养的媒介,语文教材中所涉及的文本不仅牵涉到文字表达和语法修辞等方面的内容,更牵涉到语言形式以外的如社会背景、文化价值、审美情趣等内容,充满着未知空间和情境性。因此,只有在语文课堂上创设适宜学生发展并与语文教学内容相一致的教学情境,并在学生学习的真情实境中进行质性评价,才能最大限度地调动学生学习的积极性,激发其创造性,以此实现评价效果的最优化。

一、情境性评价是语文智慧课堂重要的评价方法

　　情境性评价作为一种新型学习评价模式,是著名教育学家加德纳在《多元智能》一书中就学习检测问题提出来的。情境性评价就是指在具体教学情境中的考查,它的终极指向是激励和唤醒。加德纳认为,正规考试不能够全面真实地反映学生学的情况,其结论具有片面性,只有情境性考查才能真正做到全面真实地反映被试者的多元智能。因此,评价应该尽可能地在日常教学活动中不露痕迹地进行,在个体参与学习情境的过程中"轻松"地进行,而不应该作为一学期或一学年某一固定学习时间强制"外加"的内容。

　　多元智能的评价理论主张评价应成为自然的学习环境中的一部分,这种观点值得我们对语文课程评价领域的一些传统做法进行反思。传统语文教学评价中,"评价与学习相分离""为评价而教"的现象屡见不鲜,而且教师用来评价学生发展的问题往往是与现实生活相脱离。在这种评价中学生所获取的分数,仅能说明学生解决书本问题的能力,而不能说明或预见他们在现实或未来生活

中的潜能及表现。语文教育的真正价值在于"教文育人",因此语文教师不仅要关注学生在文本情境中的表现,更要关注学生在现实生活情境中的体会,尤其是学生解决真实生活问题的能力。因此,语文教学用来评价学生的问题要有真实性、情境性,以便学生尽快提升自己对文本及现实生活的感悟能力、逻辑能力和创新能力。

情境性评价,就是教师针对学生在这些有意或无意的环境"刺激"和"教学事件"中所表现出来的一系列学习行为的分析和评价。教师与学生对语文文本的解读过程实际上是一种特殊的文化交流活动,是一种精神价值的体现,是师生与作者或社会的心灵对话。虽然语文教材中所选的文本情感色彩很明显,但隐匿在语言文字后面的思想内涵和文化价值仍然不容易为学生所理解和接受。教师所创设的情境,正是沟通文字符号和学生情感之间重要的媒介,它是语文文本的文化内涵与精神价值的具体、形象的呈现。在情境中,"儿童是情绪感受、认知学习的主体,他们积极参与,自然放松地、真实流畅地表达情感,每一次教学过程都构成一个浓郁的情感场"①。也就是说,学生一旦进入某一种实际情境,或接触虚拟情境,都能触发某种情感体验,语文教学也因之产生魅力。

可以说,情境性评价是语文智慧课堂评价的最佳方法。在语文新课改的背景下,情境性评价要充分注重评价的激励性,既要保护和鼓励学生已有的主动性和积极性,还要激发学生进一步表现、思考和探索。语文教师要多呵护学生的灵性、个性和悟性,开发学生的创新潜能。要善于做一个鼓励者和欣赏者,尊重学生的阅读感受,接受学生的标新立异,在语文学习中让学生的个性得到张扬。当然,对于个别学生明显不符合情理的观点,教师需要做的不是指责、批评和训斥,而是巧妙引导他们自己去发现问题,让他们在理性思考中发现自己认识上的偏差。

二、在课堂过程中评价是情境性评价的核心要素

语文学习不仅是一个结果,还应该把它视为一个过程。如果语文学习离开了过程,那么就难以使学生的语文知识内化为语文能力,难以养成良好的语文学习习惯。在学习过程中的评价,实质上就是在衡量学生能否"学会学习"。众所周知,语文学习的本质是要学生以"文字符号"为媒介,感悟和理解作家在作

①朱小蔓.情境教育与人的情感性素质[J].课程·教材·教法,1999(1):9.

品中流露出的情意和精神内核,突出强调的是学生的体验过程。因此,从评价的角度来看,在过程中评价是语文情境性评价的核心要素。

(一)基于语文教学内容的动态建构性,情境性评价关注师生共同参与的求知过程

语文课堂教学的过程是情感体验的过程,而情感体验是动态的,因此语文教学具有动态建构性。只有"创设含有真实事件或真实问题的情境,学生在探究事件或解决问题的过程中自主地理解知识、建构意义"①,语文教学才能体现出生成性的价值。反之,把内容凌驾于学习者之上,会使学生错过发现、探究的机会,丧失学习的主动性和创造性。因此,情境性评价关注师生共同参与、共同营造教学情境的求知过程。

1. 教师的情境性话语评价

教师的课堂话语对学生的文学素养和审美能力具有潜移默化的作用,课堂上无论是教师的教,还是学生的学,都必须以一定的语言形式加以呈现。在教学评价中,教师情境化的语言富有审美价值,强调的是教师声情并茂的言语表述和鼓励,表现出直觉性、形象性、感染性的特点。学生因教师的真情鼓励而动情,会积极主动地探究文本,在情感美的熏陶中感受作品,使语文课堂情境达到审美愉悦的效果。此外,在情境性评价话语中,教师还应关注学生的成功体验,善于发现不平凡而有价值的问题或意见,给予学生坦诚真切的鼓励。【场景一】老师:"这位同学发言思维特别缜密,老师和同学们都深受启发,值得大家学习。"(发现优点,大力张扬)【场景二】老师:"你知道的文化常识可真多!有很多我们都没有学过,能告诉大家你是从哪里获取这些知识的吗?"学生:"我是通过大量的课外书籍了解的。"老师:"真不错!我们大家都要向你学习,多读课外书!"(树立典型,号召学习)。【场景三】老师:"你积极发言这点非常不错,但声音还需要大一点,另外关于文言文虚词的各种用法还需要你课后系统地进行整理,你看好吗?"(委婉地指出缺点,提出希望)

教师的话语评价随机性大,灵活性强,运用方便自如,是课堂情境性评价中最常用的评价形式。但在使用时,应避免一味拔高学生的误区,切忌为了激励而激励,也绝不能无视学生的失误。只有根据真实的情况、真诚的情感,做出真正的评价,才能有效地提高课堂效率。

---

①张华.课程与教学论[M].上海:上海教育出版社,2001:56.

另外,教师还可以运用自身的表情、声音、动作、神态等非言语教学行为进行有效评价,从而营造一个良好的课堂氛围,使学生在创设的情境中受到感染。

2. 学生主动参与情境性评价

建构主义学习环境包含情境、协作、会话和意义建构四大要素。我们可以将与建构主义学习环境相适应的教学范式概括为:"以学生为中心,在整个教学过程中由教师起组织者、指导者、帮助者和促进者的作用,利用情境、协作、会话等学习环境要素充分发挥学生的主动性、积极性和首创精神,最终达到使学生有效地实现对当前所学知识的意义建构的目的"①。因此,语文教学绝非仅仅探询和领悟文章的主题思想,表层性地解释文章的结构。在这一过程中,强调的是师生的共同参与,需要阅读主体"披文入情",敞开自己,倾注全部的生命意识,达到与作品、与教师的情感交融同构。从评价的角度来说,学生也要积极主动地参与语文情境性评价。

教师要在教学情境中激发学生参与学习评价的兴趣。刚开始要多采用激励性语言鼓励学生大胆说出自己的想法,由此建立起他们评价的信心。在学生基本掌握了评价的方法后,可采用小组竞赛、组际交流等多种活动形式扩大学生主动学习的空间。同时教师要学会倾听,还要给予学生充分的参与评价的机会,给予充分的时间和空间。另外为了教给学生评价的方法,教师就必须发挥导引的作用,帮助学生把握评价的方向,点拨他们评价的方法和要领。

对学习过程的自我评价,可通过要求学生建立"学生评价卡"来开展。它是学生自身为了实现自我评价而设立的一种形式,由学生本人使用和保管,不作为其他学生评价、教师鉴定、家长检查的依据,学生有权不允许别人查看,这样用"学生评价卡"进行自我评价完全是自觉的、主动的。另外,对其他学生进行评价时,可让学生采用表格记录的形式。记录学生在情境中学习的情况,把课堂中发生的事情如实记录下来,客观描述学生们在活动中的表现。

关注学生是否参与评价,有助于将评价深入到学生发展的进程中,教师也会及时了解学生在发展过程中遇到的问题或取得的进步,对学生语文素养的持续发展进行及时有效的指导,教学评价的促进功能也会真正得以实现。学生参与的过程还能有效地帮助学生形成积极的学习态度,科学的探索精神,增强学

---

① 何克抗.建构主义的教学模式、教学方法与教学设计[J].北京师范大学学报(社会科学版),1997(5):75.

生学习语文的兴趣,促进学生在学习语文过程中的情感体验、价值的形成。

(二)基于学生语文学习的个体差异性,情境性评价倡导多样化的评价方法

加德纳的多元智能理论是以多维度的、全面的、发展的眼光来评价学生。加德纳认为,因为每个人的智力都有独特的表现方式,每一种智力都有多种表现方式,所以,我们很难找到一个适用于任何人的统一的评价标准来评价一个人聪明与否。每一个孩子都是潜在的天才儿童,每一个孩子都有自己的学习风格,所以教师应尊重学生的学习风格,认识学生的长处,发挥学生的智能。

语文学习具有重情感体验和个性感悟的特点,因此,量化和客观化都不能成为语文教学评价的主要手段。将情境性评价在语文教学中具体化,就是要在情境性评价中综合运用质性评价方法。如观察或调查学生语文学习的心理、学习动机和兴趣、语文学习投入程度等情况;师生共同完成学习记录,重点记录学生在情境中的学习状况及表现,收获与失误;师生共同构建"学习档案",搜集能够反映学生语文学习过程和结果的资料,并对这些资料和结果进行量性分析,从而客观地描述学生在语文学习方面的进步与不足,并用最具有代表性的事实来评价学生。这种采取开放式的综合运用质性和量性评价的机制将情境性评价落到语文教学的实处,具体、真实、深入地再现了学生学习语文的发展过程。

1. 情境中观察

观察学生在课堂教学中的表现应成为课堂教学评价的主要内容,包括学生在课堂上师生互动、自主学习、同伴合作中的行为表现、参与热情、情感体验和探究、思考的过程等,即关注学生是怎么学的,学得怎么样,收获有多少。教师在情境教学过程中,随时可以观察学生的学习情况和行为表现。例如,学生课堂参与的态度、参与情境教学的情形、与同学交流的情况等等。利厒观察法有利于教师了解学生学习的困境和造成困境的原因,进而帮助他克服困难。在课堂教学过程当中,结合学生的问答,进行口头评价也是非常重要的。老师对学生回答和反映的评价应该重在激励其积极思考、认真探索,而不能用"对"或者"错"来简单评价。此外,平等地和学生进行交流,进行师生探讨,也是一种真正意义的评价。

在情境中观察,也是关注教师如何促进学生的学习的过程,如教师如何组织并促成学生的讨论、教师如何评价和激励学生的学习、教师如何激发学生学习的热情和探究的兴趣等,从而来评价教师课堂教学行为表现对学生的"学"的价值。

2. 活动中评价

语文教学是一种凭感受力和想象力批文入情、动情关照的独特的实践活动,相对于不同体裁的文本,实践体验的方法不同。因此,可以结合语文课程的特点,开展多种多样的语文活动,让学生在活动中如临其境地学习语文。如开展"角色扮演"、"模拟采访报道"、语文主题策划等活动,将语文素养的评价生动地渗透到语文活动当中,这样既促进了学生学习语文的兴趣,又提高了他们的语文能力。以角色扮演为例:语文教材中收录的神话、传奇、戏曲、小说等文学体裁,它们的艺术性、形象性、表演性比较强,有人物形象,有故事情节,可以采取角色扮演的方式进行情境教学。角色扮演就是把文本内容通过艺术加工的方式,以表演的形式呈现出来。在此过程中,学生自行组织、导演、排练、表演,全身心投入到作品所塑造的形象中去。教师在进行评价时,可以从两个方面考查学生的角色体验情况。一方面,考查学生是否获得对课文内容的感性认识,其对作品的研读能力是否提高;另一方面,围绕学生是否从自身的情感体验出发,并在教学情境中根据人物形象塑造出来的具体情况进行评价。评价的氛围是轻松、愉悦的,不仅能够让学生反思自己对作品的表现能力,又能激起学生对作品真切的生活体验,从而达到情境教学的目的。

3. "学习档案"评价

用学习档案来记录学生在情境中的表现,是非常不错的评价方法。学习档案旨在通过收集、记录与展示学生在语文课堂的成长进步,激发学生的学习热情,从而发挥情境性评价促进学生发展的功能。在具体的评价操作方法上,学习档案要汇集学生课堂学习作品的样本,循序渐进地展示学生学习和进步的状况。语文学习档案所应汇集的内容,可以分为以下三个方面:一是记录在情境中学生表现的资料,二是来自教师和其他学生的评价,三是自我计划和反思。语文学习档案的建立不仅可以为准确评价学生语文学习提供依据,还能促进学生不断审视自我学习状况,努力创造各种成果充实档案袋,扩大语文课堂参与的成效。同时还可为教师教学服务,让教师从每个学生的学习档案中获取各种反馈信息。但在具体的操作过程当中,一定不要把学习档案当作是学生语文学习的"成绩"或"荣誉"汇总表。

三、体验与审美是语文情境性评价的价值追求

在语文教学过程中,情境性评价是通过学生的体验来实现的。作为教学理

念,体验重视学习环境的真实性,强调师生的共同参与和亲身实践。一方面,教师在情境活动中,为学生提供各种情感体验的机会。引导学生结合自己的生活经验和生活图景,感受文学形象,进而获得情感体验和审美感受。另一方面,体验是"理智的直觉",包含了反思和探究的过程。教师通过不同形式的情境性教学评价,让学生反思自己在语文学习方面的问题,自觉优化语文学习能力。

总之,新课程改革倡导多样化的评价方法,当然,任何一种评价方法都不是孤立存在的,它们都是相互联系、相互作用。我们将语文智慧课堂的评价重心倾向于关注情境性评价,并不是厚此薄彼,而是要突出语文课堂的情境教学的特点,以适应语文素质教育的要求和符合新课程培养目标要求的评价体系。

第二章　语文智慧课堂的体系建构

语文智慧课堂站在语文的角度,以培养学生素养为最终目标,它主要体现了如下特点:面向全体学生,以学生为主体,因"生"制宜,因材施教;重视学生自己的感悟,重视让学生获得规律性、方法性知识;注重积累,包括知识积累、语言材料积累、生活积累、情感积累;以学生自主学习为主,注重能力培养,尤其是创造能力的培养;注重培养学生的学习兴趣、学习习惯和学习品质;在课堂教学过程中渗透美的熏陶、人格培育等等。因此,在语文智慧课堂体系的建构过程中,要从教学目标、语文教材、教学内容、教师与学生等多方面进行思考,努力实现从知识本位向关注每一个学生发展的历史性转变。

第一节　教学目标与语文教材

一、教学目标

不管教师意识到还是没有意识到,也不管教师是主动的还是被动的,从教师走进第一节语文课堂开始,到教师最后一次告别语文课堂,在教师每个人一生所有的语文教育教学活动中,教学目标始终如影随形伴随着语文教育教学,并或隐或显地指挥、限定、影响着语文教育教学活动。每一位语文教师与教学目标的关系,大体都经历着从被动到主动、从限定到自觉的阶段。

一个教师刚刚走上语文教学工作岗位,可能心中还没有明显的教学目标意识,有的更多的是教学任务。如何把这一节语文课顺利地上下来,不要拖堂,不要早早地空下时间没有事情做,把自己干干地晾在讲台上? 如何让学生顺利地听完这一节课,不要出现课堂乱哄哄讲不下去的情况,或者让学生把自己难住了赶出教室等不好的现象? 如何让听课的领导、评委和同事满意,不要讲错,不要讲漏？如何在学校规定的时间内把课文讲完，不要出现教学事故，不要让考试成绩太低，不要让学生或家长有意见，不要让领导找自己谈话批评指责？可以说，这个时段，心思主要还在以上诸多担心上，主要还在如何能顺利地完成语文教学任务上，绝大多数教师还顾不上考虑语文教学目标，如果有教学目标意识，可能仍不过是在完成别人设计好的教学目标罢了。

等到稳定下来慢慢地熟悉了工作后，才开始在学习别人、借鉴别人的过程中认识理解教学目标。备课的时候，看到教师参考用书上的教学目标，并把它写进自己的教案里；看到别的名师优秀的教案里的教学目标，也可以把它写进自己的教案里；听课的时候，看到示范课、公开课教师发的教案，也开始学习别人所定的教学目标；培训的时候，听到专家报告，听他们解读语文课程标准，开始慢慢认识课标中的教学目标。这样过了一段时间，语文教学目标，就开始进入到教师们的教学过程中，首先出现在教案中，其次出现在说课稿二。在教师要上公开课、大赛课，或者要进行说课比赛时，教学目标一下子就上升到教学第一位的地位。但是过了这些时候，说课、公开课、大赛课都结束了，教学进入日常的常规状态后，教学目标就又开始淡化，远离了教师的视野和内心。如果教学过了三五年后，新鲜感、紧张感都消失了，教学工作熟悉乃至胜任了，勤勉上进的心、从严要求的心一旦松懈下来，就可能会出现一种倒退现象：平时上课，没有教学目标意识，以课本上的课文为目标，上课铃响就开始讲课文，下课铃响就结束，讲到哪里就停到哪里，下一节继续接着讲，有严重的常常下一节不知道讲到哪里了。这时，不仅没有了教学目标，连教学任务、教学内容的意识都淡化了。有时候讲熟了，也就讲"油"了，常常随性发挥，远远偏离了教学内容，那些漫天言说的内容把教学目标、教学任务、教学内容淹没得无影无踪。

这时，即使有了外界的促进，有了教学目标，但教学目标仍是别人的，或者是教师参考用书上的，或者是别的名师或大赛获奖者的教案上的，我们只是在遵照，或应和，或尽力照搬现成的教学目标。大多数教师这时尚未有自己来设定教学目标的意识，这段时间，教师心中的教学目标仍是模糊的，乃至是混乱的、错误的，常常把教学目标与教学重点、教学难点分不清楚，有时还把教学目标与教学内容乃至教学知识要点分不清楚。有些时候，即使设定了一个正确的教学目标，但整个一节课的各个环节的具体内容，却与教学目标不一致乃至脱离，就像两张皮，中间不粘连。

直接促进教师与教学目标紧密相连的外界因素，较为重要的一个就是各种课堂教学大赛,尤其是全国性质的课堂教学大赛。一个选手,在正式参加大赛之前,一定会叫相关的专家评委来听课,评委听完课后要评课。评课时,就会根据选手所写的教案及课堂教学实际进行点评,其中点评的最为重要的一个方面,就是教学目标的确定和实现。专家会直接指出这节课的教学目标设置得明确不明确,合理不合理,有没有价值;其次会评价这一节课教学目标实现了没有,实现得怎么样,有没有逻辑上的混乱和不一致;然后会点评教学环节中哪些是多余的,可以删除;哪些是次要的,可以减少;哪些是关键的地方,还需要增加等。然后选手根据专家评课的诸多意见再去修改,再去试讲,不停地反复打磨,再请专家听课评课,再去修改,最后走向大赛课堂。在这些反复打磨的过程中,选手大脑里渐渐就会明晰起来一个概念:一节语文课堂,首先要有教学目标;其次教学目标要明确,要集中,要突出;同时,一节语文课或一篇语文课文第一位的教学设计,就是教学目标的设计,而教学目标设计的水平高低,直接决定着这节课整体教学设计水平的高低以及这节课整个教学效果的高下。这时才会反思到平时教学,显然太松散了,太散漫了。也只有在这时,才会意识到教学目标的设计,实际上也是一个语文教师整体语文素养的体现,才会意识到语文教育教学的育人功能、传道功能或者说人文性,才可能意识到"语文教师首先是人类灵魂的工程师"这句话的真正含意。但这时,教师对教学目标,仍是被动地接受,虽然有了深入的认识、理解、领会和提高,那些被自己认可和接受的教学目标,仍是别人设计好了的、现成的,仍不是自己的,不是自己设计的。

当一个教师参加了无数次的课堂教学实践,课堂教学、说课、教学设计等大赛实践活动,还听了无数节其他教师的公开课、示范课、大赛课并进行了无数次的点评,当各种语文教育教学的条件渐渐成熟后,就会自觉地思考一个问题:这节课我要干什么,或者通过讲这篇课文我要干什么? 有时候站在讲台上,望着全班听课学生亮晶晶的眼睛,心中自然会想,我们通过一年或三年时间,讲那么多的课文,最终要把学生带到哪里去? 也许只有这时,语文教学目标才算真正在心中滋生了。这时我们可能会想:学生还缺哪些语文基础知识,还需要哪些语文知识语文素养;现在学生学习数理化等其他学科时需要哪些语文能力;学生三年后面临语文高考,尚需什么语文知识和能力;三年毕业后到大学去读书,或七年后走向工作岗位,需要哪些语文知识、语文能力、语文综合素养。在想这些需要的同时,可能也会想:现有的教材上所选的课文,都有哪些知识、哪些能力、哪些素养,哪些课文适合哪些学生的某种需要,哪些课文不适合某些学生的某种需要;甚至会将眼光投入更广阔的典籍中,如《四库全书》《中华道藏》《乾隆大藏经》等这些中华民族历史文化的海洋中;更有眼光的话,还会将目光投入到印度、日本等其他亚洲国家和地区,乃至欧美全球范围内的人类文化海洋中。

这时,教师可能就会主动地思考教学目标、设计教学目标。首先,教师会观察学生,了解学生,认识学生,清楚学生的现状、优点、缺点或不足,明白学生需要什么不需要什么。其次,教师会尽可能地学习语文学科中考和高考考试大纲、考试说明及试题,尽可能地学习语文课程标准,熟知课标精神和要求,还会尽可能从古今中外伟大的教育家传下来的经典中寻找教育教学的导航灯塔。最后,再结合自己的教育教学理想,不停地设计、调整语文教育教学目标,不停地实践这些教学目标,修正这些目标,让这些教学目标引领语文教学走向前去。

如讲授成语"七月流火",如果面对的学生是高中学生且学生的语文基础知识尤其古汉语知识薄弱,没有养成良好的语文学习习惯,教学目标就设定为培养学生自主学习语文的习惯和能力。教学过程就可分为三个环节:一是让学生先自己说出这个成语是什么意思,并把自己说出的意思写下来;二是让学生拿出《成语大词典》,自己去查找词典上这个成语的意思,并和自己写出来的对照;三是答疑和点评。答疑指解答学生查词典后产生的疑问,点评时要指出,老师也是通过查成语词典才了解了这个成语的,学习成语,最基本的方法就是查阅工具书,并和学生商议,可否每天查一个成语,并把它记录下来,日积月累,以此加强成语的学习。如果面对的高中学生语文基础很好,但却娇生惯养害怕吃苦,教学目标就可定为了解先民稼穑艰辛的生活和成就王业的不易,逐步形成吃苦耐劳的意识。教学过程也可分为三大环节:一是提问"七月流火"成语的出处及原文;二是学习《诗经·国风·豳风》全诗,不仅要了解"七月流火"的准确含意,还要了解它在全诗中的作用;三是体会《豳风》描写的古代先民在全年的衣食劳动中所付出的艰辛劳动,为成就周王室兴旺发达体现的忧勤艰难。

总之,"七月流火"这个成语,包括有天文历法知识、词义的古今异义知识、今天误会误用的情况,也包括它的出处及"七月"全诗内容。这些都是教学内容,我们可能根据不同的学情、不同的需要,设定不同的教学目标。仅让学生懂得这个成语中的内容,只是教学内容,或教学重点、教学难点;而通过让学生懂得这个成语的具体内容来达到特定的目的,才是教学这个成语的教学目的。教学目的没有高下好坏之分,只有对不对学生症状,让学生有没有收获这个区别。教学重点、教学难点等教学内容只是手段,通过这些手段要达到的目的才是教学目标。孔子所言"因材施教",首先的含义是因学情的需要设计和确定教学目标。

综上所述,对于智慧课堂的教学目标,我们可归结为如下几点:

第一,语文教学目标是整个语文教学的灵魂。它主宰着我们整个语文教学活动。

第二,一个语文教师的教学目标理念体现着一个语文教师整体的语文素养、教育理想、责任感、使命感和才学。一个语文教师教学目标理念的成长,在某种程度上就是语文教师的成长。

第三,一个语文教师,如果想要较好地成长和发展,需要从教学目标开始,把教学目标作为整个教育教学活动的核心和灵魂,作为语文教育教学活动的第一要义,始终坚持以教学目标为核心进行教学设计和教学活动。

第四,对教学目标的追求,可以循序渐进、登高自卑。先学习借鉴,再自主创设,从小到大,由浅入深。

二、语文教材

语文教师与语文教材之间的关系,可以用两句话来简单概括:教教材和用教材来教。

教教材时期,是大多数语文教师主要的教学阶段。这个阶段的教师,在教材面前是被动的,几乎是完全受教材支配的,教材有什么就教什么,教材没有什么就不教什么,语文教学的任务就是把教材教完,给学生把教材教完了,教学任务就完成了。在这个阶段,叶圣陶老先生提出了一个响亮的要求,叫作"吃透教材"。吃透教材,就是要熟悉教材,要熟悉每篇课文的内容及在整个单元中乃至整册书中的地位和作用,每篇课文与每篇课文的关系,每个单元内部的联系,单元与单元之间的联系,整本书乃至三年或六年整个教材的体系结构、编排顺序、编排意图。把教材这些方面弄准确明白了,大体上就可能吃透了。我们推想叶圣陶老先生提出"吃透教材"这个要求,可能就是针对一线教师"只见树木,不见森林"这种情况而言的。大多数教师,对教材的理解,缺乏整体上的认识,眼中只有零散的一篇一篇的课文,很少去想每篇课文之间的联系,也很少去想单元编排的用意,几乎没有把教材看成一个整体的有机的系统。这样,教师对教材整体上的用意和本有的作用就可能意识不到,也想象不来,教学中自然也就不能较好地发挥出教材本应有的作用。

在这个阶段,语文教师与教材的关系,实际上的情况可能还要差一些。大多数教师很少在开学之前进行真正意义上的教学计划,而学校、年级组的教学计划又与语文教学计划相距太远,一个年级备课组会有教学计划,可惜的是这个计划流于形式的居多。所以教师备课时,多数都是一课一课地备,很少或几乎没有教师从教材整体上来备课。如开学之前把本学期所教的教材通读一遍,或把全年乃至三年的教材通读一遍,然后再制定本学期的教学计划,根据教学计划再去备单元教案,最后再一课一课地备。也许在一线教师心目中,教材是教育部、教育出版社、省市教研员或者大赛评委们的事情,距自己还是比较遥远的,可以放下不管,也顾不上、顾不了,自己只是按着教材上的顺序一课一课地教就可以了。还有许多时候,一线教师对教材还是很陌生的,如果离开了教师用书,离开了教参教辅,就不会教学了,或者如果学生也拥了教师用书或教参教辅,就不知道要教什么了。十几年前遇到一位好钻研的语文教师,见了其他语文教师就咄咄逼人地问:"从初一到高三,六个年级十二本语文书中,你知道共有多少条论语吗?"大多数老师遇到这个问题都心中茫然,张口无言。

也许经过了许多年的努力,我们会渐渐地对课文熟悉,了解到单元内部及单元与单元之间的关系,也认识到整本书的体系结构,在说课时能清楚地说出某篇课文在全书中的地位和作用,渐渐地就会接近"吃透教材"这个要求。但是使用了课标体系下的选修教材后,新的问题又来了,我们选修教材上的课文教不完了,我们的时间不够了。其实在以前就已经出现了实质相同而形式不同的问题,如总有很多的课文,学生压根就不喜欢,虽然我们老师认真地备课,费力地讲解,学生总会偷偷地在下面写其他作业,下课也不去看我们教材上的课文。学生可能想学语文,但不想听我们的语文课,不愿意读我们的课文,把语文学习排在所有课程的最后一位。几年前,社会上在大吵特吵中学语文教材删不删鲁迅作品的问题,不管哪一方说得多么有道理,其实都是那位扛着竹竿进不了城门的宋人在锯竿子罢了。鲁迅的作品,如同宋人手中的竹竿,重要的不是锯不锯的问题,而是宋人如何拿着竹竿进城,或者如何使用竹竿进城的问题。这些问题,都涉及一个更深入的思考:语文教师如何来使用教材,或者说,语文教师的教材观念是什么? 于是就进入到语文教师与教材关系的第二阶段——用教材教。

所谓用教材教,就是把教材当成一种工具,或者当成一种例子,来实现自己的教学目标。在教材之上，有一个教学目标在。在教师的观念里，是以教学目标为主体为中心，而不是以教材为主体为中心，教学目标是主是本，教材是次是末。有了这样的主次本末关系的见识后，才可能驾驭教材，根据自己的需要使用教材，而不是受教材限定或局限，随从于教材。就像教材编写者所写的说明那样，教师完全可以根据学生的需要及自己教学实际的需要，大胆取舍教材，可以调整教材顺序，可以增删调换教材内容，还可以根据自己的需要自己编制教材。这样一来，教材就完全为教师教学所用。

如果我们要训练学生在文章结构方面的"总分总"思维认知能力与写作能力，就把苏洵的《六国论》和恩格斯的《在马克思墓前的讲话》放在一起教学；如果我们要训练学生在文章表达方面"比较手法"的认知能力和写作能力，就把节选自刘鹗《老残游记》的《明湖居听书》与余秋雨《文化苦旅》中的《庙宇》放在一起教学；面对同一篇课文如鲁迅的《拿来主义》，如果我们要对学生进行正确对待文化遗产教育，就仅仅选取其最后两三段作为教学内容，并将之与毛泽东的《新民主主义论》中的一段《民族的科学的大众的文化》放在一起教学，而将《拿来主义》其他内容略而不讲；如果我们要对学生进行批判性思维教育，就将《拿来主义》前三四段内容与王安石的《游褒禅山记》放在一起教学，让学生明白历史中真实的徐悲鸿、梅兰芳、尼采、邵洵美等文化名人并不像《拿来主义》中的样子，明白一千多年前王安石发出的悲叹"谬其传""学者不可以不深思而慎取之"的原因。

综上所述，智慧课堂中教师与教材之间的关系，可以归纳为以下几点：

第一，每位教师都是从"教教材"这个初级阶段发展到"用教材教"这个高级阶段的，教师与教材关系的发展，也是教师的发展。

第二，每位教师都不能也不该只停留在第一阶段不再向前行。要做一名本分的合格的教师，就需要先熟悉教材再吃透教材，最后再驾驭教材。

第三，在教师与教材之间，教师是主人，是主体，是支配者，教师的教学目标是核心，教材是工具，是手段，是被支配者。在这一点上，尤其年轻的教师要敢于做教材的主人。

第二节　教师读懂课文内容并掌握作家作品及相关评论

一、教师自己要读懂课文

现行教材所选的课文,如果按照国别与时代,大体上可以分为四部分:中国古代诗文,中国现当代诗文,外国古代诗文,外国现当代诗文。只不过外国诗文翻译成中文后在教材中常常以现代文的方式呈现着。所以我们可以将之与中国现当代诗文合并为一。于是教材中的课文,便可粗略地分为中国古代诗文与现当代诗文。中国语文与世界其他国家的语文相比,最为突出的一个地方是历史文化的悠久绵长、博大精深,那些缤彩纷呈的现代文,有很多在内容本质上仍是对历史文化的传承、阐释。即使是外国诗文,有许多也是世界文化的经典。所以,语文教材中的课文,绝大多数都是人类历史文化中最先进的经典。所以,中国的语文教师,都有一个义务,就是要将这些人类历史文化中最为先进最为顶尖的经典准确地传承下去;还有一个责任,就是必须正确理解这些经典本有的含义、本有的内容。所以,语文教师及语文教学需要对这些经典有敬畏心、恭敬心,意识到一线语文教师及学生在整个人类文化历史中的身份和位置,不可轻视,也不可妄言造次。清代学者赵翼在《闲居读书》中如是说:"后人观古书,每随己境地。譬如广场中,环看高台戏。矮人在平地,举头仰而企。危楼有凭槛,刘桢方平视。做戏非有殊,看戏乃各异。矮人看戏归,自谓见仔细。楼上人闻之,不觉笑喷鼻。"很值得一线语文教师在面对那些经典课文时深思。

所有的一线语文教师,在上讲台之前都需要补做一件事:自己独立地将所要讲的课文平静自然地读几遍。独立地读,指先不要看任何参考教辅,不要看别人的解读、评论,不要看任何人的教案,有人称之为裸读。平静自然地读,指在心态平和的状态下读,不急不赶,不带目的和功利。一遍读不清就读两遍三遍,三遍五遍读不懂就读七遍八遍,直到读清、读懂为止,努力做到读懂文章原本应有的意义。自己解读,正确解读。如文章共有多少个自然段,这些自然段可以合并归纳为几部分,每部分的中心是什么,每段每部分及全文各共有几个内容要点,各部分之间按什么顺序排列、有什么逻辑关系,全文的中心是什么,全文在写法上最为突出的特点是什么,等等。用阅读能力来说,就是读懂文中关键的字词句的含意,读懂全文的结构层次、行文思路、各部分的内容要点,并归纳出中心意思等。做到了这一步，再去读别人的解读评论，将别人的解读评论拿来补充修正自己。最后再进行教学设计，撰写教案，并将自己的教学设计教案与别人的进行比较参照，取长补短。如朱自清的《荷塘月色》一文，不管别人怎么解说，有多少个观点，我们自己要清楚全文共有 12 个自然段：前 6 段为一部分，写自己到荷塘去赏月想静一下心，宁静是宁静了，但仍无法排遣苦闷，又想热闹；后 6 段为一部分，写回家路上所想江南采莲的事情，渴望得到风流和热闹，只是现在无福消受了。这些都是最为基本的内容，需要搞明白搞清楚。再如讲列子的《愚公移山》一定要去读列子《汤问》那个原文，要知道列子是把夸父逐日与愚公并行排列，但却否定了夸父的不自量力，肯定了愚公的跨越时空观。如果我们离开了列子的本意，妄谈破坏环境或者妄谈切合实际，都是没有从文本出发的背离了文本本有的含意的不慎重行为。

现实中常见到的情况却与之相反。先不去补做这一件事，先不去自己独立地读课文本身，却直接看别人的解读、别人的评论、别人的教案。跳过了自己独立阅读课文这一步，自己对课文对原作是模糊的乃至是空白的，于是别人说什么就是什么，别人说对了说错了都不知道，只是随从就行。教学时，尤其在公开课、大赛课，尽量将网络上的、其他教辅上的解读、评论、教案汇集到一起，填到自己的教学设计教案中，再搬到课堂上。这样做下去，常常会出现一些弊端，如脱离了课文具体词句、具体内容的架空分析，贴标签式的讲解，所归纳概括出来的要点常常看起来很华丽堂皇，但却与课文具体的内容不一致或者勉强硬套。如许多选手在公开课、示范课时讲王羲之的《兰亭集序》，整节课围绕着"四美"展开，将这篇课文归纳为"语言美""文字美""意境美""哲理美"等。但对后两段中的具体内容，如王羲之面对古人的"生死亦大矣"怎么就"岂不痛哉"了？至于"虚诞""妄作"说谁呢？说庄子呢还是说晋人的呢？"悲哉"又在悲什么呢？像这些核心内容，却常常回避淡化，如果要问，大多数可能都是茫然一片。

在如何读懂课文内容这一点上，我们可以归纳为以下几点：

第一，自己独立平静地读课文，是主是本，参看别人的解读、评论及教案是次是末，需要先主后次，先本后末。

第二，努力使自己读懂读准课本原有的意义，努力使自己与课文作者在课文这一点上站在同一高度。

第三，自己读懂课文的根本方法，就是平静自然地反复阅读。语文教师要把自己独立平静地读课文这一环节当作教学的第一工作，应占教学工作时间的一半或者更多。古人说，文读百遍，其义自见。文读百遍，就是语文教师最为基本的备课方法。

二、掌握作家、文献的第一手资料

在解读课文的时候，难免要涉及作家的生平事迹及时代背景，有时还要涉及后人对作家、作品的评价等文献资料。古代的一些文人评价前代文人及其作品，有些时候常常从个人的心理情感出发，极力夸大某一点，拔高某一点，有时几乎到了阿谀奉承的程度，同时却遮掩了前代文人的许多缺点不足，只是借此极力地攻击社会的不公、环境的黑暗，发泄着私怨。这些陋习体现在他们的诗文评论中，并在历代文人中间陈陈相因。还有一些时候，由于政治运动的原因，文学评论或者配合政治舆论的需求，在评价前代文人及其作品时，更会有许多偏颇、失真和谬误之处。基础教育中的一线语文教师，由于工作性质、教学时间或自己的学力所限，常常只去照搬在与课文相关的作家作品这些问题上一些现成结论或流行结论，很少自己去查阅有关作家作品等相关文献的第一手资料，有时候那些成论或流行结论是没有问题的，但有不少的时候，那些成论或流行结论是有偏颇乃至错误的，因之也就无法辨别订正，可能就人云亦云以讹传讹了，进而误传到语文教学中去。

如唐代诗人杜甫，后人评价其人其诗的文献很多，尤其是解读到杜甫在严武去世后流亡长江中下游时所写的诗歌时，常常称赞杜甫的忧国忧民情怀，心怀社稷苍生的伟大精神，这些都是可以的，但说着说着，就说到了杜甫的怀才不遇，说到大唐王朝的不公乃至黑暗腐败来。在慷慨激昂地称颂杜甫的"诗史""诗圣"美名的同时，悲愤地埋怨着"可怜身前身后名"，暗暗地谴责着当时的朝廷和政治。这可能就会误导学生，诗圣杜甫是伟大的，社会是黑暗的，这样教学的结果，既可能与事实相违，还会带来一些负面的影响，如导致一些叛逆或愤世嫉俗的心理，久之下去，可能会不断地造出许多所谓的文人性格或所谓的象牙塔的阴影。但是一线语文教师如果下功夫查阅一下《旧唐书》《新唐书》中的杜甫传，查阅一下全唐诗中杜甫更多的诗歌，用心一读就会明白，杜甫作为诗人，在唐朝格律诗的形成和发展中功不可没，就像郭沫若在中国现代白话诗的形成和发展中的贡献一样。较其他诗人而言，杜甫诗歌中较多地表达了对天下苦难百姓弱势群体的悲悯同情，还较多地表现了"情不忘君"的心。在诗歌的艺术表达方面，如遣词炼字、格律声韵、平仄对仗以及视野开阔、气势恢宏等等，杜甫完全可以被称为伟大的诗人，后世如果有人要学写格律诗，杜甫是第一位教师。但是离开了诗歌创作这一领域，说到"怀才不遇"，确实是不合事实的。大唐王朝确实有许多黑暗腐败的地方，大唐皇帝也有许多缺点错误，那个时代也确实不公平地践踏过许多有才华的士人，但具体到杜甫，确实不是这样。杜甫参加科举考试，连第一关礼部的考试都没有考中。后来托人送给了唐玄宗三篇文章，唐玄宗曾破格授予他河西尉一职，他嫌远嫌低，就辞职不去，玄宗又让吏部安排，第二次给他了一个右卫率府胄曹参军的京官，他才上了任。上任后还写了一首诗表达了自己不去上任的心情。可惜不久安史之乱爆发，京城长安失守，杜甫的京官也就被冲毁了。后来他来到凤翔，把自己写的诗文献给唐肃宗，唐肃宗见他衣衫破烂，满面尘土，一片忠心，就授予他右拾遗。后来宰相房琯，也是他的发小，打了败仗，还因门客董亭兰的牵连，肃宗免了房琯宰相一职让他去做刺史，杜甫就写奏章替房琯说话，指责肃宗。肃宗最终还是没有处罚杜甫，但让他到华州地方上做司功参军，杜甫便离开肃宗，自动离职到了成都。后来肃宗回到京城长安，再给他京兆功曹参军职务，他仍没有回到京城任职。从此之后，唐朝皇帝和朝廷再也没有任用他，除了在严武那里当了一段工部员外郎外，再也没有任过官职。这些史实都很清楚，如果归纳一下，我们就会发现，玄宗、肃宗两朝皇帝，共给杜甫授过五次官，他辞绝了三次。这么看来，我们能说杜甫"怀才不遇"吗？相反，严武给过杜甫较大的官，但杜甫对严武的无礼辱骂曾激怒了严武，要不是严武的官帽被门帘钩挂住，严武的妈妈极力劝阻，严武早就杀死了杜甫，杜甫哪有机会还能写诗忧国忧民呢。语文教师如果自己知道了杜甫的这些生平身世和时代背景，再讲起杜甫和杜甫的诗歌来，可能就会公允一些、客观一些，避免了一些偏颇和谬误。

再如讲到宋词及苏轼，中学语文教师首先会想到豪放派和婉约派，并拿豪放派往苏轼词上套，如《念奴娇·赤壁怀古》，并引用那位关西大汉手拿铁板高歌大江东去的典故来证明。但如果讲到这首词最后两句"多情应笑我，早生华发。人生如梦，一樽还酹江月"时，心里就犯了嘀咕：这到底算是豪放呢，还是该算婉约呢？一讲到赤壁时期的诗文，就随口说苏轼旷达或达观。如果读一读他的《卜算子·黄州定惠院寓作》一词，再读读他的《东坡志林》就明白了，刚刚从天牢里逃生的苏轼，胆战心惊，恐惧如惊弓之鸟，哪有那么容易的达观旷达呢。殊不知一直到了儋耳时候的苏轼，正月十五晚上半夜时分仍在自嘲苦笑，想到韩愈的钓鱼做官论（见《东坡志林·儋耳夜书》）。如果我们语文教师自己不去阅读历史上的文化名书的传记,自己不去阅读那些史料原文,只去道听途说人云亦云,常常会把学术上较为复杂的事情弄得过于粗略简单,可能会使我们的语文教学在某些方面变得哗众取宠或者巧言煽情。

综上所述,关于作家作品及相关评论等,可以归纳为以下几点:

第一,中学语文一线教师有责任亲自去阅读古代文化名人的传记原文,去阅读与作品相关的文献史料原文,从而全面准确地认识作家,全面准确地解读作品。

第二,中学语文一线教师有义务在学生面前站稳教师的脚跟,对于历史中重要的文化名人,不拔高不贬低,不贩卖不遮掩,客观公正。

第三,中学一线教师有责任对于语文知识,尤其是中华民族历史文化中的精华,下气力搞清楚搞明白,不要把原本丰富复杂的知识简单化或者粗浅化,贻误学生。

第三节　教师与学生

一、备课

一般说到备课,大多数语文教师就会想到熟悉课文内容,写教案,制作课件。在这些过程中,语文教师的心思主要还在课文本身上,如有哪些内容、哪些必须要讲的知识点,其他教师的优秀教案中还有哪些重点的知识和内容、还有哪些可以设计到课件里的文字、图片以及音频、视频等。总而言之,目前网络上或图书里还有哪些重要的教学内容会不会没有想到,这是语文教师在备课时的主要心思。写教案时,如果不上交检查也不公开给听课者看,主要考虑的也是有没有教学内容或知识点的遗漏;如果要上交检查或公开示众,还会想到格式、体系、语言及有没有错误。这些都是需要做的,做到了也是很好的,但唯一没有想到的,也是极重要的,就是学生的因素,也就是所谓的"备学生"或考虑到学情,考虑到学生需要什么,不需要什么。

备课时如果能考虑到学生的因素,就已经上升到了另外一个阶段、另外一个境界。如果没有考虑到学生,说明教师还在初始阶段,还在只知顾及自己,像打铁一样只想到自身强大不强大,还无力顾及学生,或者还想不到学生。这确实需要一个过程,等到完成了这个过程,教师自身已足够强大,知识储备、课文解读、教案书写等都过关了乃至过硬了，就有可能跨越这一步，开始考虑学生。

考虑了学生进行备课，有两种情况。第一种情况：教师充足地备好了课，写好了教案，等着上课，但还有一段多余的时间，这时就有可能想到，上课时学生可能会需要什么，而我的教案中没有，我的教学设计中没有考虑到，需要增加上；教案中会不会有些什么内容学生不需要，上课时可以不讲。这样考虑了以后，再修改教案，调整教学设计；或者重新写教案，重新进行教学设计，然后再去上课。这样调整了一段时间，慢慢就进入第二种情况。

第二种情况：一开始着手备课，就考虑到学生的因素，就想到这一篇课文学生会需要什么，不需要什么，课堂上他们想听什么，不想听什么，他们具有了什么，还缺什么，某些知识或技能如何教学才可能有效，等等。然后直接将这些考虑融入教学设计中，写进教案里。

备课时最为核心的部分是教学设计，即对单位教学时间的整体构思。在这整体构思里，首先要想到的，就是我们这次教学想要干什么，或者说我们教学的动机是什么，目的是什么。一般来说，语文教师的境界不同，想法一定会不同。有些教师会想，我的教学就是为了完成教学任务，也许当教师这样想的时候，他要完成的教学任务一定不是他自己设计的，更不会是学生提出来的，只能是学校安排的，或备课组，或教研组，或行政领导，或上级教研部门、教材编订组等设计的。有些教师可能还会想，我要展现我的才华，把课讲得好听，让学生喜欢我的课，让家长放心，让学校同事领导肯定我等等。这个时候，教师就开始下功夫想办法了，通过教学来彰显自我，成为这个时期教学的动力或引领。还会有教师想，我要给学生传授什么知识，培养什么能力，形成什么精神意志等。这个时期，教师开始想到学生这个因素了，只不过仍处在"我要给学生什么"这个阶段。教师备课一定有自觉性和责任心，在业务上努力钻研，教学有思路有逻辑，传授的知识体系开始严密起来，只不过教学方式方法可能会采用一言堂、灌输法、填鸭式等，整个教学会围绕着老师自己的理想模式进行，虽然教学设计中想到了学生，但却是把学生引导到教师自己单独所构想的地方。从这里再往前跨一步，便是最难的一步，但同时却也是质的飞跃的一步。

在这个阶段，教育者在教育时，能够破除"我执"，从教师个人狭小的"我"的范围里突破出来，具有了大爱。心中真正与学生融为一体，装着的都是学生，并能自觉自然地按学生学习成长的规律来引领。因为没有了私心，也就没有了对立和冲突；因为没有了私利，也就没有了功利和急躁冒进。教师与学生，是一不是二,所有的教育教学方法,都是不二法门。这时的教学设计,包括教学目标、教学重点、教学难点、教学方法等,会遵循教育教学规律,遵循学生成长的规律,以学生的成长为目的,为出发点,来安排教学,组织教学。

在备课的时候,进行教学设计,教师的内心深处一定有一个师生关系的考虑,往深里说,这不仅涉及哲学话题,也涉及一个教师的慈爱与智慧的话题。从哲学上说,就是"以教师为主导,以学生为主体"。从这句话里看出,教师与学生,二者是统一的有机体,是一个问题的两个方面,不可分割,更不可对立。两个方面,一是教,即在引导方面,教师是主,学生是次;二是学,在目的方面、运用方面,学生是主,教师是次。从本质上说,教师所进行的一切教育教学活动,都是为了学生,为了学生有所获,有受益,有进步,有成长,以学生的需要或成长为出发点为目的为动机;而与之相对的是,把学生当成工具,把教学当成途径,只是来展现教师个人的才华,只是来满足教师个人的需要,只是来实现教师个人的价值。这个爱心与私心的区别,以及爱心大小的区别,还影响着乃至制约着教师教育教学智慧。圣贤曾说,慈悲是智慧水。翻译过来就是,一个教师对学生或对人类的慈爱悲悯心,是滋养他教育教学智慧之树的泉水,这些泉水有多少,智慧之树就会有多高大。那些因缺少责任心而导致的不良教育教学行为的,我们暂且不必去提说。那些因教育教学方法的原因导致教育教学效果不理想的情况,从根本上看,都是慈悲之水不足,智慧之树不高,最终导致教育教学低效。如拖堂行为,下课铃响了,教师还在讲课,延长了三五分钟,除去一些特殊的情况,大多数经常这样拖堂的教师,心里基本不考虑学生下课时听不进去了这一实际情况,不考虑学生这时身心疲惫需要休息了的现实,也基本不考虑学生这时的听课效率,只是一味地想我讲的很重要,我要坚持在这时把内容讲完。一直满堂灌、填鸭式教学的教师,在他的内心深处,也可能认为,他的教学,就是他来讲课,要把他知道的讲出来,要把他认为重要的东西讲出来,他讲的东西是最重要的,学生必须按他的要求来做,按他的目标来完成,他讲完了,教学就算真正结束了,他也就尽心尽职了。这样的教师心中只有自己,并没有考虑到学生。

儒家教育里有一个词叫"启发",佛家教育里有一个词叫"点化",很值得我们深味。启发和点化里有几个潜在的含义,一是平安清静地等待时机。这里的对立面是急躁心或功利心,凡处在高压下极度紧张状态中急切想达到某种目的的教育行为,大多都是教育者单方面的私心私欲所致,而且常常是违背教育教学规律的。二是相信受教育者的仁爱善良和能力,让他们自觉自悟,主要依靠受教育者自己的力量,让他们从心里根本上解决问题。哲学上讲,内因是变化的根据,外因是变化的条件,外因是通过内因来起作用的。再伟大的教育者,再高明的教师,所做的一切教育教学行为,都是外因而已,只是一种外界条件,最终还是需要通过内因来起作用。这也许是"以学生为主体"的另一层含意。这也许是教育教学的根本大法。所以,教学中的一切"越俎代庖""包揽一切"等行为,根本上就是没有想明白内因与外因的关系。三是教育者需要追求最有效地解决问题,最大化地解决问题、最长远最根本地解决问题的方法。启发和点化,就是让受教育者自己主动地从内心深处依靠自己的力量去改变、去完成。在孔子的启发里,首先含有学生努力在想,尽力去想了,没有想明白;心里想明白了,尽力去表达,没有表达明白,这时教师上手,又启又发,学生一下子就提升了。而点化大多都是给有深厚基础的人的,条件不成熟,基本因素不到位,点化是没有用的。

语文教学也一样,教师在备课时进行教学设计,如果从动机和目的上,降低或者淡化自我,消解"我执""我见",心里想着的是学生,从学生出发,以学生为最终目的,如果以这样的大爱之心来进行教学设计,来确定教育教学目标,并以此来备课,整个教学会是另一番样子。

综上所述,关于智慧课堂的备课,我们可以给出如下建议:

第一,在备课环节中,心中想着学生与心中想着自己,所备出的课,区别是很大的。

第二,语文教师备课的终极目的,在于使学生有所获、有所得、有所成长,并不仅仅是教师得到某种需要、某种满足。

第三,在教学设计、教案编写、教学安排及教学方法等方面,遵循教师是外因,是学生成长的外在条件,学生是内因,是其成长的内在依据这样的哲学原则,坚持以教师为主导,以学生为主体的原则。

第四,从备课时心中只有自己没有学生,到心中全是学生的发展,就是教师教育教学的成长与发展,当一个教师破除了"我执"走近大我大爱中的时候,就是教师到达较高境界的时候。

二、讲课

讲课时,教师心中大体上都有一种潜意识引导着自己。教师在讲教材中很重要的东西,学生要认真听讲,还要记好笔记;教师在讲他认为很重要的东西,学生也要认真听讲,也要记好笔记;教师在讲历来人们认为很重要的东西,或者将来很重要的东西,或者考试要考的东西,学生要认真听讲,也要记好笔记。这一类潜意识,归纳起来就一个点:教师认为有用,很重要,教师在讲自己认为有用很重要的东西,理所当然地认为学生也觉得一定有用,也很重要。这里边无疑有许多肯定是学生需要的,对学生也很重要的,但只用这一种潜意识来引导,可能只做对了一半,有时候就会出问题。教师还需要另一种潜意识来引导。学生现在需要什么,不需要什么,能接受什么,不能接受什么,哪些学生可以讲这些,哪些学生可以讲那些,哪些学生可以这样讲,哪些学生可以那样讲,哪些学生这些可以先讲,哪些学生这些可以先不讲,等等。这些归纳起来就是,我要讲学生需要的,学生能接受的,对学生起作用的,我在给学生讲,不是给我自己讲。

讲课时,如果发现大多数学生低下头,装作看书或写东西,或者看手表等,这时教师就不要继续讲下去,及时停止,了解一下学生,看看是不是讲了一些学生不需要的东西或者学生听不懂的东西,需要不需要调整一下。有时教师课堂提问,学生回答了,教师不满意,或者启发诱导学生往别的答案上想,或者不停地另叫其他学生回答,一直要叫到回答到教师的答案上为止。学生答到别的地方了,也不分析,也不评价,只是急着往下叫。这时,教师心里一定很急迫,赶紧要找出一个学生来填上自己问题的空,来印证教师的观点。在教师的心里,只有自己提前设定好的问题和答案,就是没有学生。学生只是证明自己的观点罢了,所谓提问,主要的不是用来启发学生、培养学生,只是变了一种方式表达自己的观点而已。

教师讲课,大体上都是下面一些情景:教师讲,学生听;教师提问,学生回答;教师出题,学生完成;学生提问,教师回答或叫学生回答;有时候还会让学生上台去讲,师生听;近来又有一种,四人或六人或多人一组,围在一起讨论某个问题,最后再由一个代表讲出来大家听;还有的语文课,或者让学生诵读齐读,或者让学生话剧表演,等等。这些方式方法,本身并不存在正误高下优劣之分,犹如中药铺小抽屉里一格一格的中药,教师犹如大夫,根据学生情况的需要,配制有效的药方给他们服用。感冒了就用甘草,咳嗽了就用陈皮,气虚了就用人参。但近来的语文教学,一阵风吹过便一边倒。忽然全社会都在声讨讲授法,声讨满堂灌,声讨一根粉笔打天下,于是教师们都不敢讲授了,也不敢分析文章结构归纳内容要点了,严重的时候,学生写错字都不能打错号,只能打问号。过了一段时间,全社会又都开始声讨满堂问,声讨 PPT,说教师又成了放映员了。又过了一段时间,全社会都在提倡少教,45 分钟的课堂,教师不能讲过 15 分钟,甚至认为语文课堂就要不停地折腾。妖风四起,阴云密布,忽东忽西,少教多教,就是不思考,面对具体的课文内容,学生到底需要教师做什么。

综上所述,在讲课时,教师和学生的关系可以归纳为如下几点:

第一,语文教师在讲课时,要讲学生需要的,而不是讲自己需要的。

第二,语文教师在讲课时,要采用学生能接受并对学生起作用的教学方式方法。

语文教师和学生,除了在备课和上课两个方面外,还有许多地方存在诸多联系,现将其归纳概述。

第一,在每一个学生的语文学习中,所有的语文教师所做的一切,只是外因,只是外界条件,其作用只是通过内因来影响学生,促进学生。所以语文教师不必夸大自己的作用,不要认为学生语文水平的高低,都是你的功劳或都是你的罪过。但也不能放任不管,只是需要清静地尽好自己本分工作,尽好自己应尽的责任和义务。所以语文优秀生,或者毕业升学考试成绩高,或者大赛获大奖,或者发表文章、出版书籍等,不要用桃李满天下来盲目陶醉妄占天功,他们在你王老师手下能这样,在人家李老师那里也可以这样;同时班里出现了语文差生,考试分数极低,升学考试语文拉了成绩,也不必无地自容,如果自己已经尽心尽力了,就可以问心无愧扪心无悔了,他们在你王老师手里这样,在其他人手中不一定会比你好。

第二,在语文教学中,把优秀的尖子生的语文教好,那不是本事;把普通学生的语文教好,那是本事;把条件不好乃至很差的学生语文教好,那才是优秀的语文教师。

第三,那些在语文课堂上反驳的学生,发难的学生,乃至捣乱对着干的学生,在语文教师的成长中,可能是一些变了形式的助长因素,语文教师要有宽广的心胸与智慧的目光来容纳这些逆增上缘。学生的那些异议、反驳、发难等,可能是我们语文教师的认识思维上的边沿地带或模糊地带或黑暗的误区,如果我们语文教师放下虚荣的尊严、名誉、脸面,冷静地接受、思考了这些,极可能会"动心忍性,增益其所不能"。所以,语文教师的语文教育,真正提高的地方,从学生的角度来说,就是通过教学生,来育自己的心田。

第四,一名优秀的语文教师,从学生的角度来看,在某种程度上说,可以有两个标准,一是要有学生爱你,并可能是跨越了师生人伦的那种爱;但同时还必须有另一个标准,你还得让学生在心里产生了爱,但在言行上只表达出了敬畏却不敢越雷池一步,最终把学生引导至光明的圣地。

第五,在课余,可以给学生辅导语文课,但还是尽量在课堂上解决,迫不得已再去课下辅导,但不可收取自己所带教学班内任何学生的辅导费用。在课堂上没有给学生讲清,拖在下课讲,已经有问题了,如果再开辟时间专门上课还收费,就是无能又无耻了。语文教师和学生家长,永远不可在学生的语文学习以外有其他任何的关系或牵扯,或金钱经济,或工作调动,或个人生活,或感情恩怨等。这是一条天理红线,恪守者必定吉祥。

第四节　教学案例分析

一、《囚绿记》

案例:

《囚绿记》教学设计

【教学目标】
培养学生散文的阅读能力,树立民族气节的意识。

【教学重点】
句意理解。

【教学难点】
归纳和概括。

【教学设计】
通过对文中重要句子的理解来解读全文内容。

【教学时间】
一课时。

【教学内容】
一、问题
关于文章最后一句话"临行时我珍重地开释了这个永不屈服于黑暗的囚人",思考:

1.说说这句话的含义?

2.文章最后写这句话,有什么作用?

二、开启

(一)理解重要句子的含义

1.利用句子成分分析法读懂句子结构

[临行时]我[珍重地]开释了(这个永不屈服于黑暗的)囚人

　状语　主语　状语　谓语　　　　　定语　　　　　宾语

2.联系语境读懂每一个词语的具体含义

囚人:第八段,"被牵进我的屋子里来的两枝浆液丰富的柔条"。

永不屈服于黑暗:

囚因:课文第十段至第十一段内容(略)。

囚历:"尖端总朝着窗外的方向,叶须都朝原来的方向""固执""永远向着阳光生长"。

囚果:"渐失青色""变得柔嫩细瘦娇弱,好像病了的孩子"。

珍重:(1)第四、五段,"欢喜绿、怀念绿、等待绿"。绿是生命,装饰房间心情,比喻爱和幸福。

(2)第十、十一段。"固执"。

临行时:第十三段,"卢沟桥事件发生了""烽烟四逼"。

归纳:向往光明和自由,坚贞不屈的节操,歌颂与赞美之情。

(二)作用

1.开释了的囚人:与第八段的"囚住"照应,交代了结局,使囚绿情节完整,内容丰满。

2.临行时:开释的时间,交代了卢沟桥事件及时代背景,把囚绿融进广阔的时代背景之中,扩展了文章的横面和广度,为彰显主题做铺垫。

3.珍重、永不屈服于黑暗:表达了"我"对忠贞不渝、坚强不屈的精神品质的歌颂和赞美,对光明和自由的向往之情。

三、作业

1.将课前提出的问题的答案整理成文字,写出完整的答案。

2.课外阅读下面的文章:《复庵记》。

附:

复庵记

顾炎武

旧中涓范君养民,以崇祯十七年夏,自京师徒步入华山为黄冠。数年,始克结庐于西峰之左,名曰复庵。华下之贤士大夫多与之游;环山之人皆信而礼之。而范君固非方士者流也。幼而读书,好《楚辞》、诸子及经史,多所涉猎,为东宫伴读。方李自成之挟东宫二王以出也,范君知其必且西奔,于是弃其家走之关中,将尽厥职焉。乃东宫不知所之,而范君为黄冠矣。

太华之山,悬崖之巅,有松可荫,有地可蔬,有泉可汲,不税于官,不隶于宫观之籍。华下之人或助之材,以创是庵而居之。有屋三楹,东向以迎日出。

余尝一宿其庵,开户而望,大河之东,雷首之山苍然突兀,伯夷、叔齐之所采薇而饿者,若揖让乎其间,固范君之所慕而为之者也。自是而东,则汾之一曲,绵上之山出没于云烟之表,如将见之;介子推之从晋公子,既反国而隐焉,又范君之所有志而不遂者也。又自是而东,太行、碣石之间,宫阙山陵之所在。去之茫茫,而极望之不可见矣,相与泫然。

作此记,留之山中。后之君子登斯山者,无忘范君之志也。

【教学反思】

理解句子含义的思路和方法:

1.读全读准读懂句子本身。

2.联系全文,找出相关的语段。

3.从内容到思想情感的升华。

4.历史背景。

5.阅读技艺:情节开关和结尾主旨作者。

案例分析:

第一,教学目标与教学重点、教学难点之间是目的与手段的关系,而且手段要体现目的,要与目的为一体。

第二,教学设计,关键在于找好切入点。此设计从分析句子成分入手,破解课文的主要内容及中心主旨,并且要找准课文的重要的句子。

第三,操作的过程,是需要引导学生自己来悟出结论和答案的,不能由教师灌输。

二、梅雪并作十分春——在考试作文的规范中创新

听读:《人情与季节》

人情与季节

(一)端午

前几天是端午,当我把去年的艾和菖蒲从门上拿下来,换上新的时,我听到干枯草木细微的碎裂声,闻到灰尘中混有的一种特别的香气,这是艾的味道。艾和菖蒲是两种具有特殊意义的植物,艾因为有浓烈的香气,被认为是辟邪之物,而叶子细长的菖蒲被当作神仙手里的宝剑,有青绿色的剑锋,可以用来斩妖除魔。记得小时候,每到端午,就看见每个回家的人自行车篓里都会放着束好的菖蒲和艾。而现在,我下楼时看见每个门口都空荡荡的,难道人们都忘了它们的含义?或者,只是觉得在每扇紧闭的门边摆放它们是件可笑的事情?由于对传统节日的漠视,使我们疏远了传统文化的内涵。

(二)元宵

按照惯例,今年的元宵节我点灯到院子里走一圈。看不见和我一样点灯的人,整个院子只我一盏孤独的灯在走。又因为下雨,火光明明灭灭,显得格外微弱。回到家,电视里在说,今年夫子庙的灯市也由于下雨而变得冷清。"去年元夜时,花市灯如昼。"这是欧阳修笔下的元宵。现在,人们更宁愿待在家里,连饭后吃元宵也是草草了事,这样,他们也就忽视了这个在古人眼里相当热闹、便于交际的节日。现代人的自我封闭,使我们疏远了利用传统佳节来沟通情感的习俗。

(三)重阳

看过一个挺感人的故事,一个母亲病了,女儿到医院探望她,在路上想起今天是重阳,于是买了糕,糕也有登高之意,是避免灾病,是吉利的象征。糕上还插着小旗,也有辟邪的意思。后来母亲病好了,那碟糕也就一直放在那儿,没舍得吃。其实这是件小事,但里面的感情却令人动容,这样的感情,也使节日的意义更加突出,让我们知道,节日的形式其实是浓厚感情积累的结果,人们的真心祈愿,是节日的全部内容。由于对重阳的认识,使亲情更浓。

(四)冬至

冬至这个名字我格外喜欢,每次我默念,都有老朋友来拜访,听他们的脚步来到门口的幸福感觉。在古代,每到冬至这一天,皇帝都会和大臣们祭天。而老百姓在这一天会怀念老友,回忆过去。这是个温暖的节日。但当这一天,我到学校,问同学今天是什么日子。他们的表情都很冷漠,他们并不关心,也不在乎哪个节日在哪天。对于传统节日的忽视,就是忽视我们身边的幸福。

人们是因为感情的淡漠而忽视了节日。但更可怕的是,对感情的淡漠,对人情的疏远,使我们丧失了感知生活中在我们身边的细小事物的能力。

一、思考

这篇文章写得怎么样? 满分 60 分能得多少分?

二、事实

费滢,江苏省南京市金陵中学高三一班学生。多次发表文章。她的《平台》荣获"首届全球华人少年美文写作大赛"金奖,被选入中学语文读本。虽有上海复旦大学自主招生的优惠,但 2003 年因高考作文 25 分,语文成绩过低而落榜。

三、试题

阅读下面的文字,根据要求作文。(60 分)

宋国有个富人,一天大雨把他家的墙淋坏了。他儿子说:"不修好,一定会有人来偷窃。"邻居家的一位老人也这样说。晚上富人家里果然丢失了很多东西。富人觉得他儿子很聪明,而怀疑是邻居家老人偷的。

以上是《韩非子》中的一个寓言。直到今天,我们仍然可以在现实生活中听到类似的故事,但是,也常见到许多不同的甚至相反的情况。我们在认识事物和处理问题的时候,感情上的亲疏远近和对事物认知的正误深浅有没有关系呢? 是什么样的关系呢? 请就"感情亲疏和对事物的认知"这个话题写一篇文章。

注意:①所写内容必须在话题范围之内。试题引用的寓言材料,考生在文章中可用也可不用。②立意自定。③文体自选。④题目自拟。⑤不少于 800 字。⑥不得抄袭。

四、探究

试题的要求都有哪些？从考试规范看，费滢的文章能得多少分？为什么？

1. 规范

所写的内容必须在话题的范围之内。我们在认识事物和处理问题的时候，感情上的亲疏远近和对事物认知的正误深浅有没有关系呢？是什么样的关系呢？

请就"感情亲疏和对事物的认知"这个话题写一篇文章。

2. 探究

①题文不一；

②切题不够。

3. 失误

①虽在范围之内，但只在边缘不在中心，更不切中要害。

②发挥和彰显有余而限定节制不足。

③按要求写作意识淡化，切题意识缺失。

五、欣赏

王云飞《绿色生活》

1. 原文（节选）

今天下多灾。北国井罙（shēn），阵主复至，当与孔张俱殁（mò）。南城之霖，大禹泭存，只得扼腕而叹息。人不咎己而咎旱魃，不诮（qiào）己而诼共工。未之可也。阛阓所趋，不可悻悻。当思子孙后代，人已知之。然行之效，则体躨庙堂者思之，媕娿（ān'ē）之徒，弃不姻（hù）嫪，国之大蠹，捐而必究。

2. 译文

现在天下多灾多难。北国井枯，（即使）阵主再次到来，（也只）当与姓孔与姓张的一齐死在井底；南疆大水，（即使）大禹还活着，（也）只能扼腕叹息。人们不归罪于自己而归罪于造成旱灾的鬼怪，不责备自己却责备共工。不可这样做啊！城市的发展不能急功近利，应当考虑到子孙后代。人们已经知道后果的严重性。然而力行改变，则是那些当权者要思考的。阿谀奉承的小人，舍弃而不要怜惜；国家的蛀虫，舍弃而必定要追究。

3.究本

阅读下面的材料,按要求作文。

绿色,生机勃勃,赏心悦目。绿色,与生命、生态紧密相连。今天,绿色成为崭新的理念,与每个人的生活息息相关。

请以"绿色生活"为题,写一篇不少于800字的文章。(70分)

要求:①角度自选;②立意自定;③除诗歌外文体自选。

4.点评

他的作文写得非常切题,写人与自然的和谐,人与天地的和谐,他用他的特殊语言和特殊文字来自由表达这样的主题,非常值得嘉许!

——江苏高考阅卷组组长吴新江

文章的立意和构思也很值得称道……更值得称奇的是作者的创新精神。以文言文写高考作文……本文作者深厚的古文功力决定了他的创新或冒险是有把握的,是科学理性的。

——中国中语会常务理事,陕西省中语会副理事长,西安市中语会理事长赵明

5.结果

2010年6月29日东南大学党委副书记、副校长刘波向江苏如皋中学高三(12)班的学生王云飞,颁发预录取通知书。

六、启迪

同样拥有写作才华的学生,同样在高考作文规范下,贵滢给我们留下了冷雨般的遗憾,王云飞给我们带来了晴空般的欣喜。那么,我们从这冷雨和晴空中能得到哪些启迪呢?

1.要怀有敢于在作文考试中获得高分的志向。

2.将规范意识和创新意识完美地结合到一起。

3.规范意识,就是按作文考试的要求去写作,尽量做到切题。

4.创新意识,就是要发挥自己的创新潜能,彰显自己的写作才华。

七、实践

阅读下面这首诗,按照要求作文。

梅雪争春未肯降,骚人搁笔费评章,梅须逊雪三分白,雪却输梅一段香。

有梅无雪不精神,有雪无诗俗了人,日暮诗成天又雪,与梅并作十

分春。

这首诗蕴涵的哲理,引发了你怎样的思考或联想? 请根据你的思考或联想写一篇文章,不少于800字。

注意:①立意自定,题目自拟;除诗歌外,文体不限。②不要脱离诗歌内容及含意的范围作文,不要套作,不得抄袭。

1. 实践

这首诗蕴含的哲理是什么? 你据此可产生哪些联想?

2. 点拨

做人也要树雄心,立大志,敢为天下先。

对于限定与自由、规范与创新,不对立,也不偏执,而是将两者完美地结合,就是虚怀若谷,兼容并包,让二者互相映衬,相得益彰,产生最佳最大的效果

3. 心愿

作文更要做人高,转识成智将心调。规范创新相映衬,梅雪并作十分春。

案例分析:

第一,这是一个作文课堂教学的课件内容整理稿件。该课堂教学获得2010年全国中语会创新写作年会课堂教学观摩大赛一等奖。

第二,这次教学设计,体现了一个理念,先有教学目标,再来寻找教学内容。教学目标就是培养学生在写作方面的限制中发挥能力。教学内容寻找了高考作文中两个正反事例,一个是费滢,一个是王云飞,对比着说明一个道理。

第三,教学目标的实现,是遵循着从理论到实践的顺序。

三、《哀骀它》

【课题】

《哀骀它》

【教材】

人教社高中语文《先秦诸子选读》第五单元《庄子》第五课第 2 节《恶乎往而不可》。

【教学目标】

培养学生自读文言文的能力,理解庄子内德充盈被物所归的思想,学

习培养良好的心态。

【教学重点】

学习分析和概括课文内容,理解"才全"和"德不形"在文中的含义。

【教学难点】

准确理解庄子的"德"的概念,如何在现实生活中保持良好的心态。

【教学课时】

两课时。

【教学方法】

布置作业法、提问法、诵读法、点拨法、讲授法。

【学习方法】

自读法、预习法、翻译法、诵读法、记笔记法、提问法、讨论法及听讲法。

【教学过程】

第 1 节

一、读准字音(20 分钟)

1. 提问念读课文,根据学生所读的实际校正字音。(10 分钟)

2. 可能需要校正的字音。(5 分钟)

恶、它、期、豚、眴、翠、屡、滑、郐、闵。

3. 齐读课文,并让学生读准读顺。(5 分钟)

二、理解字义(25 分钟)

1. 提问学生,让学生口头翻译课文。根据学生所翻译的实际进行校正。(20 分钟)

2. 可能需要校正的词句。(5 分钟)

唱,主张。和,顺应。望,满足。骇,使天下人害怕。四域,四方之分。合,亲附归附。有意,有心。闷然,不惊慌,淡然的样子。丑,惭愧。食,吃奶。

泛然而若辞,像大众一样地谦让推辞。

不见己焉尔,死了看不见自己了。

不得类焉尔,死了不像活着的样子了。

不以翣资,不用表示威武的方形掌扇放在枋两侧来表达勇武。

命之行,天命的运行。

规乎其始者,窥探天命事物变化初始的原因。

使之和豫通而不失于兑,使内心平和快乐,虽然经历着事物的重大变化但仍不失于愉悦。

使日夜无郤而与物为春,使得内心的和悦快乐日夜不绝地保持着,从而给接触到的人们以祥和温暖的感觉。

第2节

一、提问(2分钟)

1. 在现实生活中,当我们经历着重大变故时,经受着紧张压力时,如何才能保持内心的平和呢? 当我们和别人相处时,如何才能给别人带来一种平静祥和之气呢?

2. 让我们带着这样的问题来学习和理解庄子笔下的《哀骀它》,看看能给我们带来哪些启示?

二、答疑(18分钟)

1. 大家虽然已经读过了课文,对这两千多年前的文章,可能还存在许多疑惑,现在就把自己的问题提出。(1分钟)

2. 根据学生现场所提问题,做出解答并展出相应的PPT课件。(17分钟)

三、点拨:德的分析(10分钟)

(一)德的外在表现

1. 拥有一种强大的亲和力,能使人们忘却了其丑陋的形貌,都渴望归附到他的身边。

(1)庶民,男人,思而不能去;妇人,原为其妾。

(2)国君,信而授之国,恤焉若有亡。

2. 亲和力的来源:从内不从外。

(1)貌丑骇人,不从形美色好来。

(2)无君位,不从权势中来。

(3)无骤禄,不从财富中来。

(4)和而不唱,不从先导诱引中来。

(5)知不出域,不从思巧计谋中来。

3. 不惊乍不特行,淡然随众。

(1)在国宰面前,闷然而应,泛然而辞。

(2)在富贵中,去而远行。

(二)德的内在表现

1.在人生重大变化面前,心不为所动。

(1)八种变化:死生、存亡、穷达、富贵、贤不肖、毁誉、饥渴、寒暑。

(2)经历着这些变化,内心始终如一,保持平和快乐。

2.德的标准。

(1)内心平和得像水的平静如止一般,始终不被外物所激荡。

(2)德,就是修炼内心,达到24小时不断绝地保持着纯净平和的状态。

(三)德的功用

1.才全,接而生时于心,与物为春。

2.德不形,物不能离也。

四、探究(10分钟)

庄子是一位出世修道的人,他处于世外淡然忘世,可以做到内心的平和宁静;而我们还不能出世,还要在这样的世上活着,我们还有理想,有责任有义务,还有许多必须要做的事情等着我们去做,那么在今天竞争激烈现实中,能保持一颗平和的心吗?如何才能保持一个平和的心态呢?哀骀它的形象及庄子的德充符理念给你哪些启示呢?请就下面的诸多问题,谈谈你的看法。

1.对于人生的种种重大变化,我们只是听之任之,从而将其置之度外,保持内心的平和,还是要积极进取主动改变呢?为什么?

2.在今天竞争激烈的现实中,我们能保持一颗平和的心态吗?如何才能保持呢?

3.哀骀它的形象及庄子的德充符理论还给你哪些启示或看法呢?

五、课后作业

1.解释下列句中加点的词语。

卫有恶人焉故不足以滑和吾以南面而君天下。

2.翻译下列的句子。

寡人恤焉若有亡也,若无与乐是国也。

使之和豫通而不失于兑,使日夜无郤而与物为春。

3.用200字以内的文字回答下面的问题。

事业与内心平和,你认为哪一个更重要?为什么?

案例分析：

第一，这是选修教材《先秦诸子选读》中的课例，主要在探究如何教学选修教材。

第二，课文是《庄子》，涉及庄子的核心思想，也涉及道家的核心思想"德"，需要树立一种教学意识，尊重和敬畏庄子及道家思想，首先学习理解领会，再学习继承传播。不可妄评价，也不可轻率地探究创新。

第三，高二学生，又是选修课，在教法上是有别于高一学生的必修课，重点在培养学生的自学能力。采用的基本方法是"提问"启发学生思考自悟。

第三章　语文智慧课堂的几组矛盾关系

第一节　预设和生成

预设,指教师在走进课堂前准备好的教学设计,包括教案中所涉及的所有内容。之所以叫预设,是指教师根据自己的经验预先设定的教学计划,是针对当堂教学实际现状而言的。一般预设,都遵循"三吃透"原则,即吃透大纲,今天可以改说为吃透课标、吃透教材、吃透学生,即根据学情、教材课文及课标精神,拟定当堂教学计划。具体讲,在教案里会预设教学目标、教学重点、教学难点、教学具体内容、课时、教学环节、教学过程、教法、学法、教具、板书、作业习题等方面。

但在具体的课堂上,可能会出现许多情况与原来预设的不一致,或者预设的教学产生了许多意想不到的结果,打乱了原有的教学计划,这就产生了新的情况,于是就出现了"生成"。

生成是课堂上临时产生的新情况。当课堂上出现了新情况,教师自然就要处理这个新情况:或者跳过生成,按原有预设的教学计划进行;或者停止原有预设的教学计划,处理生成,等处理完后再调减预设的教学计划进行教学。二是课堂上常常会出现需要教师处理预设与生成关系的情况。

古人说,"预则立,不预则废"。俗语也说,"不打无准备之仗"。所以,课前准备要充分,预设时尽量全面周详,尤其将学生的方面想周到。有些专家型教师在上大型公开课时,常常准备好两三种不同的教案去上课,他们或者根据不同的学生设定不同的方案,或者根据正常通电能用电教设备与停电后不能用电教设备情况准备不同的教案,这些做法都为预设树立了规范和标尺。一旦走进了课堂,就应该根据课堂上生成的情况及时做调整,要灵活变通,不可死守不放。一般来说,预设的大多数内容都可能不会改变。但总会有一些生成的新情况,生成了,说明教师原来没有想到,或者想的不周全,或者想错了;同时教师预设的目的也仍是为了学生的学习。所以,生成出现了,就应该重视它,正视它,停止原有的教学计划来处理解决它。因为生成的情况,一定是学生需要的或者是学情中的其他真实的体现,解决了生成,就是提高了课堂效率。

课堂上明显的生成常常出现在师生对话中,如教师提问学生回答,学生的回答与教师的预设不一致或者相反,常见的处理是,教师会一边诱导一边继续叫学生回答,直到学生答到预设的答案上为止,然后再顺势继续教学计划。但大家包括教师本人在内都觉得很牵强。如果我们停止原有的预设,问学生之所以这样回答的原因,也许从中能获得更多更大的收获,同样能增强课堂教学效果。教师能否退一步,关键在于教师的心胸是否博大,是否能包容异己的观点,是否有平等民主的素养,是否能放下尊严和脸面,同时在于教师是否具有洞察感悟新生机的智慧。有时候学生提问教师回答,偶尔也会出现学生提出了教师没有想到的一时不知道答案的问题,这种生成也是对教师的一种考验,孔子在《论语》里说了,"知之为知之,不知为不知,是知也"。较为明智的回答就是:这个问题,等教师下课查过了再回答你。实为不知却强以为知,为了顾及脸面,乱猜一通或东绕西绕,都是不好的做法。

平常带自己的学生,时间长了,对学生要熟悉得多,教学中的预设与生成之冲突会少一些或轻一些,但如果出外上公开课、示范课,面对的是异地陌生的学生,预设与生成之间就难以预料。这时可能需要在课堂教学中了解学情及时调整。北京赵大鹏老师有一次到河南上公开课,课前赵老师做了充分的准备,但一上课,赵老师往讲台上一坐,就问学生:同学们谁对课文有疑难问题,请提出。学生纷纷低头翻书,不一会儿,就有不少同学开始提问,赵老师一边听问,一边思考,一边回答;同时从学生所提问题中,迅速摸清学生的基本情况,并迅速调整着预设教学计划。

综上所述,在预设与生成关系中,我们可以归纳以下几点:

第一,预设要充分,尽量想周全,尤其把学生的情况想周全,必要时可以多预设几套方案。

第二,预设可依据"三吃透"原则,尽量使预设遵循教育教学规律,遵循学生的认知规律。

第三,课堂上一旦产生了生成,就要重视它、正视它,灵活地处理它,不可跳过,死守住原有的预设不放手。

第四,对待生成的态度和能力,是语文教师心胸、气度、涵养、学知及智慧的综合体现,同时也是语文教师业务素养真正而快速提升的最佳时机。

第二节　开头和结尾

大多数的课堂,一节课的时间都是 45 分钟,也有 40 分钟的。在这一节课中,学生的注意力并不是一直保持恒定的状态,前 15 分钟大多都能保持注意力较为集中的状态,中间 15 分钟注意力会开始出现衰减,后 10 分钟会保持一个较为恒定的稳定状态。所以课堂结构也应随之有所变化。语文教学中的一篇课文,大多数都不可能是设定一个课时,而可能两课时或三课时,最长的也有三课时以上的,所以常常会出现两三课时合到一起共同完成一篇课文的教学过程。所以,从一篇课文的整体设计来看,需要在第一课时的开头和最后一节课的结尾有所考虑,根据具体的实际需要,设计开头和结尾的内容方式及相互之间的照应等,如开头需不需要导入,结尾需不需要总结归纳或者升华等。但非第一节的开头,就不必节节都导入了,非末节的结尾,也没有必要节节都设定总结归纳或升华了。但对每节课45 分钟,确实应该设计一下其结构层次。

先说开头。首节的开头,是一定需要和末节的结尾相呼应,但是否需要导入环节,还是需要看看实际的需求。如果提前安排了预习,学生早都知道这节要讲什么,甚至对课文内容都很熟悉,再去花费三五分钟导入就显得多余。或者在上公开课、示范课、大赛课等,学生也早已预习了课文,也早知道要讲什么内容了,听课教师及评委坐满了教室后面,气氛已经很严肃,学生也早已做好了准备,好像要临战一般,这时也就没有必要再去花三五钟时间来导入。相反,如果学生上课前状态不好,或者太疲惫了,或者对所讲内容不感兴趣,情绪不高,就需要导入了,导入的目的是需要引起学生重视和注意,让他们振奋精神,专心听讲,就像文章倒叙写法或开头设置悬念一样,引起读者注意,增强文章的吸引力。也有一种内容上导入,常常采用提问的方式,设置一个思考问题,而这个思考题与教学目标有紧密的关系,或者直接切入教学重点、教学难点,或者具有总领全课教学内容的性质,要回答这个问题,需要将整堂课或所有节数的课听完才可以。这种问题式的导入,不仅用来引起学生思考,同时还具有一种联结组织整个教学环节的线索的作用。其他课时前头需不需要导入，要从学生课前的状态和教学内容的需要看，而不一定是从评委或听课者的新鲜感的评价需求决定。实际存在的情况是，大多数公开课开头都有导入环节，但大多数的导入环节都是多余的，或者是学生不需要的，完全只是给听课者或评委看的。严重的时候，有些导入，几乎与要讲的内容或教学目标相距很远，或者没有关系，与学生更没有关系，也许只是显示了这节课的开头有点新奇，再也没有其他的实质上的作用。也常见有一种开头，尤其在首节，总是在介绍作家生平和背景知识，还美其名曰"知人论世"。可惜的是，介绍的时间太长，铺展得太开太广，与课文相关的可能就只有一两句话，大多数都与课文内容或教学目标、教学重点难点关系不大。这个环节用了5分钟是常见现象，甚至也有用10分钟的。也许这些作家生平或背景知识，能给听课教师或者评委一个好印象，这位教师知识面很宽，懂的还不少，功底不浅。说严重一些，这种介绍作家作品时代背景的开头，更多的是用来给语文教师撑了一些面子罢了。关于作家生平或时代背景等，讲不讲，讲多少，在什么时间讲，还是由课本内容的需要来决定的好。如果需要放到开头，就放到导入环节；如果需要放在中间或最后，就不要放在开头，最好与课文的具体内容相关联，让其为教学目标、教学重点、教学难点服务。

非首节课的开头，需要导入环节必要性可能会更少一些，也就更不必花工夫浪费这宝贵的时间。如果在一两分钟内学生已经完全进入了上课的状态，就需要珍惜重用这宝贵的课前五分钟。而前面一两分钟，常见的做法有检查上一节的复习情况，或检查本节课的预习情况，一般会很快让学生进入上课状态。接下来的15分钟左右的时间，尽量地把本节课的教学重点、教学难点放在这里，把老师的精讲放在这里。因为学生这时的注意力最好，听讲效率最高。总而言之，课前的15分钟，犹如围棋棋盘上的金角，不可浪费。而语文教师时间的浪不浪费，除了智慧上的原因外，很大程度上取决于我们心里认为教学是为了学生还是为了评委，取决于我们的心里认为教学是为了学生的成长，还是为了展示自己的才华，为了自己讲课的成功。

结尾，大体上指一节课最后的三五分钟。如果从学生学习的方面来说，学生已经学习了近一节课了，身心处在疲劳状态，所以最好不要再进行新知识或重点难点内容的教学，也许连情绪激昂的高潮都不要放在这时，因为马上就要下课了，学生需要休息、上厕所，需要恢复一下身心，他们还要迎接下一节课的学习。如果仍将重头戏或压轴戏放在结尾，可能会影响学生下课正常的休息，也许还会影响下一节课的正常学习。至于下课铃声都响了，仍在坚持把原预设的一两个环节讲完，延长三五分钟的拖堂现象，就更不应该了。从学生角度来说，他们只是强忍着等待赶紧下课，心早已不在教师说什么上，很难听进去；从教学的角度说，效果很低或者根本就没有效果了，所以还是断然打住的好。如果从教学内容的方面来说，结尾需要对整个一节课的内容做一个回顾和总结，在回顾和总结中让学生对所学知识建立系统性的印象，将每一块零碎的知识融为一体，形成体系，贯通起来，那些知识可能会得到升华。如果开头处提出了问题，这时就要解决这个问题，开头处如果布下悬念，这时就要破解这个悬念，开头处如果总领了教学内容，或点出了教学目标、教学重点难点，这时就要总结和回应这些内容。最后留下一两分钟布置作业或强调注意事项。如具从教学策略的方面说，结尾处也应给学生留下一些想继续学习的念想，不可塞得太满太实，让学生产生厌倦心理。中国古代圣贤在饮食上有一句格言，叫作"饿后才吃，未饱就止"，针对饮食过度的现象，还有谚语说"要得小孩保平安，常得三分饥与寒"。这些精辟的高见，对语文教学课堂结尾处的安排，也有重要的启示意义。所以，语文教师也要戒除心里的贪念，结尾处轻淡一些，引起学生对整节课的回味，让他们慢慢地过渡到下课环节，也许有利于学生长久持续的学习。

综上所述，关于课堂结构中的开头和结尾，我们可以归纳为如下几点：

第一，关于开头和结尾的教学设计，首先要遵循学生听讲注意力逐渐递减的变化规律。在学生注意力极强的开头处安排重要内容，如教学重点难点，如教师的精讲等；在学生注意力极弱的结尾处安排轻淡一些，切忌前松后紧，或者"老鼠拉锨把大头在后面"，更不该拖堂。

第二，开头处并非一定要进行导入环节，是否需要，应视学生状态及教学需要确定。如果仅仅是为了展现语文教师自身的才华获取听课评委的称赞，就应该删去不要。

第三，结尾处要考虑到开头，与开头或整节课有所回顾总结和照应，将整节课所教的知识融为一体形成体系，对整节课的教学内容有所升华。

第三节　精教与实学

课堂上的教学行为,勉强分一下类,就是教师的教和学生的学,但二者实际上很难做到泾渭分明,它们总是交织融合在一起,只是从角色主体上看,可以分为以教师为主体的教和以学生为主体的学。

以教师为主体的教,过去也称之为讲授法。教师站在讲台上讲授、解释分析等,再掺杂一些板书,学生在台下座位上认真听讲,再掺杂一些记录。从教师的角度说,讲授就是教法;从学生角度说,听闻就是学法。二者都有参与,只不过这时教师是主体,学生是客体。如果所教学的内容是远远高于学生水平的一些人类文化经典,这种讲授法就是最为基本也是最为有效的教学方法。因为那些文化经典是人类文化的巅峰,那些经典作者,是人类历史上的圣贤,他们如同在高山顶上,远远高于普通的人们,而我们还在山脚下的平地上,今天教师与经典圣贤差距尚且极远,何况未成年的学生。所以,我们对经典和圣贤,如老子与《道德经》,如黄帝、伏羲、周公与《易经》,如孔子与《论语》等等,首先需要的是正确认识、准确理解,然后再继承传播。如果能走近圣贤接近经典,就已经相当了不起,至于要与经典圣贤平起平坐,或轻言创新创造,对于基础教育中的中学语文教学中的师生,还是自尊自重一点的好。如果所教学的内容是一般的专业知识,里面也有难点和重点等,对于这部分内容,也极需要教师的讲授学生才能获得和掌握。这时教师的讲授法也是极为重要和必需的。同时在培养学生能力的教学过程中,也有许多关节处需要强调,需要讲析,需要点破,这时也要用讲授法来实现。从学生获取知识的途径上来说,教师讲授学生听闻,是一种最为便捷有效的学法之一,学生通过自己阅读来获取,从难度和效果上说,肯定比不过教师的讲授了。所以,讲授法,是教学中的第一根本教法,它在教学中起着不可替代的作用,不论什么时代,我们都轻视它不得,更不容否定、取消它。

但在现实的课堂教学中,讲授法常常会出这样一些误区:教师只采取了讲授法教学,常常一节45分钟的课,教师一讲到底,人们称之为满堂灌或填鸭式。从教学内容上来说,肯定讲了许多多余的内容,有些是学生本身就会的,学生也不需要,完全可以不讲;有些内容,学生虽然不知道也不会,只是学生没有学,没有做,只要自学一下,就能会的,学生在自学方面力所能及的一些内容,教师也越俎代庖地讲了。但那些学生需要的,教材课文也需要的,最为关键的地方,却常常没有讲或者没有讲到位。从学生听课的效率上说,一直听教师讲,听过25分钟以后,注意力就开始衰减了,就自然会厌倦走神,学生接受的效果便开始下降了。从教学过程上说,光听教师讲,学生听是听懂了,心里也明白了,但却没有动手去做,动手去练,对知识和能力掌握了没有,会不会运用,还缺少其他必要的环节。于是讲授法,一度很是受人诟病。甚至有人将中国学生缺少运用能力、创新能力、中国缺少诺贝尔奖获得者都怪罪到讲授法上来了。平心而论,从教学的整体上看,光有以教师为主体的讲授法是不全面的,还需要有以学生为主体的学。

以学生为主体的学,在语文课堂教学中,包括自己阅读,听或观看教师讲授或其他音频视频资料,查看课下注释,查看字典词典等工具书,标注字音字义,诵读课文,口述回答问题或表述自己的观点或提出自己的疑问等与外界沟通交流,做读书笔记,完成写作训练及其他各种习题等。还有一些特殊的形式,如学生上台演讲、演话剧、演小品等。过去有人将以上学生的种种学习行为概括为"听说读写"。这些学习行为,不仅是在教学体系中与以教师为主体的教平行并存的有机组成部分,而且还是承担教学目标最终实现的载体与归宿。教师的一切教学,最终目的还是要让学生学会,让学生去实践、去应用,去把所教学的一切知识理论真理变成现实。所以叶圣陶老先生从学生的角度提出了语文教学的目标,叫作"文章能自读,作文能自改",就是这个道理。

所以在课堂结构设计中,是必须要安排以学生为主体的学这一环节的、并且需要与教师的教相间搭配。如果教师讲了15分钟,接着安排一段10分钟左右学的环节,然后教师根据学的情况再点拨三五分钟,接着再安排一段15分钟左右学的环节,让学生变换着方式上课,综合运用着眼、耳、脑、手学习,效果上会比一味地讲授或一味地刷题要好得多。同时学生主动参与到学习中去,动手动脑实践训练,还会巩固所学知识,加深对所学知识的理解,形成知识运用的能力。只是在学生学的环节中,不能离开教师的指导,学生所有的学的环节及各种训练,都需要由教师来设计、安排、组织。教师就像篮球队里的教练,安排好打法就站在场外,让运动员上场比赛,有了问题及时喊暂停把他们召集回来"精讲"一下。

但在讲授法受到全社会的诟病后,不明就里的中学语文教学忽一下子就偏转到其他误区中去了。所谓不明就里,是指不明白错并不在讲授法本身,而在中学语文教师对讲授法的使用上。不知道哪些内容是必须要讲授的，哪些内容不必用讲授法来授课，哪些内容根本就不宜或不能用讲授法来讲，讲了许多不该讲的内容，把许多应该指导学生学的内容全用讲授法讲了。由于不明白这个道理，一看到全社会都在攻击讲授法，以为是讲授法本身的错，于是吓得不敢再用讲授法了，教师不能站在讲台上讲课文内容，如不能分析课文的结构层次、行文思路，不敢归纳概括课文的内容要点和中心思想，甚至连字词的音义形都不敢涉及。于是教师们就开始向学生提问，让学生回答，不久又被指责为满堂问。教师们再使用 PPT 等多媒体教学，放音乐歌声，放画面视频给学生听和看，不久又被指责为多媒体放映员。于是全国各地忽地兴起上课分成四人小组，开始讨论交流发言。课堂上很热闹，学生讨论着，忽然聚合忽然散开，你发言我发言，所进行的内容与课文关系不大，而课文核心内容，精华内容，常常被丢弃到一边去了。课标颁布后，合作探究深入人心，成为课堂教学一个新的标杆。于是，语文课堂教学为了体现合作探究而进行了一系列合作探究活动，也曾一度使学生的学偏离了课标的本义，也偏离了合作探究的本义。合作探究首先针对的是社会实践，是现实中一个尚未有答案、尚未有解决方案的问题，所以才要探索研究一下，由于这个问题涉及了许多方面，需要全社会各方面共同努力，通力合作，才有可能解决，仅一人或一方无法解决，所以才要合作。中学语文教学中也有适合学生合作探究的内容，如办一份准备发行流通的手抄报。仅凭一个人肯定是不行的，得有文字编辑、美术编辑，还得有人负责宣传发行、有人负责总务、后勤、财务。这就需要各方面的人才，大家得合作。如何才能让手抄报得到大家的认可喜爱，这得搞受众调查，研究一下当前受众的阅读标准、兴趣爱好，如何才能做到受众喜爱的标准和要求，也得研究一下。这就得探究一番。这两者合到一起，就叫合作探究。可能我们语文课堂上的许多合作探究，其实一个人就可以完成，并不需要合作，有些内容，也没有可探究的，结论早就在那里摆着，只是等着讨论结束了去给教师证明一下而已。将原本很美好的合作探究变得形式化、空泛化，浪费了教学时间和师生宝贵的精力。后来又兴起了这个教学模式那个教学模式，最为严重的是，要求老师在课堂上不能讲 15 分钟以上，大部分时间要由学生来活动。这样一来，以学生为主体的学，又偏离到另一个极端了。以前满堂灌产生的问题并没有解决，反倒新生了更多的问题。学生的基本知识、基本技能丢失了，语文教材经典课文的精华丢失了，学生变得心高眼高嘴高，就是手低能低，华而不实。一旦考试临近，就靠疯狂刷题来弥补。

综上所述,对于课堂教学中的教与学,我们可以得出如下结论:

第一,以教师为主体的教和以学生为主体的学,是课堂教学中相互对立又相互依赖的两个方面,对课堂教学各有各的作用,二者缺一不可,且不可偏废。

第二,教师的教,是有一定条件和限定的。一定的条件指要符合学生学习实际的需要,符合教材课文内容的需要,符合课标精神的需要。对于学生而言,不同年级、不同年龄段,其自学能力和学生力所能及的范围,是不同的。在学生具有了自学能力或力所能及的知识内容上,教师不必再去越俎代庖讲授或填鸭灌输,这些都可以少讲不讲。所谓限定,指的是在45分钟的课堂上,讲授的时间要遵循学生注意力变化的规律,不能无限延长,超越学生注意力承受的范围,在学生无法集中精力的时段仍讲个不停。对于学生需要的、不懂的、教材课文中的难点深刻之处,不仅要讲,而且一定要讲到讲透。所谓精教精讲,就是指这些地方要讲精深。所谓少教,并不只是在形式上将时间的一刀切式的压缩,更不是不教,而是把学生不需要的无用的讲授删除。

第三,学生的学,最好落在一个"实"字上。首先是对教师当堂所教内容的学,教师讲清了的知识概念,讲清了的道理理论、方式方法,讲清了的基本技能,通过回答问题、习题等方式检测一下,巩固加强一下,运用实践一下,这大约就是人们所说的练。通过这样的练,检测教、巩固教、实践教,使学与教结合一起。其次是学生自己的学。所学的方式方法,所学的内容,都要是学生力所能及,也是学生需要的,对学生真正起到作用的。而不是只为了让课堂有了学生活动的环节,做出学生活动的样子体现课堂教学是以学生为主体的。

第四,语文教师在教与学的关系上,要有清静明了的心。只要对学生有益,该教就教,该多教就多教;该学就学,该多学就多学。打破教与学的对立与割裂,怎么有利于实现教学目标,有利于课堂效率,就怎么处理教与学的关系。不可被社会风气左右,忘却了学生教材及教学目标,盲目跟风或者畏首畏尾。

第四节 板书与课件

板书,就是在教室前黑板上书写教学内容,也可指书写在教室前黑板上的教学内容。板书在课堂教学中,至少有三个功能:其一,是对教师口语讲授的一种补充。有些字词,仅凭声音,学生一时还分辨不清具体是哪个字哪个词,通过板书,可以明确给学生。其二,是对教师口语声音教授的一种强调。学生也听明白了,但过后可能会忘记,为了突出这一点的重要,让学生记住,就板书下来,从而便于学生记笔记。其三,对于教学重点、教学难点,内容多,关系复杂,可以用板书清晰地列出来,便于教学讲解,也便于学生理解和掌握。对于语文教学,板书还有一个功能,就是在汉字书写方面给学生起示范引领作用。有时候上大赛课或公开课,讲课教师还需要专门对板书进行设计,给学生和听课评委呈现出来一个有体系的完整的教学内容图表。

随着电教的发展,多媒体进入课堂,尤其是课件进入课堂,板书就受到冲击。一度曾扬言"一根粉笔打天下"的时代结束了。教师越来越重视课件的使用,板书就被淡化。后来听课,学生可以容忍一节课没有板书,但却很难容忍一节课不使用课件。学生会说:"这节课怎么连课件都没有呢?"再到后来,语文课堂,慢慢地就分化成两大阵营:年轻人几乎都用课件上课,课件做得很漂亮华美,但却少写板书,或者干脆不写板书,一节课下来,黑板干干净净,以至于有许多刚刚毕业的大学生试讲,一节课都不写一个字;年龄大一些的守旧的教师,上课少用课件或者几乎不用课件,但一定会用板书。

课件在语文课堂上有它的优点。首先,它可以将语文教师口语传达的抽象的教学内容及课本上的文字内容具体化、形象化,可以放出实物照片、图表符号的投影,也可以放出音乐、声响及画面等音视频资料。这是粉笔板书很难做好或做不到的。80 年代末,西安市雁塔区教育局教研室开会,有位语文教研员感叹地说,要是有一天能这样教《送元二使安西》该多好啊。大家问怎么教,他说,放出古琴曲《阳关三叠》做背景音乐,黑板上挂着古人的水墨画和古代著名书法家写下这首诗的书法,再放出著名朗诵艺术家的诵读,这样该有多好啊。大家听了,耳目一新,都说好啊。但心里马上就想着也许中央电教馆能做到吧,中学语文课堂就很难了,连个录音机都没有,怎么做到呢。谁曾想到,这种梦想今天却是这样的稀松平常。其次,课件可以把课堂上来不及书写或者黑板不够地方书写的教学内容快速地展示出来。如总结归纳的知识要点重点,知识体系,甚至训练习题等。可以极大地增加课堂容量,提高课堂效率。至于其他方面只要板书能做到的,课件几乎都可以做到。

于是就出现一个问题,课件可以取代板书吗?有人公开指责我们的语文教师,又变成了多媒体播放员。也有人控诉今天学生不会写汉字,就是因为语文教师上课不写粉笔字。另外也有人指责不用课件的语文教师,太落伍了,太老土了。从理论上说，粉笔板书与课件，都是课堂教学的手段之一，都是教学形式，并不是教学内容，只是课堂教学质量好坏、水平高低、效率大小的外在的辅助条件之一，它们只是影响着课堂教学，并不决定和改变。它们对课堂教学的作用和影响，主要还在于语文教师如何使用，在于语文教师的教学设计、教学内容，在于语文教师本身。

综上所述，对于粉笔板书与多媒体课件之间的关系，我们可以归纳如下几点意见：

第一，粉笔板书与多媒体课件，都是语文课堂教学有效的教学辅助手段之一，都对语文课堂教学起着重要的作用。

第二，语文教师需要将粉笔板书与多媒体课件结合起来，共同使用，发挥它们各自的优势，为语文教学服务，而不是将它们对立割裂起来褒贬取舍。

第三，对于粉笔板书，需要充分认识到它的优点，取其长处，尤其在汉字书写方面引领学生、示范学生。它虽然是传统手工型，简易但灵动，易于改动而且低碳，对于短小的字词及临时产生的内容，极为方便有效。

第四，对于多媒体课件，需要认清它的性质功用，需要将它的优势与教学内容有机地结合到一起，不可偏离或忘记了语文教学目标、教学内容，更不要忘记了学生，迷失到形式的云雾里，舍本逐末，喧宾夺主。

第五节　短期效率与长期效率

目前对中学语文教学或学生语文水平的评价，总体上说有课后测评、单元测评、期中期末考试、毕业考试、升学考试，还有各种写作大赛、阅读大赛、汉字听写大赛、语文综合能力大赛等各种方式。到了高等学府进行的专业学习学术研究，到了工作单位进行的业务活动，以及社会生活等方面，都仍在或隐或显地应用着语文，同时也考量着语文水平。同时，由于语文本身包含的内容多，知识杂且零散细小，综合性还很强，所以语文教学的效果便有了一定的缓慢性或滞后性。所以语文教学的效率便有了短期与长期的区分。

从短期的效应上说，每堂语文课要完成当堂的教学计划和教学目标，要让当堂或当天的语文作业能顺利完成，要让学生正常接受教师，回家不要向家长说教师的不好，不要让家长向学校投诉自己，在单元或期中期末考试中，不可将语文成绩考到最后，受到学生、家长、学校领导的指责批评。再往长远一点说，希望能在学期末的考试、毕业考试、升学考试、各种竞赛及活动中，获得好成绩，完成学校的指标，为学校争光。这些都是短期内要追求到的教学效率，也是现实教学工作的需要，追求它们本也无可厚非。但如果将这些目标设定为语文教学唯一的目标，设定为最高目标，对于其他的效率或目标，不管不理，或直接放弃，就像有些人说的那样"我们是铁路上的警察各管一段"，就可能走偏了。

因为从效应说，还有一个长期的目标。基础教育时期，还分了几个阶段，如小学六年、初中三年、高中三年。各阶段之间仍有一个过渡衔接和提升发展的关系。小学六年学完，学生的学习并未结束，还要进行初中学习；初中学完，也有一个高中三年的学习。所以，小学的语文学习，要想到对初中语文的影响；而初中三年的学习，要想到对高中的影响。同理，高中三年学完后，学生还要到大学去深造，大学毕业后，肯定要走向社会进入单位工作。所以高中语文教学，要考虑到对大学深造的影响，对单位工作的影响。语文教师在课堂上教学，心中要有长期的目标意识。如高中三年，最终学生要走进高考考场，要独自面对高考语文试题，要独自去阅读那些陌生的论述类文章、古代诗歌散文、中外小说散文及实用类文章，还要独自完成写作任务。这时，我们所有的语文教师都无法陪在学生身边，来给他们讲那些字音、字形、字义、词句含义、段落层次、行文思路、中心主旨、表现手法等，也无法给学生讲作文的审题构思等。这些陌生的文章，学生都要独自阅读、思考并完成试题。再如学生考上大学后，大多数学生都不再学习语文了，但他们仍要自己阅读大量的文章或相关资料，仍要独自写各种各样的文章。工作了以后，由于各种需要，他们也需要独自去查阅相关文献典籍，要独自搜寻信息、采编信息、使用信息，要进行各种写作。那些时候，小学、初中、高中的语文教师在哪里呢？还能继续给他们讲解分析吗？都是不能的，他们只能自己独立去阅读、去写作。如果我们小学、初中、高中的语文教师所讲授的，在他们那时候仍起着作用，那么基础教育阶段的语文教学，就具有了长远的效率。

现实中有一种情况，学生在记忆、理解等方面，较习惯采用听讲的方式学习，并不习惯独自学习的方式。如果让学生在课堂上自己阅读文章，会有一部分学生陷入昏沉中，不久会睡着了；也会有一部分学生虽然自己读了文章，但注意力不易集中，阅读完后获取的信息少，对内容仍很模糊，或者感到很吃力很累人，从而感到艰难。再加上其他学科尤其是数学、物理、化学等，几乎无一例外地都采用着讲授法,几乎无一例外地剥夺着学生的自学机会,阻碍着学生的自学能力。所以在这种环境下,短期内,传统的填鸭式教学,可能在一时的考试成绩方面,要比有利于长远效应的培养自学能力的教学法效果要明显强得多,这就更加增大了语文教学追求长远效率的困难。尽管如此,如果我们从语文教师的良知上说,不考虑现在的语文教学对学生将来的学习、研究、工作、生活的影响,或者明知有过错,仍要一讲到底包揽一切,那样做就是一种不负责任的教育教学行为。如果考虑到了长远效率,考虑到了学生将来在学术研究、工作中的语文能力,那么,中学语文教学尤其是高中语文教学,就会考虑如何让学生自己思考寻找答案,而不是直接把答案或结果讲出来给他们听,这可能就是古贤说的"授人以鱼不如授人以渔"的意义。教师就会考虑如何培养学生自学语文的习惯,如自己查字典、辞典等工具书,或查阅网上资料,解决语言基础文化常识问题;自己阅读文章,自己分析文章结构层次、行文思路,归纳内容要点,总结中心主旨等;自己从文学作品中吸取借鉴文章的写法,自己主动写文章并自己修改。学生一旦有了语文学习的主动性,有了语文自学的行为习惯,并有了独立阅读、独自思考的习惯,以后走上工作岗位进行学术研究或其他工作,就有了足够的语文素养供其发展壮大。

综上所述,对于语文教学的短期效率与长期效率之间的关系,我们可以归纳如下几点:

第一,首先要尽可能地达到语文教学中的短期效率,因为它是我们语文教师的本分。

第二,一个尽职尽责的语文教师,在做好语文教学短期效率的同时,要考虑到学生的明天,要想到语文教学的长期效率。不可只停留在短期效率之内止步不前,不顾长期效率甚至妨碍学生长期的发展,让学生离开中学大门之后,语文能力很弱,甚至无法达到大学或社会生活中的语文基本需要,拖了其他工作的后腿。

第三,寻找和探索语文教学中短期效率与长期效率之间最佳的和谐的分寸尺度,将两者尽量结合到一起,努力去追求做好短期效率且又要高于短期效率的语文教学目标。

第四,根据学生的认知规律和能力大小,从教学内容出发,从语文能力的角度,探索"授人以渔"的具体内涵和具体做法,以此架起语文教学短期效率与长期效率之间的桥梁。

第四章 语文智慧课堂中的文本解读

第一节 文本解读与语文教学

一、文本解读

作为一名中学教师,在日常的工作中,只需稍稍留意即可发现,"文本解读"一词在语文教学中出现的频率非常之高,大有取代"作品解读"的趋势。因此,我们有必要首先搞清楚"文本"的概念。

"文本"源于拉丁文 texere,本意是波动、联结、交织、编织,指"一部文学作品书写或印刷的形式"①,而现代意义上所使用的文本,已经不再局限于文学和书写的文本了。但不管是狭义的还是广义的理解,人们称它们为"文本"而不是"作品"的根本原因,是因为"它们都具有自身的、相对独立的某种蕴意,即并非制作主体所赋予的那种蕴意"②。

我们有必要给"文本"下一个定义:文本是一个蕴含着某种审美意蕴的、具有开放性的语言结构体。这个开放性的语言结构体,等待着读者去填补、去阐释、去创造。因此文本一旦产生,就以其自身特有的结构而获得了被阐释的空间。每位读者都能从这个丰富开放的语言结构体中,读出自己感受到的东西,读出生命的意义。随着时代、环境等因素的变化,读者对文本的理解也会更加丰富、更加深入。

"解读"一词在词典中主要有阅读解释、分析研究、理解体会之意。作为"文本解读",即对文本进行阅读,通过解释、分析和研究,达到理解体会之意。文本

---

①刘安海,孙文宪.文学理论[M].武汉:华中师范大学出版社,1999:95.
②刘安海,孙文宪.文学理论[M].武汉:华中师范大学出版社,1999:95.

理解的价值在于实现作者与读者的交流,即通过自己的实际去走进文本,走近作者,形成自己对文本的理解。

俗话说,一千个读者有一千个哈姆雷特。每一个人由于阅读积累、兴趣爱好、生活背景的不同,对同一个文本也会出现不同的解读,这正体现了文本解读开放性、多元性、生成性等特点。每个读者的解读必然会带上他自己丰富的个性特征,也必然会受到社会历史因素的制约,这又体现了文本解读的历史忄和现实性。

文本解读强调读者自身的背景、经验、能力等因素对文本的创造性和丰富性理解,是对以往"标准解读""唯一解读"的反拨。

二、基于语文教学的文本解读

中小学教师进行的文本解读,和一般读者的解读对象有所不同,主要是基于语文教学的文本解读。一般的文本解读,是读者通过文本与作者展开对话的过程。而基于语文教学的文本解读则是在让学生得到自主发展、提高语文素养过程的前提下,语文教师有目的、有意识地引导学生走进文本,品味语言,体验情感,感悟文本背后的丰富和特殊意蕴,最终获得对文本的多元理解,形成一定的语文素养的活动。这个活动包含以下几个阶段:

1. 教师解读文本,理解文本内涵

教师对文本的解读是第一个阶段。在这个阶段中,教师通过裸读、阅读教参等参考资料、查阅书籍和期刊中最新研究成果等方法,对文本进行充分解读,深入理解文本的内涵,为教学做好充分准备。这一阶段是最为重要的阶段之一,有效的文本解读与后续环节紧密相关,是制定教学目标的基础。同时,教师对文本理解的深入与否,直接关系着课堂教学的好坏成败。我们这里及以后所阐述的文本解读方法,主要针对的就是在这一阶段教师进行的文本解读。

2. 通过解读文本,确定教学内容

本阶段所做的工作,主要是根据文本,针对具体学情,科学合理地确定本课文的教学内容。它的前提是有效进行文本解读,只有有效的解读,才能深入文本,探索出文本的核心密码,确定好合宜的教学内容。反之,单纯依赖教参或优秀教案,不顾学生具体情况,是无法制定出合乎学情的教学目标的。

3. 制定教学目标,进行教学设计

本阶段即在教学内容的引领下,结合课程标准、学科要求、单元教学目标,科学合理制定本课的教学目标。确定教学目标后,在教学目标指引下,具体进行教学活动方案的设计。

4.实施教学设计,指导学生解读

本阶段根据教学活动方案的设计,在课堂中通过教学,在教师指导下引导学生感知、理解、评价、创获课文,指导学生对课文进行解读,引导学生把读不懂的地方读懂,最终达成教学目标。

反观这四个阶段,基于语文教学的文本解读,从教师对课文的解读开始,到确定教学内容,制定教学目标,最终落实到对学生解读课文的指导上。教师对课文的解读始终贯穿着这四个阶段。可以说,教师对课文的解读能力是决定课堂教学最为关键和核心的因素。提高文本解读能力,对提高教师教学能力具有核心作用。

第二节　文本解读的基本方法

一、教师文本解读的现状与问题

文本解读是教师最重要的教学基本功之一,但从现状来看,语文教师尤其是青年语文教师在文本解读方面尚存在以下问题:

1.对文本阅读不够细致认真

对于一篇课文,一些教师不能在备课时做到多读几遍,而是要么略读文章,要么读得不够仔细。对文本阅读停留在较浅和较低层次上,无法完整深入领会文本的语言密码,更无法指导学生做深入解读。

2.过于依赖教学资源

过于依赖教学资源主要表现在通过阅读教师用书、其他教辅、网络资源等内容,进行拼贴式教学设计。主要依据别人的教学资源或流行观点进行教学设计,并讲授这样的教学内容,而缺少自己对文本的理解和独特有个性的教学设计。

3.较少关注并吸收文本解读的最新成果

对课文进行解读的新成果可以说是层出不穷,但因个人主观局限或客观条件制约,一些教师较少关注这些新成果,并创造性地吸收进自己的教学中,导致教学内容长期偏于陈旧和落后,教学内容缺乏创新和亮点。

4.知识体系陈旧,学习前沿知识动力不足

有人说现在的世界已经进入了信息时代,知识更新速度显著加快,并呈几何级数的方式增长。联合国教科文组织曾经做过一项研究,18 世纪知识更新周期为 80—90 年,19 世纪缩短为 30 年,20 世纪六七十年代为 5—10 年,而到 20 世纪 90 年代,许多学科的知识更新周期缩短为 5 年,进入 21 世纪时,知识更新周期已缩短至 2—3 年。语文教师解读文本所需的相关语言学、文学理论、文章学和教育学心理学等知识,都产生了许多新的成果。一些教师对此关注不够,仅依靠从师范院校毕业时所学的专业知识来应付教学,对前沿性知识学习动力不足,意愿不强。这导致部分教师知识面比较狭窄,教学视野不够宽广,教学潜力不足。表现在具体的文本解读中,也会产生方法陈旧,结论不新等问题。

二、教师进行文本解读的基本方法

1.认真阅读文本,达到"三读"标准

"三读"指的是读熟、读准和读懂的三个基本要求。要达到这三个标准,第一步需要排除干扰,裸读课文。即先不去读任何教辅、任何参考资料的内容,静下心来,抽取整块时间,认真将课文读上三遍左右,达到读熟的最基本要求。然后继续阅读,再读至第五遍,乃至第八到第十遍,直到自己完全读准读懂为止。

读准读懂的基本表现是能基本把握作品的结构,基本领会作者最初创作时的意图,对文中一些关键词句理解比较准确,对作品风格有所体会并能进行迁移比较。同时,对文中一些宏观或微观之处能力争有自己独特的发现或思辨性思考。

第二步,列出课文知识提纲。按照文章结构和思路、文章内容要点、文章语言特点、文章表现手法和表达技巧、文章较为独特的风格特点等细目独自撰写课文备课提纲,为进行教学设计做好准备。

第三步,查阅相关教学资源来充实、修正、推翻或重构备课提纲。这里的教学资源主要包括语文课程标准、其他版本的语文教材、语文教学参考书、优秀语文教学课例、优秀语文教案汇编、信息化语文课程资源、语文教学研究的主要杂志报纸、学者的最新研究成果等。这些内容都可以作为教学辅助资源来帮助教师优化教学提纲。

2.利用教学资源,关注最新成果

除了课程标准、教参、教案等常规教学资源外,这里强调几个容易被忽视的资源:一是其他版本的语文教材。目前国内使用的语文教材主要有人教版、苏教版、语文版、鲁教版、沪教版、粤教版、北师大版等版本。不同版本的语文教材的选文有相当一部分是相同的,但在体例安排、习题设置或节选内容、注释等内容上会有不同,吸收借鉴其他教材中好的方面,可以激发教学设计的灵感。如条件允许,还可吸收借鉴港澳台教材中的相关内容。

二是重要的语文教学专业期刊。这些期刊中有对文本内容进行解读的文章和方法介绍,其中很多从新的方法、新的视角对课文进行解读,得出了较为新颖的结论。阅读这些文章,对于提高教师的文本解读能力,拓宽知识视野,具有重要作用。比较重要的期刊有:首都师范大学主办的全国中语会会刊《中学语文教学》、上海教育出版社主办的《语文学习》、陕西师范大学中学教学参考杂志社主办的《中学语文教学参考》(分高中版和初中版)、山西师范大学主办的全国中语会会刊《语文教学通讯》(分高中刊、初中刊和小学刊)、语文出版社主办的《语文建设》、湖北大学文学院主办的《中学语文》、中国人民大学报刊复印资料中心主办的《高中语文教与学》和《初中语文教与学》(属于文摘性质)。此外还有华中师范大学文学院主办的《语文教学与研究》、廊坊师范学院主办的《语文教学之友》等。

三是刊登文本解读的其他杂志。这里主要推荐山西北岳文艺出版社主办的《名作欣赏》,该杂志以鉴赏中外古今优秀文学作品为主要内容,分为鉴赏版、学术版和中学版。其中有一些文章是对中小学语文教材篇目进行解读的。

四是重要的文本解读的著作。当前的中小学语文教学,主要应是阅读教学,其实本质上就是课文教学。课文教学的基础,是合宜的课文解读。在教师自己思考领悟的同时,参考学习一些专家教授的见解,对提高文本解读能力有重要帮助。这些书籍主要有:

(1)孙绍振、孙彦君著《文学文本解读学》(北京大学出版社 2015 年版)。

(2)孙绍振著《名作细读——微观个案分析研究》(上海教育出版社 2006 年版)。

(3)孙绍振著《月迷津渡——古典诗词微观分析个案研究》(上海教育出版社 2012 年版)。

(4)钱理群著《中学语文教材中的鲁迅作品解读》(漓江出版社 2014 年版)。

(5)钱理群著《名作重读》(上海教育出版社 2006 年版)。

（6）钱理群、孙绍振、王富仁著《解读语文》（福建人民出版社 2010 年版）。

（7）王先霈著《文学文本细读讲演录》（广西师范大学出版社 2005 年版）。

（8）王先霈、王耀辉主编《文学欣赏导引（第二版）》（高等教育出版社 2014 年版）。

（9）陈日亮著《如是我读——语文教学文本解读个案》（华东师范大学出版社 2010 年版）。

（10）赖瑞云主编《文本解读与语文教学新论》（北京师范大学出版社 2013 年版）。

（11）鲍善淳《读古文入门》（上海古籍出版社 2010 年版）。

五是重要的网络资源。包括互联网上的教学视频、教学实录、教学设计、重要教育教学网站上的相关文本解读文章等。通过网络进行阅读或下载，是获得和积累文本解读资源的便捷方式。

3. 不断学习探索，改善知识结构

知识正在快速运转和更新。每一位处在信息时代的语文教师应该养成终身学习、不断学习的理念，积极改善自己的知识结构，使之形成繁密的知识网络，为文本解读提供更强有力的武器。如文学理论方面，可吸收学习最新的关于文学批评方法的知识、小说叙事学的相关知识、诗歌细读、散文理论的最新研究成果；教育心理学可学习与脑神经研究相关的最新进展、学习领域的最新研究成果；实践性知识和教育智慧则需要通过不断积累、总结和反思，进而得到提升和升华。

4. 处理好文学批评方法与课文解读的关系

文学批评的理论与方法，在课文解读中有重要的借鉴作用。但课本的解读又不同于一般研究性的解读，因此不能生搬硬套文学批评方法，而不顾具体的课文文本。必须注意从作品的特点和文体出发，有针对性地选择合适的批评方法；借鉴吸收批评的基本理念，灵活审慎变通地运用。

【案例】现代文学批评方法与中学语文文本解读

文学作品解读大致有两种，一种是印象、随感式的，这种解读不要很多理论准备，它更多地依靠悟性和平时的知识积累；还有一种就是从某种文学理论、批评方法入手的"深度解读"，这种解读必须对现代文学批评方法有较多、较深入的了解，然后将其用于作品的分析阐释。两种解读各有所长：前者更自由、随性，解读者可以随意在文本中寻找有兴趣的话题；文学是心灵的交流与碰撞，印象、随感式的解读往往凭直觉就能发现文本中深藏的艺术特色；这种解读方式较适宜用于对当下新作品的解读，而文学经典大都经过反复解读，这种方法就很少有用武之地。后者从文学批评方法入手，需要一定的理论修养，也较难把握，但它往往更具理论性、深刻性，即便久受关注的文学经典，从新方法、新角度入手往往也能别开洞天，找到新的观点与认识。

中学语文教学的对象是中学生，鉴于他们理解能力不强，很多教师在文本解读时使用更多的还是印象、随感式的方法，使用这种方法也收到了良好的效果。但是中学教材收录的大都是文学史上的经典，这些作品历史上大都经过反复解读，仅凭灵感和直觉很难发现新的东西。1980 年代以来，中国文坛从西方引进了很多新的理论与批评方法，例如精神分析、神话原型批评、结构主义、后结构主义、新批评、符号学、叙事学、女性批评、后殖民批评和生态批评等，这些方法大都有深厚的哲学和美学根基，是西方学者在对文学的深入研究中引申出来的，同时它们在西方文艺界也经过反复使用，已经比较成熟，如果能用之于中学语文文本的解读应该能收到良好的效果，在中学语文文本解读中它们的作用也常常是不可替代的。

例如，《孔乙己》是现代文学史上的经典篇目，自这篇小说诞生，就不断有人从各方面对它进行分析阐释，然而小说中有一些问题仍然未能得到很好的解释。如鲁迅在小说中选择了咸亨酒店的小伙计作为观察生活的视角，孔乙己的故事都是通过小伙计之口讲述的，按理说小伙计对孔乙己的印象就应当是读者对这个人物的印象，两者之间应当有很大的一致性，然而实际情况却并非如此。在小伙计眼里，孔乙己迂腐、可怜也可笑，他对这个人物充满了轻蔑。在鲁迅小说的人物谱系中，小伙计即便不是杀害弱者的凶手、帮凶，至少也是一个无聊的"看客"。但是小说整个看过来，读者对孔乙己的印象却与小伙计有很大不同，在读者眼里，孔乙己固然懒惰、迂腐，但是他善良、真诚，读者读了这篇小说对孔乙己的感觉与其说是憎恶、轻蔑，不如说更多的是怜悯与同情。放在"五四"大背景上，孔乙己更像是封建科举制度的牺牲品。

在一部小说中，叙事人对主要人物的认识为什么会与整个作品的价值态度有如此之大的差别呢？对这样的问题，仅仅使用传统方法，从主题、人物关系的角度很难给出正确的解释，而如果引入叙事学的方法，就可能解开《孔乙己》中这个关键的疑难问题。

王富仁认为,在《孔乙己》中担任叙述任务的是一个十二三岁的孩子,"小说严格按照这样一个十二三岁的孩子的眼光(意识)看他周围的世界,看待包括孔乙己在内的所有其他人物"。但是严家炎对此提出异议,他指出:"一篇短短的《孔乙己》竟能引起读者异常复杂的感受,就与作者安排了一个可以悄悄移位的叙事者有关。过去许多研究者的文章,以及中学语文课的教学提示,都把《孔乙己》的叙事者说成是咸亨酒店的'小伙计',这种说法不确切。如果叙事者真的是十二三岁的酒店小伙计,那么孔乙己给予读者的印象就会简单得多。"他认为《孔乙己》的叙事者既是一个少年,"也是个成年人"。

其实在这个问题上,如果能正确使用叙事学概念,问题还是比较容易得到解释的。首先,"叙事人"并不是单一概念,它可以再分出"视角"和"声音"两个部分,"视角"表示谁在"看","声音"表示谁在"说",而"在许多作品中视角与声音并非完全一致,视角是人物的,声音则是叙述者的,叙述者只是转述和解释人物(包括过去的自己)看到和想到的东西,双方呈分离状态。这种现象无论是在讲关于他人的故事还是在讲关于自己的或包括自己在内的故事中都存在"。在文学史上这种"视角"与"声音"分离的现象是经常能够见到的。从这个角度说,《孔乙己》的叙事"视角"属于小伙计,但是"声音"中既有小伙计的声音,也有作者的声音,而正是后一种声音引起了叙事者与整个作品在价值立场上的差异。

其次,在小说中叙事行为的主体并非仅仅属于叙事人,其中"隐含作者"也在发挥重要作用。所谓"隐含作者",就是指作者在作品中的"隐含替身",即作者的"第二自我",如韦恩·布斯所说:"不管一位作者怎样试图一贯真诚,他的不同作品都将含有不同的替身,即不同思想规范组成的理想。"隐含作者代表的其实就是作者本人的意思。

在《孔乙己》中,其实很多地方都可以看到"隐含作者"在发挥作用。小说中一直是小伙计在"说",但说什么和怎么说还是受到"隐含作者"的控制。小说中的情节经过精心剪裁,例如,孔乙己对"偷"和"窃"的辩解显示了他的迂腐;给孩子茴香豆显示了他的善良;他腿被打断,盘着腿来到咸亨酒店,在掌柜嘲笑他腿被打断时,他哀求的眼光则显示了他的可怜与无助。小伙计的叙事虽然是客观的,也显示了小伙计对孔乙己的轻蔑,但这个叙述本身却唤起了读者对孔乙己很深的同情。另外，小说中的有些话，像"他脸上黑而且瘦，已经不成样子"，以及"孔乙己低声说道，'跌断，跌，跌……'他的眼色，很像恳求掌柜，不要再提"。这样的话也不是十二三岁的少年能说得出来的。

《孔乙己》是现代文学史上最具经典性的短篇小说，历史上曾受到很多人的关注，对这类作品用印象、随感式的方法很难进行深入解读，而使用现代批评方法则可以深入作品的肌理，从理论高度进行深入阐释。即便在中学语文作品的解读中，这种方法仍然是不可替代的。

当然，中学语文教学是个特殊领域，作品解读是教学活动的一个环节，不同于一般的鉴赏与批评活动，同时中学生是未成年人，心智发育尚未成熟，因而在教学中使用现代批评方法与一般的作品解读既有相似也有一些不同，需要注意的有这样几个方面：

1. 使用现代批评方法必须从作品的特点出发，使用这些方法要有针对性

每一种批评方法都有切入作品的特殊角度，一个作品如果不具备相应特点，或者解读者对这个特点没有深入的认识，就不具备使用现代批评方法的条件，使用现代文学批评方法应当具有明确的针对性。

例如鲁迅的《祝福》就是很适合叙事学阐释的文本，这个小说最大的特点就是作者通过叙事干预对素材进行了改写，把一个命运悲剧转换成"礼教杀人"这样一个具有突出启蒙意义的主题。为了做到这一点，鲁迅在叙事上做了精心布置。其中包括选取"我"——一个现代知识分子作为叙事人，这样以"我"为纽带就在作为受害者的祥林嫂与作为压迫者的鲁四老爷之间建立了联系，同时它也为小说提供了"我"这样一个知识分子的视野，正是在"我"的视野中，祥林嫂的死才变成了一个"礼教杀人"的问题。小说还使用了一个"套叠式"结构，即作者将叙事分成"现在时"和"过去时"两个层面。作者使用这种叙事方式最大的好处是他可以较随意地剪裁材料，压抑祥林嫂故事中命运悲剧的成分，提升其中"礼教杀人"的主题。通过这种叙事干预，鲁迅有效改写了祥林嫂一生悲剧的主题，即把一个命运悲剧写成了一个"礼教杀人"的悲剧。在《祝福》这类小说中，叙事干预发挥了重要的作用，所以它就特别适宜用叙事学的方法予以阐释。中学教材中有些小说在叙事上没有特点，就不适宜使用叙事学的方法进行阐释。

2. 根据文体选用不同的批评方法

现代文学批评涵盖了众多方法，这些方法有不同的研究角度，与文体有一定的对应性。其中有一些是基础理论，并不适合用来阐释作品，例如符号学、结构主义、后结构主义等；有的是从文化或心理学角度涉及作品，像神话原型批评、女性批评、生态批评、后殖民批评和精神分析等，这一类方法适宜于文学的各种文体，小说、诗歌、散文、戏剧都可以使用，而有的批评方法就只能对应于特殊的文体，例如，叙事学研究叙事问题，而诗歌是抒情的，叙事成分比较少，就不适宜使用叙事学方法。原则上讲，散文也有很多叙事成分，但是散文是纪实的，散文研究使用叙事学方法的可能性也不是很大。而英美新批评更多地把文本当作一个独立的整体，认为文本的意义不是来自作家，而是来自文本中的字词，文学批评的任务就是通过"细读"研究作品的文字和修辞，探究各部分的关系。这种批评方法虽然也适宜于文学的各种文体，但更适合于诗歌的分析、阐释。

例如海子的《面朝大海，春暖花开》就是一首"含义模糊、充满歧义"的诗，诗人要表达的是他在世俗幸福和理想追求之间的选择，最后还是放弃了前者，选择了后者。在分析这首诗时可以借鉴新批评的基本原则，从文字的关系中寻求对其主旨的阐释。

这首诗在语言上最有特点的是第一、二节中连用的三个假设句："从明天起做个幸福的人""从明天起关心粮食和蔬菜""从明天起和每一个亲人通信"。所谓"假设"，说明这是诗人还没有做到的，只是计划和希望做到的事情；"从明天起"也说明他至少"现在"和"现在"的以前没有做到，而诗歌假设的都是属于世俗生活的内容："喂马、劈柴、周游世界""关心粮食和蔬菜"。诗歌中这几个假设句的使用，明确说明了诗人与世俗生活的隔膜。另外在语言上需要注意的是第三节的转折句："愿你有情人终成眷属""愿你在尘世获得幸福""我只愿面朝大海，春暖花开"。这几个句子给那些生活在"尘世"的人送上幸福的祝愿，但诗人自己的选择是"面朝大海，春暖花开"。从文字的意思来看，作者选择的还是追求理想之路。

3. 借鉴现代文学批评的基本原则，使用中要有所变通

现代批评方法提供的往往只是一些原则，在阐释具体文本时必须做一些变通，例如英美新批评重视细读，强调通过语言的分析发现文本隐含的意义，提出了"复义""张力""悖论""反讽""隐喻"等概念，但是在文本阐

释中,也不必恪守这些概念,可以从细读出发,以作品为根据寻找其深层次特点。

使用现代文学批评方法的主要目的是解决问题,如果机械地恪守某概念、原则,不能灵活变通,就很难收到良好的阐释效果。

现代文学批评方法大都包含相当丰富甚至深奥的内容,学习与掌握有较大难度,但是其中具体的概念、方法掌握起来却相对简单,中学教师在文本解读中使用现代文学批评方法大可以"为我所用",只要把相关概念、方法讲清楚就可以了,并且尽量做到深入浅出。将现代批评方法引入中学教学,既可以让学生更深入地理解文本,同时又能让学生接受理论思维训练,在两个方面都是有益的。

(摘自《江苏教育》2014 年第 12 期,作者张卫中,有删节)

第三节　文学类文本的解读方法

这里所说的"文学类文本",主要指构成文学这种语言艺术品的具体语言系统,是传达人生体验的特定语言系统,包括诗歌、小说、散文和戏剧等形式。文学类文本是中小学教材中占比例最大的文类。教材中的文学类文本大多选自古今中外的名家作品,承载着文学审美教育的重要任务,因此,文学类文本的解读能力十分重要。

一、小说文本的解读方法

1. 从小说的三要素入手

传统的小说理论认为,小说是以刻画人物形象为中心,通过完整的故事情节和环境描写来反映社会生活的一种文学体裁。由此衍生出小说的基本特点:细致的人物刻画、完整的故事情节和典型的环境描写。因此,从三要素入手,是解读小说的一把重要的钥匙。

情节是指叙事性文学作品中所描写的人物之间的相互关系以及由此而衍生的一系列生活事件,是小说的三要素之一,也是小说阅读的起点和基础。解读小说,首先可以把握情节结构,梳理情节。小说情节的结构主要通过情节的推进或情绪的勾连、材料的组织来构成。传统小说的情节结构模式大致有三种：一是"开端—发展—高潮—结局"的基本模式。教材中很多小说就是这种模式，如《林教头风雪山神庙》就属于这种模式，全篇可划分为沧州遇旧（开端）—买刀寻敌（发展）—草场交割（再发展）—雪夜报仇（高潮）—投靠梁山（结局）。二是"一波三折"式。情节运行并不呈现为一条直线，总会在某处放慢速度甚至停下来做点什么，然后再回到轨道，这就出现了情节的摇摆。三是"欧·亨利"式，即出乎意料又在情理之中的结构。在结尾处出其不意地揭示真相，而这个真相通常都出人意料，回扣前面的情节，一切又都在情理之中，从而增加了小说情节的生动性。如欧·亨利的短篇小说《最后的常春藤叶》，直到情节最后，读者才知道病房窗外树上的叶子是病友画上去的。

从情节安排上看，情节主要有两方面的作用：一是内容上为塑造人物、表现主题服务，为情节发展服务；二是结构上呼应标题、设置悬念、照应、埋伏笔、为情节作铺垫、推动情节发展等。

阅读时还不妨关注一下小说的开头段落和结尾段落，因为这往往是作者精心构思的艺术结晶。分析开头段，既要把握内容和表现手法，又要从结构入手，结合下文的情节。小说开头常用的两种方式主要有悬念式和写景式。悬念式是在作品开头提出疑问，然后在行文过程中或结尾回答疑问，造成悬念，引出下文，并引起读者思考。写景式主要是交代故事发生的环境，渲染气氛，烘托人物心情，奠定感情基调。小说结尾有以下几种方式：一是出人意料式。使平淡的故事陡生波澜，猛烈撞击读者的心灵，产生震撼人心的力量。二是留白式。能够让读者充分地展开想象空间，进行艺术再创造。三是卒章显志式。作用是解释悬念、揭示主题。四是令人感伤式。这种结尾，能更好地深化主题，能很好地塑造人物性格，增强悲剧色彩，令人回味。五是大团圆式。这样的结局凸显出美好的人性，符合大众对审美的追求，容易引起读者的共鸣。当然，人物的性格、命运及其变化主要通过小说的情节来承载和展现，因此，分析情节是把握人物形象的一个重要途径。

文学是人学，小说的核心任务就是通过刻画人物、塑造人物形象来揭示社会生活的本质，从而表现作品的主题，因此人物形象是小说阅读的重点。小说中的人物，又称典型人物，是作者根据现实生活，采用"杂取种种，合成一个"的艺术手法创作出来的。对比生活中的原型，小说的人物往往更具有代表性。

解读小说，要重点关注小说的人物形象，要把握以下几个要点：一是掌握分析人物形象特征的方法。小说人物的形象有外在特征和内在特征。外在特征是指人物的外貌、职业、生活习惯等，内在特征是指人物的心理状态、精神品质等。小说塑造人物的方法主要包括直接刻画和间接刻画。直接刻画是指对人物的外貌、心理、动作、语言等方面进行直接描写以表现人物特征；间接刻画更多的是通过环境描写与他人的言行来烘托、反衬人物的性格、命运。还要注意小说的细节描写。细节是文学作品中细腻描绘的最小环节，成功的细节可以增强艺术感染力，是文学创作不可忽视的技巧。细节描写主要有场景细节、服饰细节、动作细节、心理细节、语言细节等。典型的细节可以刻画人物的性格。鲁迅小说《孔乙己》中，孔乙己会写"茴"字四种写法的这个细节，典型地表现了这个人物的迂腐和呆气。

环境是小说的重要组成部分，主要包括自然环境和社会环境。自然环境包括故事发生的时间、地点、季节、天气和景物等。它的主要作用有表现地域风光和文化，提示时间、季节和环境特点；渲染故事气氛；烘托人物形象；推动情节发展，环境描写要以情节为依据，情节发展离不开环境描写；暗示社会环境，通过对特定的自然环境的描写展示独特的世态风情，为读者提供一幅社会历史图画。所以，小说中的自然环境，一般都带有作者的感情色彩，被当作社会环境的暗示；深化作品主题，分析小说的主题，离不开对环境的仔细分析。社会环境描写是对人物所处的时代、社会和生活环境等的描写，包括城镇、农村、工厂、军营、机关、学校、商店等人物活动场所和地域风情、风俗习惯等社会风情的描写。主要是交代人物活动及其成长的时代背景，提示各种复杂的社会关系；交代人物身份，表明人物性格；揭示社会本质特征，深化作品主题。如鲁迅小说《祝福》中开头对四叔书房的描写，写出了鲁四老爷"理学"的监生身份，进一步揭示了鲁四老爷虚伪反动的性格。

2. 从小说的叙事技巧切入

随着 20 世纪西方小说创作手法的重大变化、小说叙事学领域的深入研究，小说的叙事技巧和方法越来越得到关注。人们逐渐认可了这样一种观点："小说是经验成分与虚构成分重新结合的产物。一旦虚构存在，叙述'什么样'的故事不再变得那样重要，小说'写实'的功能和地位骤减。人物是否可信，情节是否完整而富有因果逻辑，是否一定要有一个主题和一个怎样的主题……许多时候人们关注的是怎样讲述一个故事"①。小说叙事学的内容非常丰富，主要包括叙事视角、叙述时间、叙述者、叙述语言、叙述节奏等内容。下面介绍几个重要的叙事学概念及其应用。

叙事视角。叙述者对故事进行观察和讲述的角度，叫叙事视角。一般认为，存在两种视角：一种是内视点或称内部聚焦式，叙述者参与故事在故事之内；一种是外视点或称为外部聚焦式，叙事者独立于故事，在故事之外。②

在内部聚焦视角中，每件事都严格地按照一个或几个人物的感受和意识来呈现。内部聚焦经常采用第一人称，这种聚焦最大的特点是能够充分表现人物的心理活动和矛盾冲突，便于读者深入了解人物内心，使读者阅读产生一种亲切感。

在外聚焦视角中，叙述者严格地从外部呈现每一件事，只进行冷静地叙述，而不带任何评论。外部聚焦经常采用第三人称，在第三人称中，又分为第三人称全知全能视角和第三人称有限视角。全知全能视角又称"上帝视角"，即叙述者处于全知全能的地位，作品中的人物、故事、场景等无不处于其主宰之下，调度之中。传统作家多采用全知全能的叙事角度，叙述者凌驾于整个故事之上，洞悉一切，随时对人物的思想及行为做出解释和评价，这种视角可以使作者随意地对故事情节及人物形象进行加工处理。有限视角一般指小说叙述角度的一种，相对于全知全能视角而存在，在作品中，以第一人称出现。有限视角是限知限觉的视角，用第一人称"我"的角度去叙述事件的过程，叙述的眼光往往较为主观，带有偏见和感情色彩，只能限于"我"的所见所闻所感。

从叙事视角的角度解读文本，会有新的启发。《林黛玉进贾府》一文选择了以林黛玉为视角展开叙述，这个叙事视角选择得相当成功。林黛玉天生敏感细致，通过她的慧眼一定能看到许多别人观察不到的内容。林黛玉作为一个"外来入侵者"，她看到的内容一定比生活在贾府中的人看到的内容要丰富。林黛玉的眼睛看到了贾府之大之奢华，看到了贾府等级森严的制度，看到了纷繁复杂的人际关系，看到了王熙凤、贾宝玉、贾母、惜春、探春、迎春等重要人物的个性特点。这个视角的选择，不仅给读者提供了关于贾府非常丰富的内容，而且不断推动着故事情节的发展。与此同时，作者也设置从众人的角度去看林黛

①王荣生，宋冬生．语文学科知识与教学能力［M］．北京：高等教育出版社，2011：169．
②南帆．文学理论新读本［M］．杭州：浙江文艺出版社，2002：70－71．

玉。小说一共三次从众人角度观察黛玉,分别是众人看黛玉、王熙凤观黛玉和贾宝玉看黛玉。通过三次的描写,林黛玉的外貌、气质、风度已经全然展现在读者眼前。可见,通过对叙事视角的观察分析,我们对选文小说技法和人物形象塑造又有了更为深刻的认识和理解。

叙事结构。小说结构的任务一是正确处理整体与部分、部分与部分的关系,使作品的外部结构达到和谐、匀称、统一、完美;二是安排好内部结构,包括设置人物关系、确立事件序列、安排基本线索等。① 小说常见的叙事结构主要有情节结构、性格结构、心理结构等。情节结构是按照情节的开端、发展、高潮、结尾安排结构,以时间或空间为线索。中间虽然有如插叙、倒叙等,但从整体看,小说的叙事还是朝前行进的。如鲁迅的小说《祝福》《孔乙己》《阿 Q 正传》,契诃夫的短篇小说《装在套子里的人》,吴敬梓的《范进中举》等,从叙事结构上看都属于情节结构。

性格结构,主要出现在表现人物成长的"成长小说"中。以主要人物的性格变化发展为线索,人物性格占据结构的中心地位,有淡化情节和环境的特点。契诃夫的短篇小说《变色龙》就属于这种结构。小说主人公奥楚蔑洛夫的性格不断发生变化,一个专横跋扈、欺下媚上、见风使舵的沙皇专制制度走狗形象鲜明地展现在读者面前。

心理结构,主要出现在意识流小说中。主要以人物的心理活动、意识流程、情感轨迹作为结构的线索,以人物的内心活动作为结构线索,大量采用心理独白、时空交错、自由联想等艺术手法。在时空艺术上也多采用时空错乱、闪前、闪回等多种艺术手法。如伍尔夫的代表作《墙上的斑点》即以主人公在一个普通日子的平常瞬间,抬头看见墙上的斑点,以由此引发意识的飘逸流动为线索,描写由此产生的一系列幻觉和遐想,表现对生活本质的思考。

叙事时间。在小说中,有的作家用简短语言描述了几十年甚至几百年发生的事情,而有的作家则用几百页的文字描述一个小时的事件。叙事时间就是研究小说叙述时间与故事时间关系的,按照两者的关系,可分为等述、概述、省略、扩述。

等述是叙事时间和故事时间基本吻合的一种叙述。它主要用于表现在一定时空之内人物的活动,它是小说中占主体地位的一种叙述方式。它的优点是

①刘安海,孙文宪.文学理论[M].武汉:华中师范大学出版社,1999:151.

生动逼真,如实记录生活原貌,有现场感和形象感。

概述是叙述时间小于故事时间,即用简短的语言概括一个较长时间段所发生的事件。这种叙述可以加快节奏,拓展作品的时间和空间,表现更为宏阔的内容。

省略即叙述暂时中断,故事时间不断流逝。故事时间在叙述中没有得到任何形式的反映,是小说中没有情节叙述的部分。省略可以简化叙事,加快节奏,同时也可运用于一些隐秘性话语、难以诉诸文字的地方、忌讳的地方。

静述是指故事时间暂停,叙述充分展开,叙述的内容不与任何故事时间对应。他可以用来介绍小说的社会环境和自然环境,或叙述者暂时口断叙事进程,对内容发表议论。

扩述是指叙述时间大于故事时间,犹如电影中的慢镜头方式。这种方式一般用于对小说情节中重要时点和场景的描写,加以渲染,突出内容。

沈从文的小说《边城》在叙事中就有意运用了静述、省略和概述的叙述方式。一方面,故事时间会暂时中断,穿插大量关于湘西地区的自然风光描写,展现湘西地区的自然美;另一方面,在大量描写之后,又用省略和概述加快叙事节奏,使叙事时间迅速推进,从而推动故事情节的发展。两种叙事方法循环往复,构成了《边城》独特的叙述风格。

叙事频率。叙事频率研究的是故事中某个情节实际发生的次数与叙述次数的关系问题。根据故事中情节与叙述的关系,叙事频率可分为以下几种类型:叙述一次发生一次的事件、叙述几次发生几次的事件、多次叙述发生一次的事件和叙述一次发生多次的事件。叙述一次发生一次的事件是叙述中最常见的类型。叙述几次发生过几次的事件同样是单一性叙述,与前者的区别在于这种类型叙述的是多次发生相同或相似的事件。多次叙述发生一次的事件是一种叙事上的重复,有强调突出的作用,是一种具有特殊意义的叙述技巧。鲁迅《祝福》中祥林嫂三次叙述对儿子阿毛之死的回忆和唠叨,正表现了祥林嫂痛失阿毛之后的悲惨遭遇,一步步陷入麻木和痛苦之中。另一方面也表现了民众的冷漠麻木,鲁镇的人们对祥林嫂的悲惨遭遇从同情可怜到失去兴趣再到反感,充分表现了当时社会人们的麻木和自私、弱者的无奈和无助,揭露了鲁镇的被"吃"者也在无意中"吃"着人的现实。

【案例】视点:解读鲁迅的一把钥匙

每读《呐喊》《彷徨》,总会产生一种强烈的感觉:鲁迅在两部小说中的情感恰如书名所示——《呐喊》中多的是激奋,是难以按捺的内心冲动,外部的沉郁掩饰不住内在情感"如地火一般奔突";而在《彷徨》中多的是冷静凝重,作者自身似乎已退居极次要的位置,客观冷静再现的特征日益明显。换言之,《呐喊》如青年的狂歌与哀哭,《彷徨》则如中年的冷峻与沉思。

而当我试图在作品中为这种感觉寻找依据时,我发现:鲁迅对写作视点的选择恰可以从一个侧面折射出他心灵世界的微妙变迁。我将现行中学教材所收录的鲁迅小说略作分类,从中依稀见出某种规律:凡欲表现同情、追忆、留恋之情的作品,鲁迅多采用"作者视点"叙述;凡侧重或涉及重大社会事件的作品,多采用"人物视点"叙述。这一规律亦大致适用于鲁迅的其他小说。具体篇目如下:

作者视点(侧重再现)包括《孔乙己》《祝福》《一件小事》《故乡》《社戏》《狂人日记》等,《呐喊》集中多用此视点。

人物视点(侧重表现)主要包括《药》《阿Q正传》等,《彷徨》集中多用此视点。

本文拟回答以下两个问题:研究视点对解读作品有何意义? 如何利用它促进语文教学?

视点是作家写作切入的角度。作家需要选择一个恰当的视点以便故事的展开和读者对故事的理解。一个独特的视点总是使作品呈现出一种独特的魅力。当作家将自己强烈的主观情绪投射到作品中,以自己的态度观点情感去支配故事人物、支配着读者的理解时,他采用的就是"作者视点",这类作品具有强烈的个人色彩。当作者不在意志上、情感上支配作品并力图将自己从作品的内容、形式中退隐出去时,他就会创造一个"替身"来观察体味一切,这就是作品的"人物视点"。

两种视点各有所长。"作者视点"易于感染激励读者;"人物视点"则由于角度自由灵活而具备较强的叙事功能,因此,中长篇小说多采取此种视点。与同时代作家相比(例如,郁达夫基本上采用"作者视点",茅盾、老舍多用"人物视点"),鲁迅对视点的应用就显得更为娴熟而高明。

《呐喊》是鲁迅创作前期的产物。十四篇中,有八篇运用了"作者视点",而在《彷徨》十一篇中,运用"作者视点"的只有三篇。这种变化似乎反映了鲁迅创作观和思想上的改变。

在《故乡》《祝福》诸篇中，采用了一种"返回"的情节模式，以"我"的重返故地贯穿全文，以"我"的眼光观察一切，构成了一个独特的视点。由于是重返故地，在时间上空间上就形成了距离，使得原本熟悉的一切产生了一种陌生感。人物的变化，社会的变迁也有了一种时空上的参照。以"我"之眼写另一人的悲剧，既写了其人之悲，又写了"我"的哀痛，物我互为映衬，使作品多了一层意味。试想，《故乡》若从闰土角度入手，又怎么可能写出那种人与人之间的隔膜，那种对美好事物消逝的悲哀，那种希望下一代生活得更加幸福的祝愿？因为，迟钝麻木的闰土注定是无法感到这一切的，而这一切只有通过"作者视点"才能得到恰当的表现。《祝福》中如果没有"我"的追忆，当然也能写出祥林嫂的悲剧，但作品中那种悲悯愤懑之情却很难得到体现。

看来，"作者视点"要求作者具有深邃丰富的心灵、高尚博大的情感，作品有了作者个性色彩的投射，就会显得越发情愫氤氲，感人至深。

《彷徨》中采用"人物视点"的作品较多。

如前所述，"人物视点"自由灵活。选择一个特定的人物做视点，就像找到一个导游，使复杂的情节松散的场景变得井然有序；而且，每一个独特的人物，就有一种独特的经验和感受，这个人物有着不为我们所知的心态和逻辑，"他"扩展了我们的存在，延伸了我们生活的广度，增加了我们生活的深度。不同的视点就是一个个不同的心灵世界，因此有必要仔细研究。

从教学角度，我们选取《药》《阿Q正传》两部作品加以分析。在辛亥革命的历史大背景之下，鲁迅创造的老栓、阿Q一律是处在社会底层的平民。全部选取这一类人物作为视点，是有一定的必然性的。

当然，首先是由于作者对农民比较熟悉。但更主要的是反映了作者的一种倾向——意图从占中国绝大多数的农民的立场来看待这场革命，这一视点最能反映这次革命的作用和价值。此时，情绪化较强的"作者视点"就显得有些力不从心了。

两个人物都对革命极为陌生，但又有所区别。

老栓与革命党的关系是极为偶然的。他为儿子买"药"，恰巧买的是革命党人的血，这个革命党对于他来说，与其他任何一个死囚毫无两样。在华老栓视点之下，被杀的夏瑜只是一个暗场人物，完全可以忽略不计，他的全部心思都在儿子身上，其余一切均无足轻重。这到底是该让人反思革命党人的寂寞,还是让人感慨中国下层百姓的麻木愚昧甚或自私? 这一切作者并未明言,却能给人以多方位的思考。以往,经常将《药》的主题概括为革命党人不能唤起民众,致使人民不理解革命,似乎有点狭隘了,有些对不住"人物视点"的广泛性、丰富性。

至于《阿 Q 正传》,则除了以阿 Q 视点为主要角度以外,还使用了多种人物视点:未庄人、城里人乃至于作者视点使小说有了一种全景式的视点,显得更加立体、深厚。仅以第七章为例:

宣统三年九月十四日三更四点,一只大乌篷船悄然来到未庄赵府,黎明时又悄悄离去。这一事件在未庄引发了轩然大波,使人们议论纷纷。有人说是举人老爷来逃难;邹七嫂说举人老爷不过是想寄存几口破衣箱,已让赵太爷回转去;而人们又推测举人老爷的东西确实是留下了,并且就在赵老太太的床底下;又传说革命党人个个白盔白甲,穿着崇祯皇帝的素。

这一段文字写了多人的视点,作者并不明言,只是让读者去推测:该船到底是不是举人老爷的船? 举人老爷究竟有没有在赵家寄存东西? 这东西真的如邹七嫂所言只是几口破衣箱? 如果不是,邹七嫂为什么要如此百般掩饰? 再者,如此隐秘之事,为什么未庄人估计得八九不离十? 一切都似乎扑朔迷离,却又极符合生活的真实。因为,如此秘密之事赵家当然要极力掩饰,而出来辟谣的人又当然以第三者为好;况且,生活中有许多事原来就不可能知道得一清二楚。众多的视点使作品产生了极大的现实感,也为后文埋下了伏笔。正由于谣传纷纷并且有根有据,才使一些强盗抢劫赵家并证明了举人老爷确实将财产寄存在赵家;又由于阿 Q 在此之前的种种表现确实容易让人想到是他勾结盗贼里应外合抢劫赵家。多种视点犹如多棱镜,折射出生活的多个侧面。

但是,《阿 Q 正传》中最主要的还是阿 Q 的视点。请看阿 Q 对革命的理解:

造反? 有趣,来了一阵白盔白甲的革命党,都拿着板刀,钢鞭,炸弹,洋炮,三尖两刃刀,钩镰枪,走过土谷祠,叫道:阿 Q! 同去同去! 于是一同去。

这是一种极为独特的"人物视点"。阿 Q 对革命党人的认识有其独特的文化背景。在当时以集市庙会为文化中心的村庄中,戏曲、说书、鼓词是其文化的主要来源。在此文化氛围中生活的人自有其独特的视点,轰轰烈烈的时代风云、崭新的社会变迁全被纳入了他们的认知系统,于是:革命＝反清复明,昔日绿林好汉的家伙与现代化武器组合成革命党人的装备,而所谓的"同去同去"则源自阿Q在城中入伙行窃的经验。与老栓相比,只有阿Q对革命强烈向往,但是"革命"对他的伤害却最为惨重——他为此付出了生命的代价!相对于老栓,阿Q的心态要复杂得多,他的视点所折射出的人生社会意义也就格外丰富广阔。

这两个人物对待革命的态度是完全不同的,并且表面看起来似乎还是不断地进步,发展得何其自然!但无论是谁,对这场革命都没有一点正确的认识。这两个视点就涵盖了农民对待革命的几种可能的态度。如此丰富的内涵,恐怕是"作者视点"所无法表达的。

此外,赵家遭抢时阿Q的幻觉,阿Q被捕后的自说自话,全是一个极其愚昧的人的视点。他那种荒唐的逻辑、可笑的心态和古怪的思维方式,都使读者心里隐隐发痛。鲁迅就是以这种"人物视点"凸显出当时广大农村社会对于革命的认识。世事洞明皆学问,人情练达即文章。"人物视点"要求作者具有广泛的社会阅历,熟识社会各色人等,能够阔进作品人物的内心深处,把他们的心灵打开给我们看;并且不仅仅是展示人物心灵,还暗示了人物思想的背景和根源。

在教学中,让学生认识到"人物视点"的特征和作用,有利于学生深入理解作品的人物和主题,这是阅读鲁迅作品的一把关键的钥匙,因为鲁迅对视点的运用确实是得心应手并卓有成效的。

(摘自《中学语文教学》2000年第5期,作者邓彤,有删节)

二、散文文本的解读方法

1. 从散文类型入手认识文体特点

解读散文,文体是重要的切入点,有了这个切入点,很多问题则迎刃而解。通常来说,散文主要分为记人叙事散文、写景抒情散文和哲理散文。

叙事散文主要以写人记事为主。"叙事"二字告诉我们此文体的主体内容是记事的,而事是由人来完成的,所以它的表达方式必然以记叙、描写为主,通过记叙来写事,运用描写的手法刻画人物形象。如人教版高中语文必修一的第三单元的文体是叙事散文,在解读第一篇《记念刘和珍君》时,就要抓住"叙事散文"这个概念入手解读:所以初读文章就要了解本文写了刘和珍的什么事,运用什么描写手法刻画了她怎样的人物性格。有了对课文的初步感知之后,再深入思考:此文的"散"和"文"两个特点表现在何处？第一,散文的特点是"形散而神不散",所谓"形散"就是在选材中可以跨越时间、空间,并截取生活的片段去记叙,并塑造人物形象,表达情感;第二,散文的灵魂是情感,在本文中情感是暗线,所以解读时要揣摩并体味鲁迅的情感及变化。

写景抒情散文往往借助具体物象,通过写景状物来抒发主观情感。文中的景或物是作者抒情的依托,作者往往将所要抒发的情感具象化,运用比喻、拟人、象征等手法,或借景抒情情景交融,或托物言志有所寄托,来达到抒情的目的。如散文名篇《春》,朱自清在这篇仅仅30个句子的简短散文中,以"春"贯穿全篇,运用了20多处修辞手法,写出了对春天的盼望和喜悦之情。

哲理散文是散文的一种常见形式,因其既有同一般议论文相同的说理功能,又具有议论文较难或无法做到的语言优美、表达生动、情理交融等优点。解读哲理散文,应从整体入手。哲理散文一般都要表达出一定的哲理,而这种哲理的表达并不像议论文那样有着严格的"论点—论据—论证"模式,而是鲜明地体现出了散文之"散"的特征。

以上方法,就是要树立明确的文体意识,有了这样的意识再去解读课文,教师心中就有了一把尺子,拿着文体这把尺子去衡量不同内容的散文,就会心中有数,不至于茫然而不知所措。

2. 把握散文结构和思路

在把握散文类型的基础之上,关注散文的脉络或线索,更能提纲挈领,抓住中心。好的散文,文脉清晰,形散神聚。梳理文脉是抓住中心的前提,把住文章的筋脉就能抓住作者安排结构的用意。同时,梳理结构这条线,也是整体认知散文的基础,这样由整体认知到局部探究才有依托。

通常来讲,散文的线索主要有时间线、空间线、事件线、物件线、人物线、情感线、哲理线等。其中明线一般有时间线、空间线、事件线、物件线等,暗线主要是情感线和哲理线。有的散文有多条线索,如以时间和空间为明线,又以情感的变化作为暗线。解读不同类型的散文时,首先要善于梳理不同的线索,其次要特别注意情感的变化。散文的最终目的是为了抒情,任何散文都离不开情感的抒发,情感是散文的核心。把握情感才能把握散文的内核。

解读写人叙事散文,要善于抓住散文中结构标志的语句以及情感标志的议论抒情句,提炼线索。如鲁迅散文《记念刘和珍君》,通过文体了解作品之后,还应梳理结构脉络,勾画有结构标志的句子和表达情感的句子为抓手,得到本文的结构脉络为:一、写作缘由;二、记念主体:追述生平事迹及遇难经过,揭露当局的凶残及无耻;三、讲述烈士死难的历史意义。梳理结构这条明线,情感就以此为基础得以把握:爱与愤怒——无奈与悲愤——对死亡的理性思考。用这种方法解读《记念刘和珍君》后,再去解读巴金的《小狗包弟》,就会很快理出头绪。结构脉络为:艺术家与狗的故事(引子)、包弟的来历(开端)、包弟在家七年给全家带来了欢乐(发展)、痛别包弟(结局)、反思与忏悔(尾声)。在此之上再总结归纳情感线索,就一目了然了:伤感——欢快——忧虑——轻松——沉重——歉意。

解读写景抒情散文,要注意把握景与情的关系,在对这种关系的把握中揣摩作者情感的变化。以《荷塘月色》为例,作者的情感变化与景色描写变化相关。课文4—6段是集中描写景物的部分,主要写了荷塘中的荷叶、荷花、荷香、荷水,月色塘中景物、月光、光影组合,四周的树色、灯光、蝉蛙声等,意境唯美朦胧,表明作者这时已经陶醉在这种情感之中。这时候的心情应该是从俗务中暂得解脱,感到欣喜。景物描写结束后,作者从对景色的陶醉中又回到现实,情感又变为低落,出现了"但热闹是他们的,我什么也没有"的心理感受。

解读哲理散文,要从整体上把握行文方式,归纳说理思路,从而进一步把握作者所要传达的哲理。季羡林散文《雾》在说理思路上的安排就很有代表性。该文从日常生活中司空见惯的雾写起,文章开头直接表达出了作者对雾的感情"我从来没有喜欢过雾"。进而通过继续自己在国外观雾的经历,写出雾的朦胧性与遮蔽性,开始发现与赞美雾。由雾的特点又引发了作者对社会人生的理性思考,最后作者陶醉在了雾中。所以全文的行文思路应该是"从不喜欢雾——欣赏与赞美雾——雾引发了作者的理性思考——作者陶醉在了雾中"。这篇散文清晰地表明,作者感情变化的原因正是由作者对雾所引发的理性思考而产生的,作者把由雾引起的理性思考过程与作者对雾感情变化的过程紧密地联系在了一起。

3. 关注散文的标题

俗话说:看文先看题,题目是文章的眼睛。解读散文时,要关注散文的题目。拿到一篇散文要有一个良好的阅读习惯:先从题目中筛选必要的信息。通常来说,散文的题目可以传达出很多信息。有的散文题目直接是写作的具体内容,如《荷塘月色》《故都的秋》,前者围绕"荷塘"和"月色"来具体描写,后者也是围绕故都的秋色具体展开描写。有的散文题目是贯穿散文的线索,如《小狗包弟》,主要围绕小狗包弟来展开全文的叙事,小狗包弟是散文的一条事物线。有的散文题目中含有动词,包含着叙事主体和叙事客体之间的关系,如《囚绿记》《听听那冷雨》,两篇散文中的"囚""听"明显是作者对客观事物的认知方式,在这种认知方式下又包含着作者的情感取向。

理解了散文题目的类型,进而就能更好地进行解读。解读《春》《济南的冬天》《荷塘月色》《故都的秋》等写景抒情散文,这些题目直接是写作的具体内容,因此可以根据"找出描写—品味描写—体味情感"的方式,品析语言,通过语言分析情感。解读叙事散文,题目是散文的一条线索,可按"围绕线索梳理事件—品味事件的情感倾向—整理情感的变化趋向"等方法,主要通过整体感知达到解读目标。教学类似于《囚绿记》《听听那冷雨》等题目中包含叙事主体和叙事客体间的关系的散文,应抓住题目中的动词,形成"探讨动词产生的原因、背景、方式—品味原因、背景、方式—把握动词中蕴含的作者情感"的方法,从作者角度分析散文情感。

4.咀嚼文本的意味和意趣

"散文借助文字所创造的'美',不仅是物象、意象之带来的,还源于语意学的某些方面,如语言的意味、意蕴、意趣等。解读文本中语言的这些方面,既有特征的要求,也有内容的要求。前者是指如何判断其含有某一意味、意蕴、意趣,即其外部特征是什么;后者是指怎么解读所具有的意味、意蕴、意趣,即内在的蕴涵"[1]。这是散文文本类解读需要注意的一个问题。

判断散文含有某一意味、意蕴、意趣,需要抓住外部特征。首先,要关注前后语意有矛盾的句子。在有矛盾的句子中,蕴含着作者丰富的情感。如《荷塘月色》中"没有月光的晚上,这路上阴森森的,有些怕人。今晚却很好,虽然月光也还是淡淡的",这句话前后两部分形成明显矛盾,平时"有些怕人",为什么"今晚却很好"呢?这里就有了需要咀嚼的意味。其次,还要关注重要的、有意味的词语。看似寻常的语言背后,一定有深层寓意。如同样的文章中的"像超出了平常的自己"中的"像",为什么"超出了平常的自己"前面还要加一个"像"字呢,这里也有了意味。又如"可惜我们现在早已无福消受了"中的"早已"等。再次,抓住句式的特点和手法。《春》中的句子"小草偷偷地从土里钻出来,嫩嫩

---

[1]魏国良.高中语文教材主要文本类型教学设计[M].上海:上海教育出版社,2007:61.

的,绿绿的。园子里,田野里,瞧去,一大片一大片满是的。坐着,躺着,打两个滚,踢几脚球,赛几趟跑,捉几回迷藏。风轻悄悄的,草软绵绵的",在句式上整句和散句结合,蕴含特殊情感的表达。

解读外部形式所具有的内在蕴涵,最主要的方法是联系语境,在上下文中寻找相关内容,前后勾连,知人论世,结合背景,综合分析。前面所说的朱自清写到平时"有些怕人"的小煤屑路,为什么"今晚却很好"? 联系上下文,不难发现原因是作者"这几天心里颇不宁静",所以出来走走,走到了这条熟悉的小路上,这里的环境正暗合作者的心境,所以作者有一种心理上的期待得到暂时满足的感觉,才会产生"今晚却很好"的心理。再结合写作此文时的相关背景,作者的家境衰败,生活的艰辛和五个儿女的拖累,这一切给了朱自清太多的磨难和艰辛,他需要寻找一个解脱痛苦和烦恼的路径。这条小路正是他逃往精神家园的必经之地,所以"今晚却很好"又有了更加深广的内涵。

【案例】朴实秀美绘春色——朱自清散文《春》赏析

大概写于一九二八年至一九三七年之间的小品散文《春》,虽在朱自清生前没有在报刊上发表过,但从三十年代至今,一直断断续续地被选为中学语文教材,因此,它也算是一篇家喻户晓的名著了。散文《春》正是一篇"满贮着""诗意"的优美的散文,非但如此,《春》还表现了作者在散文领域里卓越风景画家的绝技。他写情状物,自出新意;描人绘景,别有创造。《春》是通过盼春、绘春和颂春三个片段来写春天的。

先说"盼春"。春光明媚,万物苏醒;绿水青山,生机四溢。春天是美好的,春光里又充满着朝气蓬勃的气息,这怎不使人感慨万千呢? 所以,人们总习惯于从激越奔放的感叹,从如醉如痴的恋情的抒发,开始描绘春天:"啊,度过那漫漫的阴冷的严冬,春姑娘,你终于轻歌曼舞地来到了我的身旁!"朱自清并未蹈人之覆辙,而是另辟蹊径,从心灵深处隐含着的殷殷情丝出发,借助于真挚、明丽又朴实无华的语言,表达他对春天的殷切思盼:

盼望着,盼望着,东风来了,春天的脚步近了。

盼而又盼,望而又望,表达了作者急切希望春天起快到来的心情。词语的叠用,不正表现了作者这种盼之切、望之切的情怀吗? 既"盼"又"望",自然春天还没有来,但"东风来了",这不就是"春天的脚步近了"的形象化和具体化吗? 这样,春在祖国大地上,在作者心目中已不是一个抽象的概念,而是一个具体的实际存在了。一个"近"字仿佛春的脚步声,甚至它的体温和脉搏我们都感觉到了，因为"东风"已经"来了"。看，作者仅用了一句话，就十分贴切、准确又朴实地表达了自己"盼春"的喜悦，情丝万千，又简洁、真切，毫无雕饰！这真是于细微处见精神，于平白中见功力了！难怪文言文根基很深的朱先生，早在三十年代就被人称为"白话美术文的模范"了，这正体现着朱先生在文化建设上的一种革命精神。

次说"绘春"。"绘春"，作者先写春天总的印象。在作者眼中，春天简直像一个体态妩媚的孩子，似乎正在用手抚拭眼睛和伸展腰肢，风采万千。"欣欣然"是写春天"张开"的眼睛，高高兴兴、欢欢喜喜，春也就既有感知，更有神韵，真是生动极了！作者又选取了三个富有象征性的典型事物，进行了着意的渲染：山"睡醒"了，样子是"朗润起来了"，这是典型的春山，明朗，润泽，充满了生机；水"睡醒"了，样子是"涨起来了"，这是真正的春水，"满川风雨看潮生"，这与冬天结了冰的枯水，大异其趣，绝无雷同；太阳也"睡醒"了，样子是"脸红起来了"，这是最美的冲霞而出的春天的太阳，这样的太阳才能给人温暖，阳光明媚，才是春天。"红"字非常准确、形象地绘出了温暖、明亮又喜人的春阳。"朗润""涨""脸红"这三个词语很有特色地描画出了春天自然景物的色彩和动态，情神毕肖，活灵活现，真是体察入微，感觉真切，独具慧眼！春天之景色，概收眼底；作者之胸臆，自在其中。这是用出神入化的大笔勾勒的初春景色，是远眺。

紧接着，作者就用鲜艳夺目、栩栩如生的彩笔从春草、春花、春风和春雨等多个方面描绘了初春的美态和丽姿，这是近观。他像国画家一样，一次着墨，分层皴染，使整幅春之风景画主题明确，构图严谨，五彩纷呈，脉络有致。

作者笔下的草是悄悄地、甚至是调皮地在你不知不觉之中，就大片大片地"钻"出来，显示了它旺盛的生命力。"嫩"和"绿"，是草的质地和色泽，"满"是草生长的范围，在你一眨眼之中它就绿满天下了。"坐""躺""滚""踢""跑""藏"等，写出了爱草、爱绿、爱春、爱新生活的人们，在碧绿的春的大地上尽情嬉戏的欢乐情态，活跃跃地立于纸面，似乎就在我们眼前。

其次是写春花。春要嫩草装扮，更要春花装扮，所以，作者紧接着就写春花了。谚语曰："正二三月桃杏红"。作者正是选取这最典型的春花来描绘春天的。

"赶趟儿",是写众花争先恐后地要赶上这大好春光,媲美开放,发花育实,报效人间;它们互不相让,追踪而至,力争要在春天里有所作为! 你看:桃花红得火热,杏花粉得瑰丽,梨花开得静雅,它们各用自己的丽姿把春天装扮得色彩斑斓。继而,作者又联想到未来的累累硕果,更使人闭目神往,使人陶醉。这里有自然界的美,也有作者心灵的美,展示了作者崇高的情操和对真善美的追求。写景仍然可以引人向上,促人奋发:这是春天的静态的美。蜜蜂闹,蝴蝶舞,蜂蝶戏花,相映成趣,热闹非常,使春光更平添了无限生机,人生也就充满了无穷的乐趣:这是春天动态的美。

作者写春花很有层次感:他先写仰视的花,再写俯视的花;写了树上的花,再写地上的花;写了名花,再写野花,作者真是要把春色尽收笔底了。他写的野花,既美且俏,它"散"在大地的草丛中,合着春风,摇头摆尾地眨眼睛,忽高忽低,时隐时现,又好像在挑逗我们哩。写春花写得如此具体、可感、神似、活灵活现。状难言之景如在目前,朱自清的文字之美实在名不虚传。

其三是写春风。写完春花,又写春风。作者是借助于多方面的状物来描绘春风的。"抚摸"一句,通过人的感触来写春风的温暖、轻柔。"酝酿"借用来描绘"新翻的泥土的气息"、"青草味儿"和"各种花的香"在春光里越汇越浓越醅醇,发酵似的足使人陶醉的情趣,这是从嗅觉方面写。鸟鸣、牧笛与轻风流水应和着,鸟鸣关关、笛声悠悠,轻风徐徐,流水潺潺,这就把春天写得更加有声有色了,这声色俱佳的春天,也就更加使人留恋,使人神往。这是从听觉方面写。

其四是写春雨。春雨是"贵似油"的,现在竟然下了"三两天",还连绵不断,尽向人间挥洒,有了这样的喜雨,就不愁万物的湿透繁英,勃发滋长了。"可别恼",是语言上的转折,这里,幽默逗人的意味,提醒责备的心情,兼而有之。这就突出了春雨给人们带来的愉快和豪情,而绝无兴败神乱的"欲断魂"的哀叹。作者是同劳动者一起来观赏春雨的,所以他能把春雨写得意境全新。"像牛毛",是写它密密麻麻,布满天空;"像花针,像细丝",是写它细而晶亮,断断续续;"一层薄烟",是写它轻如薄纱,淡如云烟。有了这样的"润物细无声"的春雨的滋润、哺育,树叶变得一尘不染,色泽碧绿,光彩异常,小草也才被慢涤轻洗得墨绿丰润,妖艳挺拔,光波晶莹,"逼"人眼目。"逼"字用得最妙,是写雨后的春草,绿得健美,又闪射着光泽,直射你的眼帘，让你虽爱它也不敢直视它。在这么美的春雨里，农家的一座座屋顶都笼罩在蒙蒙的雨雾中。白天，在雨中人们没有高歌，没有狂舞，也没有嬉笑言谈，而是不怕困难，不事声张地行走着，劳动者，为更美好的春天贡献着自己的一切。这又似一幅生气勃勃的雨中春忙图，写春草、春花、春风和春雨与写远景的春天不同，因为这是写近景，更显得文笔细腻，多姿多彩。而且又动静结合，增强了文章的波澜和节奏感，篇章也就更为别致而动人。

也许读者已经留意，作者写春始终没有忘记劳动着的人，文章的意境就更为深远。因为"一年之计在于春"，因为人人都有自己的期望和追求啊！这当然也是写近观。

三说"颂春"。这是散文的末部分的三句话。第一句用新的生命比喻伯春，它是新的，在生长着，这是歌颂春天有无限的生命力，能给人无限的希望和前途；第二句用含笑四顾，风采艳丽的小姑娘比喻仲春，它笑着，走着，天真烂漫，稚气可爱，这是歌颂春天的千姿百态，如花似绣，似有万种风情和神采；第三句用血气方刚、肩宽腰粗的小伙子比喻季春，它健壮刚强，铁铸山立一般，这是歌颂春天的健美有力，青春永驻，它能鼓舞我们去创造惊天动地的伟绩！这三句话，既有侧重又有联系；既有区别又密切相关；既是三个不同的阶段又一脉相承。其象征与比喻的意义也越来越发人深思。诞生、成长、发展；先像娃娃，再像小姑娘，现在已经是一个仪态端庄，气宇轩昂的青年了，他能"领着我们上前去"，看见高山可以攀登的，看见大河可以跨越的，看见困难可以降服的，看见美好的未来可以勇往直前去追求的，面对亲爱的祖国这浓浓的、活生生的、娇艳香甜的春色的大地，可以以平生之志发扬蹈厉，纵横驰骋，去建设，去战斗，去发明，去创造，去美化！

作品结构严密，层次清晰。先总写，后分写；先粗抹，后细描；先描绘远景如山、水、太阳，再摹近景如草、花、蜂、蝶；先状物，后写人；先描绘春之美景，再突出劳动、奋斗着的人；先写自然界的繁荣景象，再写人的心灵美……写得有条有理，但又都紧紧围绕着一个"春"字着墨，使整篇文章，浑然成一体。

朱自清是热爱生活，积极进取的。他的这篇《春》没有颓废消极之语，亦未有矫揉造作之词，而作者对生活之热爱，对光明之追求，对人生之乐观，对未来之憧憬，却洋溢于字里行间。此文写在灾难深重的旧中国，可谓在"冬天"里写"春天",就更加难能可贵了,这正是作者出污泥而不染,高人一着的地方。

（摘自《名作欣赏》2006 年第 4 期,作者艾方白,有删节）

三、古代诗歌文本的解读方法

1. 读懂诗歌,理解内容

解读古诗的前提是要读懂古诗。能否全面理解、深刻领悟作品的内容和技巧,能否读懂古诗极其关键。读懂一首古诗,说到底就是理解诗句意思,诗歌写了哪些内容,是按照什么样的思路和层次来写的。内容和思路是读懂诗歌的关键。

培养解读古诗的能力,掌握阅读诗歌的基本方法,要抓住古诗的语言特征。

阅读古代诗歌,注意题目是一个基本方法。标题是诗歌内容和形式等信息的丰富载体。有的标题概括了作品的内容,揭示了线索,奠定了感情基调,揭示了写作时间、地点、对象、事件、主旨等。标题是解读诗歌的重要切入点。如李白的名篇《梦游天姥吟留别》,题目中"梦游天姥"暗示了写作内容,"留别"交代了写作目的,"吟"交代了古体诗体裁,同时"梦游"说明了浪漫主义的表现手法。

除了抓住题目外,还要从思路和层次来梳理诗歌。"起承转合"是古人写诗必须遵循的结构章法。"起"即开篇,"承"是对"起"句的承接拓展,"转"是诗意的转折,"合"是收束全诗。在古诗词中,"起"句就是开头,或写景,或叙事,或抒情,或议论。作用是点明题旨,统领全诗,奠定感情基调。在古诗词中,"承"句或写景,或叙事,或抒情,或议论,是"起"的延伸拓展,承上启下,铺垫下文。"转"句往往由物及人,由景及情,由事及理,由浅入深,从正到反,思路的转换体现诗意的跳宕转折。在古诗词中,"合"是结句,是诗歌感情的凝聚之处。或呼应开篇和诗题,圆合首尾;或对比前文或总结全诗,卒章显志。

还要善于把握诗歌的题材。诗歌常见题材有送别、羁旅、咏物、山水田园、边塞、咏史怀古、闺怨宫怨、闲适隐逸、谈禅说理、悼亡游仙等。每种题材,要善于从手法和情感两方面去把握。如送别诗中多抒发离愁别绪、惜别之情,但也有少数作品表现出了勉励之情,是风格豪放壮阔的送别。主要使用借景抒情和叙事结合等手法。咏史怀古诗一般以古代历史事件或古代人物为题材,或借古讽今,或寄寓个人怀才不遇的感伤,或表达昔盛今衰的兴替之感,多用典和对比衬托的手法。以辛弃疾《永遇乐·登京口北固亭怀古》为例,这首词主要用了借景抒情、用典、对比、衬托的手法,情感是昔盛今衰、物是人非、怀古伤今、渴慕先贤、建功立业、报国无门等内容的复杂结合。

　　诗歌语言与其他文学样式的语言相比,更具抒情性、含蓄性、精练性、跳跃性。古代诗歌里面的词语并不多,但意象和内蕴却非常丰富。所以要借助精练的语言来表达丰富的情感,还要符合音韵的需要,诗歌非对语言作出变形不可。主要表现为改变词性、颠倒词序、省略句子成分等。只有理解了这些内容,才能更好地进入诗歌。这就要求我们在解读古诗的时候,要补充省略、还原语序、理解重要词语的含义。

　　诗歌对语言的变形最主要的是改变词序和句序。有主语后置的现象,如崔颢《黄鹤楼》"晴川历历汉阳树,芳草萋萋鹦鹉洲",意即"晴川汉阳树历历,鹦鹉洲芳草萋萋"。有宾语前置的现象,如杜甫《月夜》诗"香雾云鬟湿,清辉玉臂寒",实即"香雾湿云鬟,清辉寒玉臂"。诗人想象他远在鄜州的妻子也正好在闺中望月,那散发着幽香的蒙蒙雾气仿佛沾湿了她的头发,清朗的月光也使得她洁白的双臂感到寒意。还有定语前置的现象,如王昌龄《从军行》"青海长云暗雪山,孤城遥望玉门关","孤城"即为玉门关,却被放在动词"遥望"之前,很容易使人误解为站在另一座孤城上遥望玉门关。

　　还有更为复杂的语法结构。如李清照的《一剪梅》"红藕香残玉簟秋。轻解罗裳,独上兰舟"。把这十五个字分解开来,是①红藕香残,②玉簟秋,③轻解罗裳,④独上兰舟。古人在诗词中处理这种承接关系,往往不是①←②←③←④顺序承接,而是或①←③、②←④,或②←③、①←④,李清照这里是后一种。古人没有为这种句法命名,近人钱锺书借西方概念名之为"丫叉句法",应该是取其为树枝叉丫之状。周振甫对此加以解释,说:"所谓丫叉法,就是逆接分承。"(《诗词例话·修辞编·丫叉法》)"分承"即分别承接,③承①、④承②,或④承①、③承②,由于③在④前,却不承①而承②,④在③后,反承在②之前的①,不是顺接,所以称作"逆接"。在"红藕香残玉簟秋。轻解罗裳,独上兰舟"中,"红藕香残"与"独上兰舟"相承接,写室外荷塘,"玉簟秋"与"轻解罗裳"相承接,写闺房之内。"红藕香残玉簟秋"写室外与闺房到处充满秋色秋凉;"轻解罗裳,独上兰舟"则说人不管在闺房还是在荷塘,都深感秋意秋思。写物,先外而后内;写人,则先内而后外。"轻解罗裳"与"独上兰舟",在逻辑上、在意义上都不存在承接关系。①

古人写诗会改变词序语序,主要出于声律的要求和情感表达的需要。近体诗和词曲等文体,对平仄和对仗要求极严。为了符合声律的要求,诗人便不得不在词序安排上做出变通。内容和情感上的需要则是更重要的。杜甫《春夜喜雨》"花重锦官城"中将"锦官城"移后,除了为平仄格式外,目的还在于突出强调诗人想象中雨后繁花坠落的景象,表达诗人丰富的情感。

2. 把握意象,品味情感

"意象"是诗歌鉴赏中最常见的术语,也是一个重点。什么是意象? 意象包括"意"与"象"两个层面。"意",即诗人主观的思想感情;"象",即现实生活中的事物以及想象中的万物。"意"是"象"的主宰,"象"是"意"的载体。诗歌意象有的是景,有的是物,有的是人,有的是单一的,有的是多个的。

人物形象。古诗中的人物形象首先指的是诗人形象"我",一般指的就是抒情主人公,即诗人自己。此外还包括诗歌中塑造的人物形象。解读此类诗歌,首先要对所描写的人物的动作、语言、神态、心理等进行深入分析,概括形象特点,理解形象意义,分析形象中蕴含的情感。如李清照的《点绛唇》"蹴罢秋千,起来慵整纤纤手。露浓花瘦,薄汗轻衣透。见有人来,袜刬金钗溜。和羞走,倚门回首,却把青梅嗅"。第一句是动作描写,写出了少女的活泼快乐;第二句是神态描写,展现了人物娇媚的风姿;第三句动作描写,写少女含羞躲避的情状;第四句在"走"与"回首"的矛盾和"却把青梅嗅"的掩饰中展现了想见又怕见的含羞、好奇、爱恋等微妙复杂的心理。整首词塑造了一个活泼娇媚、天真纯洁、感情丰富又略带几分矜持的少女形象,表现了她的天真、勇敢和对封建礼教束缚的轻视。

景物形象。景物形象是诗歌最常见的一种形象,所占比例最大。分析景物形象,首先要理解"意境"这个概念。"意境"是作者通过景物形象塑造出的诗歌整体画面的氛围特点,如雄浑壮丽、壮阔苍茫、苍凉悲壮、闲适恬淡、清幽明净、明丽清新、萧条凄寂、宁谧寂静、淡雅朦胧、高远深邃、繁华热闹、清冷幽静、孤寂衰败、寥廓旷远、缠绵婉转等。它是连接意象和情感的纽带和桥梁,只有准确把握了诗歌意境,才能更好地品味情感。一般而言,诗歌所描绘的意境具有鲜活、明丽和昂扬向上的色调,其内在情感则是高昂乐观的;反之,意境是阴暗、

---

①查洪德,徐姗.特殊句法与古诗解读[J].名作欣赏,2011:100.

凄冷和低沉的色调,其内在情感则是低沉伤感的。辛弃疾《鹧鸪天·代人赋》的上阕"陌上柔桑破嫩芽,东邻蚕种已生些。平冈细草鸣黄犊,斜日寒林点暮鸦"四句,通过写田间桑树萌芽,东邻家蚕卵孵化出幼蚕,黄色的牛犊在长满细嫩青草的平缓山坡鸣叫,以及晚归的乌鸦散落在夕阳斜照的树林中栖息的画面,渲染出初春时乡村一派春意盎然的景象,作者的情感应该是高兴和喜悦的。

分析景物形象时,还要注意作者的写景手法和特点。一般来说,作者会从远近、高低、俯仰、动静、明暗等多角度写景,调动嗅、视、听、触等感觉写景,运用多种修辞手法和点面结合、白描、工笔、细节描写、虚实结合、声色结合、色彩对比、想象联想等表现手法。巧妙的手法也是解读诗歌的重要一环,是作者情感内容表现的外在形式特征,分析时,需要把内容和形式结合起来。

写景诗歌的景物特征和情感表达存在两种关系。第一种是前后内容(即写景与抒情)是对应一致的,如以乐景写乐情,以哀景写哀情。第二种是前后内容(即写景与抒情)是相反、相衬的,如以乐景写哀情,以哀景写乐情等。前面举例的辛弃疾《鹧鸪天·代人赋》这首词就作于作者遭弹劾解官归居时,联系上阕内容不难发现,虽然作者处于贬官之际,但春意盎然的景色描写正表达了作者解官归居后鄙弃官场,热爱田园生活的思想感情,这属于典型的"以乐景写乐情"的正衬手法。

事物形象。诗歌的事物形象,主要指咏物诗中的物象。咏物诗运用的是托物言志(象征)的手法,通过对某一具体事物的描绘来表达自己的某种理想和人格,以物喻人,言在此而意在彼。解读此类诗歌,要注意提炼所写物象描写特征的词语,挖掘物象内在的品格、精神,抓物与志的"契合点",就能明白作者意在何为,情为何端。如元代王冕写梅的一首诗:冰雪林中著此身,不同桃李混芳尘。忽然一夜清风起,散作乾坤万里春。作者首先写梅花,突出了它耐寒、清高、报春的特点。接着用冰雪衬托梅之坚毅,用桃李对比以显示梅之高洁守志;实则是诗人以梅自况,表现了自己自甘寂寞、不慕荣华、高洁脱俗的志向,这就是梅花与作者志向的"契合点",诗歌在这里实现了两者的统一。

3. 知人论世,感悟生命

"诗言志,歌咏情。"每一首古诗的背后都有着一段隽永的故事,都表达着某个独特的历史背景下诗人独特的情感、思想、志向。追溯诗歌创作的历史背景,不仅可以更深刻地理解古诗,而且使古诗展现出原有的历史色彩,更进一步走进诗人的思想和情感世界,深入解读情感。①

　　知人论世,要结合诗人的有关资料,包括生平经历、政治主张、所处时代特征、具体的创作背景等,只有如此,才能对诗歌情感有全面深入的认识。以杜甫《登高》为例,这首诗是杜甫大历二年(767)秋在夔州所作。夔州位于长江之滨、瞿塘峡口,以水急、风大、多猿著称。当时,安史之乱已经结束四年了,但地方军阀们又相互争夺地盘,致使社会动乱,民不聊生。诗人只得继续漂泊西南地区。他的悲愁有时代的苦难,也有家道的艰辛、个人多病和壮志未酬,再加上好友李白、高适、严武的相继去世。此时的他,抱病登台,可以想见,作者此时是百感交集的。这百感交集的情绪全都倾注在这首《登高》之中。带着这种认识再去读诗歌,对作者的情感会体会得更深。前两联共写了八种景物。"风急"使人感到非常冷,既有身体的,又有心灵的,更主要是心灵的。"天高"显得天底下的人很渺小,很孤单。"猿啸哀"使人听到它的叫声非常悲凉。"鸟飞回",这不是一只快乐的鸟,是一只孤独痛苦的鸟。落叶飘零,长江一泻千里,更增加了时间的永恒之感和生命的短暂之感。前四句的写景虽然每个意象都没有写作者,但实际上处处扣着作者的心来写。三、四两联是抒情,可以说字字铿锵有力。"万"表明了离国别家,漂泊路途之远;"常"表明了离家万里,流浪他乡的时间之久;"作客"说明客居他乡;"多"则感叹年老多病,精神疲惫不堪;"独"感叹独自登台,形单影只,万分凄凉;"苦"是极度;"恨"感叹过分的愁苦和愤恨,两鬓过早斑白;"停"感叹因穷困潦倒没酒可喝,只好停下酒杯,郁积在胸中的愁闷得不到宣泄的情状。宋代的罗大经指出,该诗的第三联含有八层意思:"万里,地辽远也;秋,时凄惨也;作客,羁旅也;常作客,久旅也;百年,暮齿也;多病,衰疾也;台,高迥处也;独登台,无亲朋也。十四字之间,含有八意,对偶又极精确。"确实精到地说明了后四句蕴含的复杂丰富的情感。联系杜甫的诗歌创作风格,可以说《登高》有一种深沉的忧思,感情深沉阔大。这首诗蕴含着一种厚积的感情力量,每欲喷薄而出时,他的仁者之心、他的儒家涵养所形成的中和处世的心态,便把这喷薄欲出的悲怆抑制住了,使它变得缓慢、深沉,变得低回起伏。个人的悲痛变成了对于百姓苦难的深沉忧思,留下了无穷韵味。明代胡应麟评价此诗说,"此章五十六字,前无昔人,后无来学,此当为古今七言律第一",确实

---

①丁晓红.探究背景　感悟文化　关注生命——例谈古诗的三种解读方式[J].语文教学通讯,2011(9):60.

中肯。

【案例】《定风波》：曲笔写直的范例

中学语文的古代诗词教学存在一种普遍现象，即习惯于把每个词句单独抽出来一一加以解说，然后综合一下；或是只针对其中突出的意象赏析一番，作出归纳总结。即便是串读串讲，也依然是串完便了，却少有关注整首诗词的情境结构，寻绎作者的思绪脉络，从而更深入地感受理解诗词的意境和旨趣。或问：一首短短的诗词，也需要注意结构层次吗？答曰：当然需要的。至于是否应该列入教学内容，则要依据教学目标而定。下面且以苏轼的《定风波》的听课印象为例，作些解说。

苏轼的这首词，见于多种版本的高中语文教材，或必修或选修。在我听过的几节课上，通过课堂解读探究其所言之志、所抒之情，学生基本都能理解，那就是面对困苦灾厄时所持的淡定超脱的人生态度。至于诗人的思想感情，则是通过叙事、写景和直抒胸臆，已有了鲜明的表达，似乎没有什么可揣摩的。问题出在最末一句。有学生问：为什么到了最后，诗人还要回首看看当初遇雨的"萧瑟"处？"归去"，回到哪里？是欲买田终老的沙湖吗？这一回只是去选址，还没有定居，为什么说是"归去"？何况是在"道中"遇雨，回首的当然是在路上，那么"既无风雨也无晴"究竟指的是什么地方？这样的提问也许会被认为幼稚，是"死抠字眼"，因为诗歌不完全是写实的，这里表达的乃是诗人的想象或幻想，可是，回答那两个"为什么"仍然是十分必要的，因为它牵涉到这首词的叙事结构所展现的诗人情感的起伏波澜。其中，有几个字眼还是值得"抠一抠"的。

首先引起注意的是下片"料峭春风吹酒醒"的"醒"字。可以想见，诗人此前是处在醉意朦胧之中，确切地说，是半醉半醒状态。他的"莫听""何妨""谁怕"，说它未必是清醒的意识，而"一蓑烟雨任平生"也不一定就是完全理智的回答，不是没有根据的。人处在醉里梦中，难免将现实幻象化，或歪曲，或美化，也可以因之而寄托了理想和追求，借用弗洛伊德的说法，即"梦是未实现的现实的替代"。穿林打叶的风声雨声已经摒之于听觉外，只剩了自己时低吟时高啸的边走边喊的纵情释放。脚下一双草鞋，手中一根竹杖，在泥泞里跋涉，觉得比骑马还轻松，这"我独不觉"的形象，全然是醉汉精神状态的活脱脱写照。读者也正是从中读出了诗人身处宦海、陷于政治风波，而今得以暂时超脱的自我安抚、自我陶醉的心情。诗人此时已经无须急忙应对、闪避，而可以徐行漫步，气度从容地吐纳自由空气了。"谁怕"二字最为传神。那真是一场惊悸消除之后的直声呼喊！此时的苏轼，以为人生就这么且徐行且吟啸，不用骑马依然逍遥，避地江湖，以此自终，是没有问题的了。而这，却是他的幻觉、他的梦想，是他给自己营造的一个精神避风港。果不其然，不久，大概是众人狼狈飞奔逃窜，已经回到家里，可能已经洗了澡换了衣服，而我们的苏老先生还在路上，但料峭春风却饶不了他，把他的残醉全部吹醒过来。"微冷"二字不可轻看。这是初"醒"的第一感觉，非亲身经历者，不能如此淡淡着墨而境界全出。现实的寒意，终于让诗人从幻觉中回过神来。在这里，正适合用孙绍振先生的"还原法"来试着解读。虽然被谪贬黄州，暂时逃离了凶险的政治漩涡，但宦途依然令他不得不时时怀着惊悚。这"料峭"和"微冷"恰成了诗人当前的现实处境和心境的情感对应，是由"醉"而"醒"的切身体验。当然，虽然此地还不是真能够"一蓑烟雨任平生"的草野江湖，但毕竟有些自由，有些安全，有些暖意。"山头斜照却相迎"，给人的感觉就像是暂时喝了一口姜汤，服了一贴安慰剂。"却"字也很传神，在这里它既有转折的意思，更有意外欣喜的味道，仿佛觉得他栽在乌台诗案上，也许正是上天的安排，让他有机会在身历一阵政治寒流之后，发现在庙堂之外的人生仍有自由可期，晚年还有温暖可待。夕阳带着余晖，就像是一位老朋友，早早地在那里等着他呢。这个感觉，虽然是通过一次途中遇雨继而复晴的小事叙写出来，亦未尝不可看作是苏轼被贬后整个心情的缩写。应该说，这和在雨中的吟啸徐行，自我陶醉，是有区别的。它不幻而真，非空而实。到这里，是为词的第二层次。

　　值得揣摩的是下片的最后三句。前面已经提到，照理写到斜照相迎，已经完美地达到了情景交融，再写下去，自应顺着心中豁然晴朗的感觉，续写它两句使得上下片的内容各归完整，岂不很好？也许这时是快到家了，至少是身子已经回暖，可为什么还要对"向来"作一番回首呢？这正是苏轼思想最透彻之处，也是这一首小词独具生命力的地方。"萧瑟"可以概括诗人仕宦遭遇的全过程，那些风风雨雨、泥泥泞泞，带给他的是什么呢？无所不有的诬栽，无所不在的陷阱，你都能够回避逃脱得了么？不错，现在他是暂时躲过了腥风血雨，好比噩梦一场，但醒来了又能怎么样呢？还不是仍落在一个大罗网中吗？这劫后余生将如何安顿？苏轼此时的蓦然回首，是对"醉"与"醒"的两种心情态度，都作了严肃认真的审视：世间阴晴不定，冷暖无常，笑傲风雨固然不必，总在盼望雨过天晴，亦未尝不是一种侥幸苟免的心态，他认为二者都不可取。唯一可选择的是，必须超然物外，把世间的一切荣辱得失全然置之度外。那么，他将何以自处？诗人吟道："归去。"我本来想，这"归去"后面应该标个感叹号才是，后来一琢磨，还是句号来得合适。是的，苏轼的心已经淡定安详，止水不波，认准了须得回到他所向往的精神家园，那便是：太上忘情。在那里，是"既无风雨也无晴"，荣辱无所萦怀，心地一片澄然。我记得，有一回学生曾在课堂探究中问道：归去，是回归到哪里？再回到那骤雨忽来的地方？还是看好买田的沙湖？结果是全班几乎很一致地都认为是沙湖，因为那里是苏轼决心终老之地。基本把握了整首词的思想感情之后，学生的看法大抵不错，只是这样的理解似乎太"实"。不如用虚指的"江湖""江海"更好些。还有学生问："无风雨"好，可以理解，"无晴"，也没有晴天，不就是阴天吗？那有什么好？确实，对一个十几岁的孩子，跟他说"无雨无晴"的天气最好，简直是荒唐。而告诉他领略"无雨无晴"的心境，乃是人生的哲理，恐怕也很难接受。这是"悟道"的极境，其中的哲理蕴涵，须等到有了一定人生阅历，甚至还必须是有了坎坷磨难的经历之后，方有所领悟，而即便如此，真能领悟的又有几人？大多数人，只要能够进入"何妨吟啸且徐行"的境地，就已经很不错了。但是讲好这第三层，还是很重要。这一层是感情体验的陡然提升，是否定之否定的哲学顿悟。但却不必大作发挥，只要点到为止就好。

有人说，苏轼在这首词里，表达的是一种"无奈的旷达"。我则以为，非"无奈"即难造就"旷达"。不跟"无奈"结缘的"旷达"，乃是"玩旷达"。世上有的是。

现在再回头看情感结构。从遇雨徐行，到斜照相迎，再到渴望归去；由泰然处之，到欣然遇之，最后则超然视之，短短的旅途，苏轼完成了一趟自我净化的精神洗礼。可见短小精致的诗词作品，正因其能够在寸幅中曲传感情波澜，才会吸引和打动读者。前人评说是"能道眼前景，以曲笔直写胸臆"。这其中的既"直"又"曲"，的确最值得玩味。这首《定风波》，不但可以为我们细品古典诗词，鉴赏"曲笔直写"的艺术手法提供范例，也会启示我们：由于诗词是高度凝练的艺术，怎样通过对词句的反复玩味，发现可能存在的差异和矛盾，从作品内部的情感结构作深层次的分析，最后达到认识其和谐与统一。这对于确定一首诗词的合适的教学内容，是一个很值得深入探究的课题。

（摘自《语文学习》2010 年第 10 期，作者陈日亮）

四、现代诗歌文本的解读方法

1.抓住意象和意象群特点

现代诗歌形式多样，流派纷呈，对于现代诗的解读方法也是仁者见仁，智者见智。但无论如何，解读现代诗，要善于抓住意象和意象群。

诗歌是用来抒情的，抒情的主要媒介就是意象。解读现代诗，抓住了意象的特点，就抓住了情感的纽带。有的诗歌意象多而驳杂，形成了意象群。这时，如能抓住每个意象的特点，联系起来体悟意象群整体的特点，对诗歌的把握也就基本准确了。戴望舒的代表作《雨巷》就是一个很好的例子。这首诗意象密集，形成了由"油纸伞""雨巷""丁香""姑娘""篱墙"等意象组合而成的意象群。其中"油纸伞"是怀旧、复古、神秘、迷蒙的，"雨巷"代表悠长、寂寥、凄清、冷漠，"丁香花"象征美丽、高洁、愁怨，"篱墙"是颓圮、残破、凄凉的，"姑娘"是清雅、凄美、缥缈、哀怨、惆怅的，"我"则是彷徨、迷惘地追寻。把这些意象组合在一起，可以认为全诗主要写了这样一件事：撑着有怀旧复古色彩的"油纸伞"的彷徨迷惘的"我"在悠长寂寥凄清冷漠、有着颓圮残破凄凉"篱墙"的"雨巷"中，希望遇见一个美丽高洁又有愁怨的"丁香姑娘"，但最终理想未能实现。整首诗意境唯美，哀怨，低沉。丁香姑娘的美丽高洁也许象征着理想的美好，而她的哀怨彷徨象征理想难以实现，最后她飘然离去则象征理想的幻灭。这些意象组成的意象群均存在于"雨巷"这一意象所营造的空间和时间场域内，"雨巷"统摄了其他意象，象征一种社会生活状态和作者的心态。

在一些现代诗中，诗人的意象创造，一改传统的典雅、明快的风格，更注重高密度、个性化与新颖性，他们驱遣想象的车轮，任意切割时空，随心剪辑物象，大胆创新，汪洋恣肆，追求诗意的剧烈跳跃，因而常常呈现出流动、闪烁、飘忽不定的意象群落，给读者以"朦胧"的阅读困惑，借此增加读者鉴赏的障碍，以便最终唤起鉴赏的超级愉快。[①] 对于这类诗歌，就要理解诗中意象群的组合关系。

①孙世军.论现代诗歌鉴赏中的意象解读[J].深圳大学学报（人文社会科学版），2003，20（4）:97－98.

把握了这种关系,才能进入情感分析的门径。诗歌意象的组合关系主要有以下几种:

一是有序式组合。这是指意象的组合是按照某种外在的可感知的顺序或联系进行有层次、有步骤的意象变递与转换,从而形成全诗中的跳跃、叠加、交叉的意象群落,也就是说,这种有序式组合,是一种带有逻辑性的意象组合。[①]这种组合又有对比式组合、贯串式组合等。

对比式组合是将反差强烈的意象组合在一起,形成一种强烈的对比。闻一多的代表作《死水》便是这种意象组合的典型。诗人极力把内在丑恶的死水饰以美丽的外形,用"翡翠""桃花""罗绮""云霞""珍珠""鲜明""歌声"等色彩鲜明的词语,营造了鲜艳与黯淡、美丽与肮脏、沉闷与欢快的对比,反讽死水的黯淡与污秽,从而给黑暗社会以无情的揭露和批判。[②]

贯串式组合是一种由主意象派生出一系列次意象的意象组合方式。如穆旦的名作《赞美》:一个农夫/他粗糙的身躯移动在田野中/他是一个女人的孩子/许多孩子的父亲/多少朝代在他的身边升起又降落了/而把希望和失望压在他身上/而他永远无言地跟在犁后旋转/翻起同样的泥土溶解过他祖先的……/他没有流泪/因为一个民族已经起来。诗行间,以"农民"这一中心意象贯串次意象"孩子""父亲""犁"。由对这样一个受尽苦难、义无反顾的农夫的静静叙述引出了"一个民族已经起来"的断言,把"农民"与"民族"自然而然地联系到一起。通过解读,我们能把握诗歌表现的对中华民族坚韧的生命力的礼赞,对民族前途乐观的信念和信心。

二是无序式组合。这是现代诗歌意象组合中占比最大、最为常见的一种。诗人在创造意象时有意或无意地舍弃了意象转换的连续性,以一种自由的想象切割时空的整体性,使意象看似以自在自为的形式独立于物理的时空维度以外,表面上呈现出混乱无序的意象跳跃、叠加与互错。但是,艺术家的审美,其性质是,物理的时空与心理的时空往往不一致,即诗人与艺术家在表达自己的心灵感受时,擅长运用变形、夸张的艺术技巧。它虽违背了物理的时空逻辑,但

①孙世军.论现代诗歌鉴赏中的意象解读[J].深圳大学学报(人文社会科学版),2003,20(4):98.

②马玲凤.中学语文教学与现代诗解读[J].语文天地,2015(5):9.

它内在的审美逻辑仍是有序而稳定的。[①] 以九叶派诗人郑敏的《金黄的稻束》为例:金黄的稻束站在/割过的秋天的田里/我想起无数个疲倦的母亲/黄昏的路上我看见那皱了的美丽的脸/收获日的满月在/高耸的树巅上/暮色里,远山是/围着我们的心边/没有一个雕像能比这更静默/肩荷着那伟大的疲倦,你们/在这伸向远远的一片/秋天的田里低首沉思/静默。静默。历史不过是/脚下一条流去的小河/而你们,站在那儿/将成为人类的一个思想。"稻束""母亲""皱了的美丽的脸""满月""远山""树巅""秋天的田里""小河"等意象,初接触文本时,呈现出"梦游般"的自在自为的"混乱"。但是,当我们发现诗人面对秋收之后被遗漏在田里的"稻束"所表现出的强有力的心灵内倾力时,这些纷乱的意象又变得有序了。金黄的一束稻束,遗忘在收割后的田里,由它的孤独与无劲,诗人联想到那些儿女离身远去的母亲;由母亲的疲倦与孤独,联想到黄昏散步时看见的张张"皱了的"脸庞;再由这张"脸",回想起稻束当下的孤单与疲倦;由孤独联想到周围困住我们的远山;由静默的远山联想到滚动的小河,进而联想到打破这种围困与孤独,最后落笔于"沉思";再由"沉思",联想到特定的历史意识。这样,诗人便完成了对一束"金黄的稻束"的冷静观照,寄寓着对历史的反省与沉思。正是"金黄的稻束",激起了诗人的审美冲动,促使诗人的心灵内倾,展开了自我与历史、与民族文化的对话。也正是这种心灵的对话轨迹,使这首诗的意象群落的组合在表层上看似无序,其实是有序的,由外向内,由物向人,由现实向历史,由自我向文化,它们是该诗意象切换的心灵逻辑。艺术贵在创新,而创新是由艺术家的艺术个性所决定的。在现代诗中,作品的意象多采用无序式的组合方式,便于表达作品的情思,也更能体现诗人的创作个性和才华。

2. 注意诗歌外部形式特征

形式与内容是密不可分的,欣赏现代诗歌,一定要注意现代诗歌的外在形式特征。从形式的角度入手,注意其对内容表达和情感表现的关系。这里所说的外在形式特征包括句式特点、韵脚变化、音节变化、节奏变化、平仄变化、诗行排列等。以徐志摩《再别康桥》为例,这首诗鲜明地体现了徐志摩诗歌绘画美、音乐美和建筑美这"三美"的艺术主张。除了绘画美是内容方面的特点外,后两

---

①孙世军.论现代诗歌鉴赏中的意象解读[J].深圳大学学报(人文社会科学版),2003,20(4):98.

者都是形式方面的表现。"音乐美"首先表现在押韵上,全诗韵脚的变化是 ai→ng→ao→ai,韵脚轻柔滑动,都选择的是开口较小的音节,读起来格调缓慢轻柔,符合诗歌的意境特点,为作者营造的康桥寂静美艳的环境锦上添花。其次是音节和节奏。第一节连用三个"轻轻的",显得节奏轻快,旋律柔和,带着细微的弹跳性,音节和谐,节奏感强。此外,还有回环复沓的手法。最后一节与首节回环呼应,一唱三叹,结构圆整谨严。"建筑美"主要体现在节的匀称和句的整齐上。全诗共七节,每节两句,单行和双行错开一格排列,形成豆腐块式的视觉效果。无论从排列上,还是从字数上,都整齐划一,给人以美感,强化了作者贯穿始终地对康桥欢喜眷恋、难舍难分的情感。

又如《雨巷》,在诗歌的音节处理上颇有特点。正如叶圣陶所说,《雨巷》是"替新诗的音节开了一个新的纪元"。全诗诗行的停顿基本为三顿,加上诗歌语言的音质配合,因此读起来有舒缓悠扬的效果。大量使用词的重叠,有时在同一行诗中,如"悠长,悠长",有时在两行诗的隔开处,如"哀怨,哀怨又彷徨",有时在诗节的分开处,如二、三节间的"彷徨"。大量运用复沓句式,如"像我一样""像我一样地""像梦一般地""像梦一般地凄婉迷茫"等。这些连贯的上下句式,是诗歌内在的巧妙拉长,形成了诗歌回环迭唱的效果,使阅读时有从起势到强调再到飞跃的递进效果。复沓也表现在《雨巷》首尾两节上,使诗歌节奏显得整齐和谐。以上的种种技法,使全诗回荡着一种深沉的舒缓悠扬的旋律,符合诗歌的内容和情感特点。

3. 主观阅读和知人论世的结合

"诗无达诂",每个人对诗歌的解释都会受到生活经历、学习经历、家庭背景、社会环境、阅读状况等因素的影响,而产生不同的理解。尤其对文本开放性较大的现代诗歌,人们的解读一定会更加多元,每个人的理解都会深深打下自己的烙印。这是无可厚非的,如果一个人能从现代诗歌中读出自己的影子,读出自己对生活独特的认识,毫无疑问,这种解读是成功的。中小学教师在解读现代诗歌的时候,也会带上自己的烙印,读出自己的感受。这种感受是原生的,是原创的,必须好好珍视,作为教学时的一种重要参考。我们裸读《雨巷》,很多人一定能读出这是一首典型的爱情诗,它表现了作者对美好爱情的追求。一位情窦初开的青年在江南雨巷邂逅一位姑娘,这位姑娘后来又离开,表达了作者对梦中情人的追求和向往。这样的理解是非常到位的。有人还可以读出这首诗写的是作者对自己心中理想的一种间接的表达。以"丁香"这个典型意象代表了作者心中的理想和美好事物的追求。这样理解也是有道理的。

但是，对于以教学为目的的解读，还需要做到主观阅读和知人论世的结合。主观阅读可以为诗歌鉴赏提供新的资源和新的视角，使我们在知人论世的基础上对诗歌有更深入的认识。知人论世可以帮助我们正确认识诗歌所包含的时代因素和时代主题，指导我们向学生传授具有可操作性的、一般性的、普范性的现代诗歌解读方法。前面裸读《雨巷》，我们得到了两种不同的解读。这时，不妨联系时代背景，了解一下作者的写作情况。《雨巷》创作于1927年夏天，这是中国历史上一个最黑暗的时代，反动派对革命的血腥屠杀，造成笼罩全国的白色恐怖，原来热烈响应革命的青年一下子从火的高潮堕入了夜的深渊。他们中的一部分人，找不到革命的前途。他们在痛苦中陷入彷徨迷惘，他们在失望中渴求着新的希望出现。多愁善感的诗人戴望舒就是他们其中的一员。在这种背景下创作出的《雨巷》，可以认为是对时代情绪的回应和个人心绪的表达、个人心绪的反映。这样分析后就不难发现，这首诗歌还可以表现一个有理想追求的人在特定时代感到迷茫找不到出路的情感反映、一种苦闷心情的表达以及大革命退潮之后无法排遣的忧郁与惆怅。

【案例】曾卓《悬崖边的树》赏析

这首诗表面上写的是一棵树。这棵树与苏童那《三棵树》和茅盾的《白杨礼赞》相比，虽然同样是树，但在内涵上有根本的不同。

读作品有两种方法，第一种，先尽可能仔细地读文本，不管时代背景，也不管作家生平。一般的读者，都是这样读的。美国有一个批评流派，叫作"新批评"，也是这么强调的。对于读者来说，最为关键的是从文本中获得心灵的享受。过多的时代背景和作家生平，反而会干扰甚至转移读者的注意力，本末倒置。这种读法叫作文本中心，有一定的道理。毕竟，对于许多读者来说，不知道作家生平、时代背景，一样可以从作品中获得艺术的感染。

就这一首诗而言，我们首先感到惊异的是一个矛盾：悬崖边的树。悬崖边怎么会有树？一般的树在悬崖边是很难生存的。茅盾的白杨、苏童的树，都是写实的，都是实有其物，什么地方，什么品种，什么样的形态，一清二楚。而这里的树却就是一棵树。什么品种，不在诗人关注的范围之内。在苏童的笔下，他有过的三棵树，来龙去脉，从生到死，所有的经历都有交代。而在这里，悬崖边的树就是一棵树。这就是诗与散文的区别，诗中的树是概括的,虚拟的,想象的,假定的。

> 不知道是什么奇异的风
>
> 将一棵树吹到了那边
>
> 平原的尽头
>
> 临近深谷的悬崖上

光看这第一句就很明显,它和散文有明显的不同。诗人一点也不想费心交代一下,是什么原因,是什么风把树吹到这个地方。这里诗人强调表现的是:只有一棵树,又在悬崖上。很危险(悬崖),很不适合生命存活,而且是很孤单的,这棵树活得是很艰难的,应该是很痛苦,很悲凉的。但是,第二节所展示的却不是这样:

> 它倾听远处森林的喧哗
>
> 和深谷中小溪的歌唱

这里有两点值得注意,第一,从"倾听""孤独""寂寞"等字眼,读者不难感到,这里写的已经不完全是树,植物是不会有听觉的,这是一种有情感知觉的高级生命,这无疑是人的精神境界。这种精神的特点是:第一,在危险(危机)的处境中,既不悲观,也不痛苦,其内在的感觉,在想象中能够听到"喧哗"和"歌唱"。喧哗,当然是生命活跃的表现,而歌唱,尤其是小溪的歌唱,则更有一种流动的活泼的感觉。这样就显示出了一种对立,不但没有沉浸在危机的悲观中,相反,心灵却能关注远方,那目力不可达到的地方。那个地方和悬崖上的情况恰恰相反,那里是热闹的,是活跃的,甚至可以想象出是欢乐的。第二,诗人并没有回避它是孤独的,毕竟是只有一棵树,而且又是悬崖上,诗人甚至也没有回避它是寂寞的。这一节的最后两句是点出诗意的关键,高度的概括力来自同"喧哗""歌唱"相矛盾的修辞:

> 它孤独地站在那里
>
> 显得寂寞而又倔强

"孤独、寂寞",是同"喧哗"相矛盾的一面,而"倔强",联系到前面的"倾听""歌唱",则是矛盾的另一面。既是寂寞的,又是喧哗的,既是孤独的,又是能够听到歌唱的,至此,诗人的意蕴已经很清楚了,就是抒写一种处境,在极度的危机中,在极度的孤寂中,内心相当热闹。正是因为这样,在寂寞孤立中显得倔强,从主题来说,已经完成,但是,从形象来说,还不够

丰满,也就是可感性还不够强,于是诗人接着就把这个主题提炼成这样:

　　它的弯曲的身体

　　留下了风的形状

　　诗人在这里,达到了思想的高度和艺术的高度。其中有一系列的矛盾,弯曲的身体是树的枝干受到扭曲的结果,这种扭曲的力量是什么样的力量呢? 诗人说是风的力量。而风的力量,是看不见的,可是在树身体上,却留下了"风的形状"。以有形的弯曲表现了无形的风力,应该是很智慧的。下面两句就更为精致:

　　它似乎即将倾跌进深谷里

　　却又像是要展翅飞翔……

　　这里,又一次突出了矛盾,一方面是危机的加重,即将跌进深谷,而另一方面,则是展翅飞翔。这里有两个字眼特别重要,一个是"跌",危机可能变成灾难,一个就是"飞",灾难又可能成为新的转机。这样就把前面一段中寂寞孤独而在内心又聆听欢乐的歌唱,大大向前推动了一步。不但是在内心远处的歌唱,而且自身就面临着转机。这样就把诗人危机和乐观的矛盾统一起来。这里用了一种修辞法,在修辞学中叫作矛盾修辞法:本意是看起来自相矛盾但可能是正确的说法。有一点近似悖论:尽管这样的论断,从可接受的假设中推导出来,但其核心是自相矛盾的。在修辞学上,则引申为看似矛盾而实际上是很深刻有见地的隽语。这在现代修辞中,尤其是在表现非理性情感的诗歌中,是常见的,如冷峻的激情,又如永生的死亡,无声的音乐,等等。但是,在这里,诗人这种修辞手法一方面突出了矛盾,另一方面又把矛盾的转化表现得天衣无缝。从跌入深谷到展翅飞翔。在想象上很自然,跌入深谷,是有深度的,没有深谷的深度就没有展翅飞翔的高度空间。因为深而危机严峻,同时又因为深而具备了高空飞翔的可能。对于这首诗理解到这样,基本上可以说是完成任务了。

　　但是,前面我们说过阅读诗歌还有一种方法,那就是把诗与时代背景和作家生平联系起来。从曾卓的生平我们知道,他在二十世纪五十年代,被打成"胡风反革命集团"成员。在所有打成"胡风集团"成员的人士中,他是明显被冤枉的。但是,他最终还是被冤屈了二十多年,才得以平反。

　　联系到他的这段遭遇,我们就可以更加清晰地理解,他在灾难岁月中的思想风貌和人格风采。同时,也可以加深理解为什么开头诗人要这样写:"不知道是什么奇异的风",将一棵树吹到了"临近深谷的悬崖上"。是不知道吗? 诗人很清楚。这个风的意象,很值得注意,到了后面又一次被提起:"它的弯曲的身体/留下了风的形状"。二十多年的灾难,身心所遭受的摧残,只用弯曲的枝干来概括。被摧残的原因,归结为"风的形状",写得这样潇洒。这里当然有意识形态的考虑,又有艺术上的考虑。毕竟,这是写诗,诗的意象是在虚拟的、假定的、想象的境界中展开的,不能像在散文中那样进行具体的刻画。

（摘自《中学语文》2014 年第 2 期,作者孙绍振）

五、戏剧文本的解读方法

1. 把握"戏剧冲突"

解读剧本,需要把握戏剧的戏剧冲突。戏剧冲突是"戏剧情节的构成成分,是两种对抗力量之间相互作用的过程及结果,是体现戏剧性的最高、最尖锐和最集中的形式,是戏剧文学最基本的审美特征"①。可以说,这是戏剧最基本的审美特征。解读戏剧,就要善于在纷繁复杂的人物关系和情节中把握剧作的矛盾冲突。一个戏剧中往往存在多个矛盾冲突,但一定有最主要的矛盾冲突。要看看哪个是最主要的,处于对立面的矛盾双方分别是谁,他们和周围的人有什么样的关系。如此才能更好地理解戏剧的主题。如中国现代文学史上的经典话剧《雷雨》,主要叙述了三十年中周鲁两家的矛盾纠葛。全剧虽然只有四幕,人物只有八个,但人物之间关系复杂,存在血缘纠葛、阶级矛盾这两个主要矛盾冲突。血缘纠葛是家庭内部冲突,主要表现在周朴园与鲁侍萍三十年的生死恩怨、周萍与同母异父的妹妹四凤以及与周朴园爱人繁漪的爱情。阶级矛盾主要是周朴园与鲁大海之间围绕罢工与反罢工而形成的矛盾冲突。从曹禺所要揭示的"暴露大家庭罪恶"、表现宇宙意志、命运神秘、爱情痛苦的主题来看,应该说这部戏的主要矛盾是血缘纠葛。血缘纠葛中最主要的矛盾应该是周朴园与鲁侍萍三十年的爱情纠葛。正是由于周鲁两人之间的矛盾,才引起了后面发生的一系列矛盾冲突。所以,这个矛盾处于全剧最基础、最核心的地位。理解了这个矛盾,便抓住了《雷雨》的核心。三十年前,周家少爷周朴园与当时的周家

①刘安海,孙文宪.文学理论[M].武汉:华中师范大学出版社,1999:161.

仆人鲁侍萍相爱,生了两个儿子。在除夕的晚上,周家为娶一位有钱门第的小姐,逼鲁侍萍出门,鲁侍萍投河自尽,被人救活。后来与鲁贵生下四凤。三十年后,鲁侍萍到周家探望女儿和丈夫,无意中在周公馆客厅巧遇周朴园。周朴园与鲁侍萍从偶遇到相认,引起了周鲁两人的"原罪"在周鲁两家人身上一系列的集中爆发,引发强烈矛盾冲突,最终导致两个家庭悲剧性的命运。周朴园通过谋财害命赚取昧心财、贪淫女色;鲁侍萍不顾自己地位,在周家攀高枝,行淫乱之事。这些"原罪"导致了后来体现在不同人身上的"余罪":周朴园结尾得到两个疯女人,子女触电、自杀和逃跑。鲁侍萍自己嫁两次人,气死自己的母亲,并在自己女儿四凤身上又把自己三十年前的经历变本加厉地重演。因此,只有理解了戏剧冲突,才能更好地理解《雷雨》复杂的主题。

2.品味戏剧语言

戏剧剧本的语言不同于小说的语言,有其特殊的特点。戏剧剧本既为一般读者阅读,也为戏剧表演者阅读。因此,戏剧剧本的语言就兼具文学文本和表演文本的双重特点,既作为文学文本供读者阅读,也作为表演文本指导表演实践。这就使得戏剧中人物的语言充满了动作性、个性化和潜台词。解读戏剧剧本,要善于从这三个方面去把握。

戏剧语言的动作性是指"人物的对话、独白一方面与人物的姿态、手势、表情、形体动作结合起来,使演员边说出台词边发出相应的行为动作,另一方面又对他人具有影响力和冲击力,既推动剧情的发展,又表现人物的思想、意志、欲望和激情"[1]。在戏剧中,主要表现为人物对话起着推动或暗示故事情节发展的作用。它不是静止的,它是人物性格在情节发展中内在动力的体现。仍以《雷雨》为例:

　　鲁侍萍:哦,——老爷没有事了?

　　周朴园:(指窗)窗户谁叫打开的?

　　鲁侍萍:老爷,没有事了?

　　周朴园:啊,你顺便去告诉四凤,叫她把我樟木箱子里那件旧雨衣拿出来,顺便把那箱子里的几件旧衬衫也捡出来。

这两组对话都发生在鲁侍萍和周朴园在周家客厅见面时。这时,周朴园还

---

①刘安海,孙文宪.文学理论[M].武汉:华中师范大学出版社,1999:164.

尚未认出鲁侍萍,而鲁侍萍已经认出了周朴园。第一组对话中"哦,——老爷没有事了?"其实是对周朴园的心理暗示,还想继续将谈话进行下去。周朴园指着窗子,问"窗户谁叫打开的"就接续鲁侍萍的问题,把两人的话题延续下去,并直接推动了下文戏剧情节的发展。第二组对话中鲁侍萍说"老爷,没有事了?"也是对周朴园的一种暗示,意味着还有事,还有更重要的事,引出了周朴园要衬衫的行动。多么重要的衬衫啊!如果不是衬衫,周朴园也不会那么快回忆起鲁侍萍,认出三十年后的鲁侍萍。

人物语言的个性化是指"人物的对话、独白既要符合人物的身份、年龄、经历、职业、社会地位、文化教养、生活习惯、兴趣爱好,又要能表现人物的思想感情、个性特征"[①]。即通常我们所说的"什么人说什么话,什么话表现什么人的性格"。关汉卿的《窦娥冤》中窦娥在《滚绣球》一曲中对天地鬼神大加指责:

　　　　有日月朝暮悬,有鬼神掌着生死权。天地也!只合把清浊分辨,可怎生糊突了盗跖,颜渊?为善的受贫穷更命短,造恶的享富贵又寿延。天地也!做得个怕硬欺软,却原来也这般顺水推船!地也,你不分好歹何为地!天也,你错勘贤愚枉做天!哎,只落得两泪涟涟。

窦娥受神权思想影响,开始也相信"青天大老爷"能主持正义,赏善罚恶。但是在残酷的封建社会现实面前,她还是逐渐觉醒过来了。窦娥对天地的大胆指责,实际上是对神权的大胆谴责,实质上是对封建统治的强烈控诉。她那似岩浆迸射如山洪决堤般的愤激之词,反映了其逐渐觉醒的反抗意识。但这种认识又是不彻底的,从戏曲最后的唱词就可看出。结尾窦娥发下"血溅白练""六月飞雪""亢旱三年"这三桩誓愿,一愿比一愿深刻,一愿比一愿强烈。她发下三愿,为的是把自己的冤情昭示世人,感动苍天,让人们知道"这都是官吏每无心正法,使百姓有口难言"。这充分揭露了当时社会官吏昏聩、吏制腐败、人民蒙受奇冤呼告无门的社会现实,表现了女主人公至死不屈的斗争精神。但窦娥前面指天骂地,后面又需要依靠天地来伸张自己的冤屈。可以说,窦娥也是矛盾的,她既恪守封建道德,又不满封建制度;既信任官府,又痛恨官吏;既寄希望于封建社会,又痛恨封建社会。窦娥的这种矛盾充分反映了其人物性格的个性化特征,这就是窦娥,这就是"这一个"的独一无二的窦娥。充分品味了人物语言,对人物的认识就会更加深刻。

---

　　①刘安海,孙文宪.文学理论[M].武汉:华中师范大学出版社,1999:165.

戏剧语言是为舞台演出提供的脚本,因此人物语言一定要简洁明了、通俗易懂,但同时也要语约义丰、含蓄委婉,做到话中有话,耐人寻味,让人琢磨。所以戏剧语言的潜台词即是言中有言,意中有意,弦外有音,在语言的表层意思之外还有含别的不愿说或不便说的意思。一般来说,潜台词包括以下几种情况:(1)无须多说,心知肚明;(2)不能多说只能少说;(3)不愿说,懒得说;(4)说不清,道不明。仍以《雷雨》为例:

周朴园:(汗涔涔地)哦。

鲁侍萍:她不是小姐,她是无锡周公馆梅妈的女儿,她叫侍萍。

周朴园:(抬起头来)你姓什么?

鲁侍萍:我姓鲁,老爷。

鲁侍萍:老爷问这些闲事干什么?

周朴园:这个人跟我们有点亲戚。

鲁侍萍:亲戚?

周朴园:嗯,——我们想把她的坟墓修一修。

鲁侍萍:哦,——那用不着了。

周朴园:怎么?

鲁侍萍:这个人现在还活着。

周朴园:(惊愕)什么?

第一个片段周朴园的"你姓什么"蕴含丰富的潜台词。"你姓什么"有"你怎么知道的这么多"的意味。第二个对话虽简短但几乎句句都有潜台词。"老爷问这些闲事干什么"其实意味着"她现在与你已经没有什么关系了"。带反问预语气的"亲戚"意思是"根本就无所谓什么亲戚"。"那用不着了"意思是"她没有死,现在就立在你面前",表达一种愤慨之情。"什么"表现一种惊讶,其实是"她真的还活着吗"意思的委婉表达。

又如在《雷雨》第二幕中周鲁相认,有两句相同的话"老爷,没事了"。这句话潜台词也很丰富,就包含"你不认得我了""对你的一种谴责"等,但不管语意如何,都有一种不甘心的试探语调,造成丰富的多义性。

戏剧语言除了人物语言外,还包括舞台说明。舞台说明主要指的是背景介绍、动作神态、旁白、画外音及其他叙述语言等。舞台说明的重要性也不能忽视,它一般具有交代故事的时间地点、渲染一定的氛围、反映人物内心活动、表现人物性格、推动情节发展等若干作用。《窦娥冤》中窦娥临行前天阴的环境描写,暗示窦娥预言的应验,为第四折故事情节的发展做铺垫。

3. 把握剧本结构

由于剧本篇幅较长,存在多幕或多回,考虑到篇幅的限制,目前中小学教材中的戏剧剧本大多都是节选部分内容。教材虽然是节选,但教师在阅读文本时不能只读教材的节选内容,而应至少阅读该戏剧的全部文本内容。只有这样,才能从整体上把握戏剧结构,厘清人物关系,分析戏剧冲突,才能更好地正确定位节选部分在整部戏剧中的地位和作用,教学时才能心中有数,游刃有余。

在阅读全篇剧本的时候,要善于通过整体感知来把握剧本的结构。结构是戏剧情节构成与展开的基本方式,一般可分为开端、发展、高潮和结尾四部分,划分的主要依据是戏剧冲突的发展与变化的阶段。这样做是为了使情节更加集中紧凑,使矛盾冲突更加激烈。以《窦娥冤》为例,目前中学教材大多节选的是第三折,即高潮部分。在这个部分,窦娥指斥天地,发下三大誓愿,以求昭示清白。阅读了全篇后,我们才会知道,在楔子部分窦娥和父亲窦天章亮相,昭示着悲剧的开始;窦父为了进京赶考获得盘缠,留下孤女。第一折是戏曲的开端,主要叙述窦娥的婆婆索债,险些丧命;窦娥争理,张驴儿生下歹念准备毒死两人。第二折是故事的发展,张驴儿下药,误杀自己的父亲,窦娥因此蒙冤,被昏庸的官员判下斩刑。第四折写窦娥死后托梦给窦天章,请求父亲为自己洗刷冤屈。最后,窦天章高中科举,回到山阳县为窦娥平反昭雪。理清了结构之后,可以发现第三折是故事发展的高潮阶段,在戏曲中具有承上启下、举足轻重的地位,对窦娥这个核心人物形象的塑造也主要在这一折完成。有了这样的认识,再去解读文本内容,设计教学内容,就能够对文本胸有丘壑了。

【案例】生命权高于财物权——谈《威尼斯商人》(节选)的精髓和戏眼

一、生命是辉煌之物

《威尼斯商人》中,那犹太商人夏洛克在法庭上坚持要割取的那"一磅肉",是对他人身体的侵犯,是对生命权的公然蔑视,是利用法律约定,把钱财物和俗世合同凌驾于生命之上的粗鄙做法。

莎士比亚将这戏剧化,加以文学表现,具有非常深厚的人文主义内涵。我们知道,西方是一个崇尚自由和尊重生命的地方,也是一个非常重视契约的地方。物质财富固然可以带来人们的富贵生活,但人不能因为钱财而去侵犯别人生命。生命权在人的生存之中,具有首要的意义。同样,自由也是生命最重要的"附加值"。而钱财,是或者说可能是恶毒之渊薮。不过,人类的贪婪和报复心理,会打着法律的旗号,打着要求履行条约的旗号,来"合理地"侵犯别人的生命,这正是这一出戏剧的价值核心。

第四幕的第一场,也是全剧的高潮部分。这场戏描写威尼斯法庭审判"割一磅肉"的契约纠纷案件,以鲍西娅上场为转机,分为两部分,前半部分主要是反角夏洛克的戏,后半部分主要是义角鲍西娅的戏。看看人物关系,《威尼斯商人》全剧剧情通过三条线索来展开:一条是鲍西娅选亲,巴萨尼奥与鲍西亚结成眷属;一条是夏洛克的女儿杰西卡,与安东尼奥的友人罗伦佐恋爱和私奔;还有一条是主线,即威尼斯商人安东尼奥为了帮助巴萨尼奥成婚,向高利贷者犹太人夏洛克借款三千元,夏洛克因为安东尼奥借钱给别人不要利息,危害了他的高利贷业务,又曾侮辱过自己,所以,夏洛克十分仇恨安东尼奥,趁当初签订借款契约之机,设下圈套,伺机报复。这中间的戏剧性和戏剧冲突都安排得十分巧妙,戏剧反映了物质主义者的粗鄙和人类合同的僵化,让人不知不觉地联想到:人类自己发明了合同这种东西,建构了契约社会,人类的发展也因而被它所促进和所束缚,人类只有用自己的智慧重新战胜自己,才能获得新生。靠什么战胜僵化的合同文本?靠辉煌的生命权利,靠文学和艺术对人类生存状况的卓越和前沿性的思考。经典文学作品所启发人类的,正是这些。

二、你可以杀人,但不可以滴血

这场戏的尖锐戏剧冲突以夏洛克为一方,以安东尼奥等人为另一方,围绕是否照约处罚,即是否割安东尼奥身上的"一磅肉"来展开的。

夏洛克上场前,公爵居中调停,他与安东尼奥的一段对话,反映了夏洛克的固执和凶恶,烘托了审判前的紧张气氛,预示着一场不可避免的冲突即将发生。夏洛克断然回绝了公爵要他"仁慈恻隐"的规劝,拒绝巴萨尼奥加倍偿还欠款的请求,他得意忘形,磨刀霍霍,准备动手,并对葛莱西安诺的怒骂加以讥讽、挖苦。夏洛克在法庭对质中咄咄逼人,决心不顾一切实施报复。

就在此时,鲍西娅上场。她的身份出现了"戏剧性扮演",是喜剧性的,由安东尼奥的朋友的妻子变成了律师,由女的变成男的。她很有智慧,欲擒故纵,一步步地将夏洛克引入陷阱。她先劝夏洛克"慈悲一点",用一般人性常理来规劝他不要过分,麻痹他,又拒绝了巴萨尼奥"把法律稍为变通一下"的要求,好像铁面无私、公正执法的样子。接着,她让夏洛克当众明确表示,既然决定了,就不要妥协。然后,她祭出了撒手锏,她让夏洛克去请一位医生来,准备为安东尼奥"堵住伤口","免得他流血而死"。此时的夏洛克神气活现,得意扬扬,实则是不知不觉,已经在鲍西娅的导演下陷入了"一个异邦人企图用直接或间接的手段"谋害公民的犯罪境地。正当邪恶方得意忘形、无辜方陷于绝望时,剧情突然逆转,鲍西娅提出夏洛克可以割一磅肉,但不准流一滴基督徒的血,不能下刀相差一丝一毫,这一下子就让夏洛克陷入了绝境。

鲍西娅成功地利用合同文本中的条款文字的法律规约性,战胜了夏洛克,这是这场戏的戏眼,是看点。"抠字眼"在很多法律纠纷案件的处理中具有非常重要的作用,《威尼斯商人》这里的剧情具有一定的语文性,夏洛克用"语文"来谋害,鲍西娅用"语文"来救人。我们知道,根据定义,生命权是指人身不受伤害和杀害的权利,或得到保护以免遭伤害和杀害的权利,以及取得维持生命和最低限度的健康保护的物质必须的权利等。生命权是最基本的人权,但这是大道理,舞台上或生活里,要靠"具体的做法"才能拯救人,才能维护人的生命权利,安东尼奥需要鲍西娅用智慧来解救,用她对合同文本的深刻的人文的解读来拯救。

尖锐激烈的矛盾冲突,鲜明对立的人物形象,夸张、对比、装扮、悬念、突转等戏剧技巧,在这里都得到了圆熟的运用。这里有仁慈与残忍、友谊和仇恨、复仇和报应之间的尖锐对立关系。鲍西娅戏剧性地颠覆了法律条款的尊严,她对生命的礼赞战胜了条文的僵化,最终,人性的光辉,掩盖了规约物质利益的灰暗的契约。戏剧在文学艺术中属于比较奇妙的一种样式,戏剧的特点是剧本必须适合舞台演出,演出受到时间和空间限制,发生在不同地点和较长时间里的事都要集中在舞台的两三个小时内表现出来,所以,集中的尖锐的矛盾冲突对于传统戏剧来说,是不可或缺的,开端—发展—高潮—结局,是一般戏剧的结构式。节选课文展示的是高潮部分,也是精华部分和最值得玩味的部分。

（摘自《中学语文教学》2008 年第 4 期,作者徐社东,有删节）

第五章 "知人论世"在语文智慧课堂的应用

第一节 "知人论世"的源起

"知人论世"一词出自《孟子》的《万章·章句下》，原文是这样说的，孟子谓万章曰："一乡之善士，斯友一乡之善士；一国之善士，斯友一国之善士；天下之善士，斯友天下之善士。以友天下之善士为未足，又尚论古之人。颂其诗，读其书，不知其人，可乎？是以论其世也。是尚友也。"这一段话翻译成现代汉语，大意是，孟子对万章说："一个乡的优秀人物就和一个乡的优秀人物交朋友，一个国家的优秀人物就和一个国家的优秀人物交朋友，天下的优秀人物就和天下的优秀人物交朋友。如果认为和天下的优秀人物交朋友还不够，便又上溯古代的优秀人物。吟咏他们的诗，读他们的书，不知道他们到底是什么人，可以吗？所以要研究他们所处的社会时代。这就是上溯历史与古人交朋友。"

可见孟子说这一段话其实是想阐释论述交朋友的范围问题。乡里人和乡里人交朋友，国中人和国中人交朋友，更广泛的范围，则和天下的人交朋友，也就是朋友遍天下了吧。如果朋友遍天下还嫌不足，那就只有上溯历史，与古人交朋友了。当然，也只有神交而已。这种神交，就是诵他们的诗，读他们的书。而为了要正确理解他们的诗和他们的书，就应当要了解写诗著书的人，要了解写诗著书的人，又离不开研究他们所处的社会时代。这就是所谓"知人论世"的问题了。

事实上，孟子提出的"知人论世"对后世真正发生影响的，不是其交友观，而是他的文学观。"知人论世"与"以意逆志"一样，逐渐成了传统文学批评的重要方法，从而奠定了孟子在中国文学批评史上的重要地位。从实际影响来看，时至今日，无论现代主义以来的新兴文学批评方式方法已经走得有多远、多新奇,在我们的中小学课堂上,甚至是大学讲台上,以及占主导地位的文学批评实践中,依然在主要使用着的,还是"知人论世"和"以意逆志"这两种文学批评的方式方法。所谓"时代背景""写作背景""作者介绍""写作缘由""时代影响"等等,这些人们耳熟能详的概念,无一不是"知人论世"的产物。由此足见孟子对于中国文学批评的深远影响,而这种影响的源头之一,正是"知人论世"。

第二节 "知人论世"的理论依据与现实状况

一、新课标的具体要求

《普通高中语文课程标准》是推进日常教育教学的纲领性文件,它从目标到方法,从过程到结果,全方位地规定了教师教学的基本内容,因而,对《普通高中语文课程标准》的解读,是我们一线教师推进教育教学的大前提,必须予以重视。

(一)《普通高中语文课程标准》对高中语文教学的总要求

新课标明确规定,语文课程的基本特点是工具性和人文性的统一。课程目标的设计大体上分为"总目标"和"阶段目标"两个部分。同时,新课标也明确表明,课程目标的设计必须依据"知识和能力""过程与方法""情感态度价值观"三个维度以及各个维度之间的相互关联,相互融合,逐步上升,直至实现总目标。

阶段目标主要是从"阅读与鉴赏"及"表达与交流"两个基本方面提出一般要求,在具体的阶段目标基础之上,要求学生能够从"积累·整合""感受·鉴赏""思考·领悟""应用·拓展""发现·创新"这五个方面获得全面发展,直至达成高中语文教学的终极目标。

(二)中学语文教学目标的具体分类

我国现阶段《普通高中语文课程标准》把"知识和能力""过程和方法""情感度价值观"这三个维度作为主线,同时又将高中语文教学目标具体划分为"阅读鉴赏""表达与交流"两个基本系列,再包括了"现代文阅读能力及鉴赏能力""古诗文的阅读能力""写作能力及口语交际能力"三个目标类型,构成了五种具体的目标类型。在这个分类的基础上,又宏观地从"基本技能"与"高级技能"两个大的层面作出更加细致入微的规定,并把"情感态度和价值观"这一目标系统地融合到教学实践中。

1. 文章阅读与鉴赏能力目标

这一目标包括了文章阅读(实用文章阅读和应用文章阅续)、文学鉴赏两种能力目标。

文章阅读能力目标的基本技能目标是:"能用普通话流畅地朗读,恰当地表达出文本的思想感情和自己的阅读感受"①;而高级技能目标又囊括了以下几个层面:"注重个性化的阅读,充分调动自己的生活经验和知识积累,在主动积极的思维和情感活动中,获得独特的感受和体验。学习探究性阅读和创造性阅读,发展想象能力、思辨能力和批判能力"②;"能从整体上把握文本内容,理清思路,概括要点,理解文本所表达的思想、观点和感情。善于发现问题、提出问题,对文本能作出自己的分析判断,努力从不同的角度和层面进行阐发、评价和质疑""能根据不同的阅读目的,针对不同的阅读材料,灵活运用精读、略读、浏览、速读等阅读方法,提高阅读效率"③等。

文学鉴赏能力的目标包括如下内容:"学习鉴赏中外文学作品,具有积极的鉴赏态度,注重审美体验,陶冶性情,涵养心灵。能感受形象,品味语言,领悟作品的丰富内涵,体会其艺术表现力,有自己的情感体验和思考。努力探索作品中蕴涵的民族心理和时代精神,了解人类丰富的社会生活和情感世界";"了解诗歌、散文、小说、戏剧等文学体裁的基本特征及主要表现手法。了解作品所涉及的有关背景材料,用于分析和理解作品";"学习中国古代优秀作品,体会其中蕴涵的中华民族精神,为形成一定的传统文化底蕴奠定基础。学习从历史发展的角度理解古代文学的内容价值,从中汲取民族智慧;用现代观念审视作品,评价其积极意义与历史局限"等。

2. 古诗文阅读的能力目标

《普通高中语文课程标准》中明确指出:"能借助注释和工具书,理解词句含义,读懂文章内容。了解并梳理常见的文言实词、文言虚词、文言句式的意义或

---

①中华人民共和国教育部.普通高中语文课程标准:实验[S].北京:人民教育出版社,2003:8.

②中华人民共和国教育部.普通高中语文课程标准:实验[S].北京:人民教育出版社,2003:8.

③中华人民共和国教育部.普通高中语文课程标准:实验[S].北京:人民教育出版社,2003:8.

用法,注重在阅读实践中举一反三。诵读古代诗词和文言文,背诵一定数量的名篇。"不难看出,对于基本字词句的理解甚至是认读,是古诗文阅读能力的基本要求。

3. 写作能力目标

《普通高中语文课程标准》对写作能力目标提出的基本要求,同样也囊括了写作的基本技能及写作的高级技能这两个大的方面。具体来看,写作的基本技能应该是:"进一步提高记叙、说明、描写、议论、抒情等基本表达能力,并努力学习运用多种表达方式。能调动自己的语言积累,推敲、锤炼语言,表达力求准确、鲜明、生动";"能独立修改自己的文章,结合所学语文知识,多写多改"等;而写作得高级技能应该包括:"观点明确,内容充实,感情真实健康;思路清晰连贯,能围绕中心选取材料,合理安排结构。在表达实践中发展形象思维和逻辑思维,发展创造性思维";"力求有个性、有创意的表达,根据个人特长和兴趣自主写作。在生活和学习中多方面地积累素材,多想多写,做到有感而发"等。

4. 口语交际能力目标

就口语交际的能力目标来说,基本技能应该是:"在口语交际中树立自信,尊重他人,说话文明,仪态大方,善于倾听,敏捷应对";"借助语调、语气、表情和手势,增强口语交际的效果";"朗诵文学作品,能准确把握作品内容,传达作品的思想内涵和感情倾向,具有一定的感染力"。而高级技能囊括了如下内容:"注意口语的特点,能根据不同的交际场合和交际目的,恰当地进行表达";"学会演讲,做到观点鲜明,材料充分、生动,有说服力和感染力,力求有个性和风度。在讨论或辩论中积极主动地发言,恰当地应对和辩驳"等。

我们可以从《普通高中语文课程标准》解读看到,运用"知人论世"这种文学批评方法来组织指导学生学习语文,是非常有必要的。如果抛开这个方法,背景知识、时代精神就无从谈起,探寻民族精神就成了无稽之谈。因此,在遵循《普通高中语文课程标准》要求的前提下,运用"知人论世"的方法来组织教学,就显得尤为关键了。

二、教育心理学的理论基础

除了《普通高中语文课程标准》要求之外,本次课改所倡导的教育理论也是运用"知人论世"这种文学批评方法的有效支撑。下面就让我们结合理论本身,来探寻"知人论世"被运用于中学语文教学的必要性和可行性。

(一)建构主义学习理论

建构主义理论的内容很丰富,应用到教育心理学和教学实践方面,其核心为:以学生为中心,强调学生对知识的主动探索、主动发现和对所学知识意义的主动建构。由于建构主义所要求的学习环境得到了当代最新信息技术的有力支持,这就使建构主义理论日益与广大教师的教学实践普遍地结合起来,从而成为国内外学校深化教学改革的指导思想。

1. 教学预设的广泛性和有效性

建构主义理论强调,知识不是被动的传授,更多地是通过在现有基础上的自主探索得到的。因此,教师在这种背景之下的教学预设,应该有一个更加广泛的知识储备作为基础。只有在我们自己有一桶水的前提下,才有可能给予学生想要的那碗水,才能激发学生自己探究的意识和自主学习的动力。什么是教学预设的广泛性呢? 这就要求教师在准备一节课的时候,既要备教材,还要备学生。根据班级学生的具体情况,在设置问题时有意识用学生感兴趣的领域来激发他们的探索兴趣。同时,也要关注当前的班级活动,甚至是当前学生的一些"热门游戏"等,在更加广泛的基础上,寻找师生的共同话题。储备这些细小的知识,不要只把问题抛给学生。在学生迷茫时给他们指明一条前进的道路,而非大喝一声:"此路不通"。

当然,教学预设的广泛性不是天马行空、毫无章法,在追求广泛的知识面的同时,我们也应该思考如何做到教学预设的广泛性和有效性的完美结合。教学预设的有效性依赖于我们对每一课的教学目标的整体把握,在短短的45分钟内,我们到底要学生真正掌握些什么,这是我们设计一节课的关键。过于追求课程的完整性势必会影响学生对知识的掌握,面面俱到的结果往往变成了泛泛而谈,学生对知识的掌握不够扎实,会给后续学习带来无尽的烦恼。所以,要真正实现课堂教学的有效性,我们不妨把握"一课一得"的原则,即每一节课都有一个核心目标,所有活动都围绕这个核心目标来展开。围绕这个核心,我们必须有足够丰富的背景材料,这样才能在特定时代背景的熏陶下完成相应的教学目标。如在讲授《小狗包弟》一课时,为了让学生更好地理解当时的时代特点,可以引入当时比较流行的词语,如"专政队""武斗""文斗"等,让学生真正融入这个特殊的环境氛围之中,如此才能有更加深刻的理解。

2. 学生活动的充分性和有效性

建构主义理论强调认识的主体是自己,应用到实际教学中,学生就应成为整个教学活动的中心,以学生是否完全接受了教师讲解的内容为衡量一节课成败的唯一标准。如何达到这一标准呢? 传统的课堂模式过于强调教师的权威性,学生的学习完全是一种被动的状态。这样就很难在有限的时间内让学生自愿自觉地掌握相应的知识。建构主义理论认为,人的认知大概可以分为同化、顺化和平衡三个往复出现的阶段。对于教学来说,关键是让学生能够在原有知识框架之下,自主地弥补知识上的不足。而这种弥补的过程是一个自觉自愿的过程,并非被动地接受和适应。比如在语文教学中,课文中很抽象的道理,或者距离我们所属时代比较远的人物形象,很难让学生直观地理解。在这种情况下,我们可以考虑使用生活的实例、生活中的原型,让学生生动直观地去把握这些内容。这样既加深了他们对抽象道理的理解,又增加了对平时生活中的人和事的特殊感触,从而成为情感和价值观教育的一种有效形式。也可以创设相关情景,让学生将这些文章转换为话剧,用文中的人物,阐释文章所展现的那个时代独有的特征。

基于上述理由,学生的课堂活动,绝非可有可无的"花架子"。语文课堂应该是学生尽情畅想的精神乐园,也应成为学生认识社会生活的一面明镜。只有让学生充分地展开课堂活动,才能让学生自觉自愿地分析自身的不足,弥补不足之处。唯有如此,语文课才会具有鲜活的生命力,学生才会成为思想的精灵。当然,充分的课堂活动并非放任自流。一堂成功的语文课,是"形散而神不散"的,所有的活动都应该在统一目标的指引下进行充分展开,最终使所有参与课堂活动的学生"殊途同归",回到教学目标中来。同时,教学目标也要沉浸在特定的时代背景之下来做深入的挖掘,这样也就达到了学生课堂活动有效性这个目标了。

3. 教师引导的灵活性和有效性

在建构主义理论的指导下,教师与学生的关系有一个重新定位。教师不再是一个单纯的知识传授者,而更多地成为学生自我完善过程中的指导者。这一角色的转变,实质上也在改变着课堂活动的结构。学生活动的充分性客观上会形成知识迁移面的广阔性,这样难免会因为某一问题而转移了课堂关注的重点,使得整个课堂散乱不堪。这种情况就需要教学活动的"设计师"——教师来加强对于整个课堂的指导。这个指导的加强绝非强行制止学生的探究,直接公布答案,而是在学生讨论的基础上给予引导,引导学生回到问题的核心,回到课堂目标上来。教师在引导过程中需要"顺藤摸瓜",而非"生拉硬拽"。比如,在教授《羚羊木雕》一课时,在讨论时提到了发生这种矛盾的关键问题是什么,很多学生各执一词,彼此都无法达到统一,于是笔者让他们分成几组,分别代表自己的观点来发言。经过他们充分的讨论和笔者的引导,最终达成共识,一致认为各方都有自己的合理之处,所以解决问题的关键就落到了"沟通"这个问题上来了。

通过学生的充分活动和教师的灵活引导,学生对某个问题的认识也会更加完整,这就体现了课堂引导的有效性。

鉴于建构主义理论在语文教学活动中的重要作用,只有真正把教师的知识储备,把文章所涉及的时代内涵与当代社会生活相结合,真正理解这些理论在日常教学活动中的应用,我们才能更接近新课程的精神实质,才能在新的时期把握时代的脉搏,真正提高高中语文课堂教学的实效性。

(二)支架式教学理论

"支架式教学"的教学模式在教育教学领域的流行,最早要追溯到 20 世纪 80 年代。这种模式特别强调教师"教"和学生"学"之间具有极其密切的关系。简言之,这种新的见解探讨的核心问题是,把学生作为中心的具体教学过程中的有效的师生间互动。下面将通过阐述支架式教学的内涵、理论基础、教学应用等,来阐述运用"知人论世"这种文学批评的方法对高中语文课堂教学实效性的影响与作用。

什么是支架式教学?这个问题实际上涉及对支架式教学这一概念的界定及其性质的判断。

"支架"实际上是建筑业中的一个专业用语,又叫"脚手架"或者"鹰架",具体指的是搭建在正在修建的房屋周围的一种结构物,它的作用是为建筑工人提供一个站立的平台,让他们能够逐层地去建造房屋。这种支架本质上不是房子自身的必要部分,也并非其组成部分,所以在房屋建好之后,会被拆除或撤走。

"支架式教学"这一概念是由美国教育家布鲁纳依据维果茨基的"最近发展区理论"提出来的,目前国内外的研究者并没有给支架式教学一个明确的概念界定,因而对支架式教学的具体表述也存在很大不同。根据欧盟"远距离教育与训练项目"的系列文件,支架式教学的定义可理解为:应当为学习者建构对知识的理解这一过程提供一种概念框架。这种框架中的概念是为发展学习者对问题的进一步理解所需要的,为此,事先要把复杂的学习任务加以分解,以便于把学习者的理解逐步引向深入。建构主义研究者常常用"支架"来比喻建构主义理论下的教与学,他们认为教的真正内涵是支持、引导、协助,相应的学就是儿童在教师的鼓励、引导、协助下循序渐进建构的过程。迪克森等人提出,支架式教学是系统的、有序的,它包含了引导性的内容、素材、任务目标,以及教师为了改善教育教学所提供的必要支持的过程。罗森赛恩等研究者认为,支架式教学可以看成是教师或者更有能力的同学为了帮助学习者解决个人无法解决的问题,即为学习者跨越目前水平和学习目标之间的距离来提供帮助、支持的过程。伍德等学者认为,支架式教学就是一种幼儿或者新手在更有能力的其他人帮助下解决问题、达成目标或完成他们在没有其他人支持的情况下不能完成的任务的过程。纵观以上研究者之见,笔者认为,支架式教学就是要由教师为学生提供必要的支持与补充,以使学生完成学习任务中依靠其自身力量不可能独立完成的任务。除此之外,对于支架式教学的性质判断也存在很大的分歧。有一部分研究者认为支架式教学本质上是一种教学模式,有的研究者却认为支架式教学只是一种教学思想,更有学者认为支架式教学仅仅是一种教学策略。笔者更认同第一种观点,即支架式教学就是一种教学模式,是在一定的教学思想、教育理论以及学习理论的指导下,在特定环境中逐步展开的教学过程的稳固结构形式。从相关研究可以看出,支架式教学就是在"最近发展区"理论影响下,教师根据学生的"最近发展区",对学生的学习提供一定的支持和帮助,从而促使儿童主动并有效地进行学习,最终还要逐步撤出,以形成一种稳定的结构形式。除此之外,在这一结构中,具体的搭建支架的方法可以由教师来定夺,所以支架式教学从根本上说就是一种教学模式。

支架式教学的相关研究一再表明,这一教学模式必将对我们全面实施新课标产生巨大的影响,对于我们运用"知人论世"这种文学批评方法指导学生语文学习有着强大的理论支持。因而,这一理论对我们实现高中语文课堂的实效性有着非常高的指导意义和价值。

1.教育理念

原有的教育理念基本上就是"唯知识论",只要教师能够将知识传递给学生即可,不论这些知识是不是学生发展所需求的。无所谓方法与策略,基本上就是满堂灌。支架式教学模式启示我们:课堂应该转变为学堂,课堂实效性的体现不应以教师灌输了多少知识为标准,而应以教师在学生主动求知的过程中提供了哪些辅助的手段为准则。从这一点来说,"为了每位学生的发展"这一新课程理念与支架式教学模式的追求是相同的。具体到"知人论世"这种文学批评的方法运用来看,教师应该尽可能多提供作品的相关信息,如写作背景、时代特色等,让学生自己在这样的大环境大背景之下,积极地思考,从而形成学生自身对某一个阅读材料的认知,无须教师越俎代庖,或者是喧宾夺主,灌输所谓标准答案。比如,在教授《故都的秋》一文时,教师可以先让学生找出文中最能揭示主旨、升华意境的关键性句子,即文章的"文眼"——"可是啊,北国的秋,却特别地来得清,来得静,来得悲凉"。此时学生很容易判断出"清、静、悲凉"指的是"情感",那么这些"情"需要如何体现呢?王国维的那句"一切景语皆情语"就给了我们很好的提示。紧接着引导学生从作者笔下的景物中,去深刻体会作者所要传递的情感。在文章最后,教师引导学生转入文章末尾,让他们通过文中的一组比喻感受南北之秋的差异——黄酒与白干,稀饭与馍馍,鲈鱼与大蟹,黄犬与骆驼,从而得出"北国的秋味更浓"这一结论。之后自然引出问题:作者在此文中是"悲秋"还是"颂秋"呢?

学生根据"清、静、悲凉"这一文眼,或许会答出"悲秋"这一答案。此时教师可以运用"知人论世"的文学批评方法,简单介绍作者郁达夫及本文的创作背景,通过介绍,学生能够明白郁达夫先生联系当时国家山河破碎、内交外困的现实,为了保住祖国美好的东西,"愿把寿命的三分之二折去",不仅抒发了赞美、眷恋故都自然风物的真情,也表现出了深沉的爱国之情。看似是秋天真实的自然色彩,实际上是作家内心情感的投射,是"形"与"神"的完美结合。通过这个环节,不仅使本文的德育目标与重难点得到了解决,还可以使学生深入理解文本,进一步提高感受美、鉴赏美的能力。这种瓜熟蒂落、水到渠成的德育教育,远比那些生硬阐释,厉声呵斥,要求学生记诵的方式有效得多。

2. 师生关系

新课程理念倡导"以学生为主体,以教师为主导"。这种新型的师生关系,在支架式教学模式中表现得尤为明显。在旧有的课堂模式中,教师的角色定位非常关键,教师代表着知识与权威,学生在这种课堂模式中基本上是被忽视的,仅仅是教师传授知识的对象,不需要学生有自己独立的见解和思维。而在支架式教学模式中,学生才是课堂的主人,课堂活动的目的不在教师学识的展示,而是学生自主获取知识,发展能力。在这一转变中,教师的角色并非弱化,而是被强化了。教师需要不断调整思路,想方设法为学生的自主探究出谋划策。将每一个"支架"及时送达有困难的学生身旁,这对"支架设置者"——教师的要求实际上是提高了,不但需要有渊博的学识、敏锐的洞察力,而且还应该有足够的

"教育机智",随时处理学生自主建构过程中的任何问题。这当然要求教师对文本的背景知识要了然于心。依然以《小狗包弟》一课为例。对于养宠物这件事,很多学生有生活体验,对于宠物的情感自然不用多叙述。那么如何通过这件事来展现巴金写作本文的重要意义呢?教师可以引导学生思考:巴金先生仅仅是要写出一条小狗的遭遇吗?通过对文本的解读,学生很容易说出小狗包弟之所以有悲剧命运,是由于社会的动荡,造成是非善恶颠倒混淆。因此人对待小狗的态度,实际上体现了人性的丑恶面和阴暗面。那么本课,情感态度价值观的目标如何达成呢?教师可以引导学生继续思考:巴金的忏悔有何现实意义?补充相关的背景材料,学生们也不难得出结论:在"文革"结束后的一段时间里,几乎没有人为他们的所作所为承担责任,而巴金作为一个受害者却站出来忏悔,这是需要莫大的勇气和力量的,他的这种忏悔在社会上引起了很大的反响,引起人们对于"文革"的思索,所以作家的忏悔具有唤醒人心的作用,也可以警醒人们记取历史教训。假如,对课文的情感态度价值观的教育就到此为止,似乎分量轻了很多。毕竟"文革"是个很极端的历史片段,对于它的认知不足以指导学生的人生道路。这个时候,教师可以再次补充材料,将学生的思考引向另一个高度:我们该用怎样的姿态与世界交流?拓展阅读:犹太人大屠杀纪念碑《退让与抗争》。"最初,他们逮捕共产党员,我不是共产党员,所以我不说话;后来,他们逮捕犹太人,我不是犹太人,所以我不说话;再后来,他们追捕基督教徒,我是新教徒,所以我不说话;再后来,他们追捕工会会员,我不是工会会员,所以我不说话;最后,他们追捕我,这时候已经没有人为我说话了。"

3. 教学方法

支架式教学的核心任务就是在将要学习的知识和学生已有的知识之间搭建一个相关的"支架",因此,教师的教学方法必然要有所创新。这些"支架"未必就是重要知识点,也许就是产生阅读障碍时的一句点评,也许是学生探究无果时的一个提醒,也许是学生在懈怠时的一个鼓励的眼神,也许是学生在犹豫不决时的一个肯定的手势,也许是学生在有所收获时一句赞美的话语。总之,支架式教学模式,要求教师做一个船夫,穿梭于新知识与旧学识之间,想方设法帮助学生,排除万难,送学生到达新知识的彼岸。所以,教师在这种教学模式下的作用为:第一,采用测评的手段,帮助学生了解自己现有的学识水平;第二,积极创造条件,协助学生从"现有水平"向潜在发展水平的转化;第三,对学生掌握的新知识随机测评,引导订正。

总而言之,在支架式教学理论的指引下,教师更应该积极地运用"知人论世"的文学批评方法指导学生的语文学习,不断激发学生的阅读兴趣,培养学生正确的价值观和人生观,不断提高语文课堂的实效性。支架式教学理论这一教育教学理念的掌握和应用,必将使课堂最终转变为"学堂"。使得中学教育,特别是中学语文教育为学生的终身可持续发展奠定坚实的基础。

(三)多元智能理论

多元智能理论的支持者认为每个人除了具有语言智能以及数理逻辑智能之外,至少还有其他五种智能——空间智能、人际智能、音乐智能、身体运动智能、内省智能等。关于该理论,创始人加德纳曾有一句经典的论述:"每个孩子都是一个潜在的天才儿童,只是经常表现为不同的形式。"

美国哈佛大学教育研究院的心理发展学家霍华德·加德纳在 1983 年首先提出了多元智能理论。加德纳提出该理论源自他对脑部受创伤的病人的研究,他发觉这些病人在学习能力上存在着明显差异,从而提出这一理论。传统的教育教学上,学生在逻辑——数学与语文(主要是阅读和写作)两方面的发展会引起学校的特别重视。从多元智能理论的角度来考察,这些并非人类智能的全部内容。智能组合是因人而异的,比如运动员和舞蹈家肢体运作(身体运动智能)较强、雕塑家和建筑师的空间感(空间智能)比较强、从事公关事务相关职业的人其人际智能较强、作家的内省智能普遍较强等。

从 20 世纪 70 年代起,研究者们开始从心理学的不同领域重新审视并定义智力的概念。在众多研究者之中耶鲁大学的心理学家罗伯特·斯滕伯格的影响力最大,他提出了三元智力理论:分析性智力、实践性智力、创造性智力。到了 20 世纪 80 年代,在斯滕伯格的三元智力理论基础上,哈佛大学认知心理学家加德纳提出了多元智能理论。这一理论可以给我们提供很多有益的启示。

多元智能理论在"知人论世"这一文学批评方法的运用中,主要的应用价值体现在以下两个方面:

1. 学生观的改变

赞成多元智能理论的研究者认为,每个人都很聪明,但聪明的表现范围不同。李白曾经豪迈地说"天生我材必有用"。学生的差异性不应该是教育的负资产,相反,它应成为挖掘丰富个性发展的一种宝贵资源。旧有学生观的改变,就是在多元智能理论的指引下,用赏识和发现的目光来看待每一个学生,改变了之前用一把尺子衡量所有学生的错误做法。这就要求教师重新挖掘每位学生的潜质,只要能得到正确引导,每个学生都可以成才。具体到语文教学中,教师可以在课堂学习中试着给学生不同的分工,比如搜集整理背景材料、根据课本合理延伸、总结经验教训、积极发言重新演绎等。让每一个学生都能够在语文课堂上找寻他们该有的位置,绽放自己的光彩。在文本解读、作品欣赏时,也应该客观公正地展现作品所处的时代、作者的经历等,切不可把人物扁平化,把作品或者作者刻意拔高,让学生心存畏惧。真实,往往是感人肺腑的最佳途径;亲切,常常是打开心扉的前提。因此,教师在这个原则下,介绍人物或者作者时,应该抱有"不虚美,不隐恶"的态度,带学生走进一个真实而不虚伪的文学殿堂。如讲授《装在套子里的人》一课时,不应该回避我们身边也有类似的现象存在,引导学生正确认知"规则",同时也引导学生认识到别里科夫的产生,离不开那个极端扭曲的沙皇俄国的社会环境。这样才能体现出小说的价值——以塑造人物形象为中心,通过完整的故事情节和典型的环境描写,反映一定的社会问题。从而让学生在通力合作中共同提升,达到自己学识水平的新高度。

2. 教学观的重新定位

多元智能理论强调教育者在教学方法上,应该根据每位学生的智能优势及智能弱点,恰当地选择最适合学生个体的教学方法。这种观点早在春秋时期就由"万世师表"孔子率先提出来了。孔子主张尊重学生的个体差异,在具体教学中应"因材施教",这一观点已得到成功实践。教师要继承这份珍贵的教育遗产,并在多元智能理论的指引下,更为科学合理地实践它。在课堂教学中,关注学生的个体差异,运用不同的教学方法,开发学生的潜能,让每个学生都能成为最优秀的自己。除此之外,教师可以在文本背景介绍的时候,灵活采用各种方式,比如:笔者在2012年11月讲授人教版高中语文必修五第11课《宇宙的未来》一课时,给学生剪辑播放了电影《2012》相关片段,从视觉的角度给学生以冲击,达到了课堂导入的效果,由影视作品对于地球未来的预言,自然而然地导入到本世纪最伟大的科学家,被称作"当代爱因斯坦"的史蒂芬·霍金对于宇宙未来的预言,学生的学习兴趣大大提高。到了2014年,再次讲授这一课的时候,再用原来的片段,显然已经不合时宜了。于是笔者就从《启示录》中摘取相关文句,从宗教对于宇宙未来的神秘莫测预言,导入到科学家对于宇宙未来的判断和认知。总之,教学观的改变,不应该是停留在理论层面,它更应该是具体呈现方式的改变,是学生接收方式的改变。比如在初中一篇课文《盲孩子和他的影子》一文的导入中,为了让学生体会到盲孩子的艰难,教师设置了这样一个情景:两个学生比赛,谁能从教室最后先跑上讲台,其中一个孩子的眼睛要用眼罩挡住,比赛完毕后,让学生谈体会。这种导入既新颖别致,又让人印象深刻。表面上,这种只是一个游戏导入而已,其实深层次传递的,就是与文本相关的背景知识。而呈现方式的改变,也是教师自身教学观的革新。有些学生对视觉冲击很敏感,有些学生对抽象材料理解能力强,因此,我们在变换呈现方式的时候,就是在促进不同学生的大面积提高。

在多元智能教育理念的指导下,教师的课前准备,不仅仅着眼于课程标准或是教材要求我们完成的那些知识的传承,而是更多着眼于当前的学情。从不同的学生现状考虑多样化的教学模式,采用不同的教学策略,力争让每个学生都能在自己擅长的方向有所突破和发展。这就要求教师的课堂教学应采用多种方式与手段,实施用"多元智能"来教学的策略,最终实现为"多元智能而教"的目的。教师需要不断改进教学的形式与环节,努力挖掘和培养学生的多种智能。比如,在教学形式上更加重视小组合作学习与讨论,以便培养学生的人际智能。在教学环节上,把反思环节作为课堂不可或缺的组成部分,逐步培养学生的内省智能等。通过这些方法潜移默化地影响学生,促进每位学生的进步与发展。这样,中学语文课堂的有效教学就能够成为使学生多元智能得到有效发展的实效性教学。

三、"知人论世"运用的现状

"知人论世"这一文学批评的方法,经孟子提出之后,历代文人学者不断阐发充实其内涵。时至今日,其作为一种极其重要的文本解读方法在日常教学中的作用之大,已然成为教育领域的共识。然而,在具体使用过程中,对这一方法的不当运用又非个例。总体来看,大概可以分为以下几个误区:

1. 长篇累牍,滥用乱用

有些课程设计者,急于让学生达成某种思想上的共识,唯恐学生学识浅陋,往往在课前连篇累牍地介绍作者及作品创作的背景、时代等,将语文课上成了历史课,或者人物传记课。本该是核心的文本却成了佐证作者情怀的媒介,或者成了那个时代精神特征的注脚,这种做法明显是喧宾夺主了。比如有教师在执教牛汉的《华南虎》时,大谈"文革"背景,一味强调"文革"时期对知识分子的迫害,由此而阐发"华南虎"用于面对挫折与困难的坚韧精神。甚至有教师还对华南虎的科学常识揪住不放,俨然将一首诗歌解读成了一篇说明文。这种喧宾夺主的运用方式,在诗歌教学中更为集中。诗歌确实有其独特的特点,即用高度凝练的语言,形象地表达作者丰富的情感,集中反映社会生活。要在只言片语之中读出深意已非易事,更何况教师还要在课堂上带领着学生一起去探寻诗境。在这种情况下,尽可能多地补充背景知识似乎成了不二法门。"诗无达诂",教师还要预设一定的情感态度价值观,且要让几十个个性不同、学识各异的学生达成相对一致的认知。那么,教师只能将最终的落脚点放在通过诗歌把握作者情怀这一点上。有这种想法的教师,究其根本还是旧的教学观在作祟。教学的精髓不在于传授知识,而是养成习惯,形成思想,感悟传统,传承文化。即便是在介绍背景知识、作者概况这一环节上,也应该视具体情况而定,不应该僵化。

2. 蜻蜓点水,一笔带过

相对于连篇累牍的专题式引入背景知识和作者介绍,也有一部分教师在运用"知人论世"这一文学批评方法的时候,过于随意,基本上是一笔带过。特别是那些经常接触的作家,更有甚者几乎是只字不提。这种把作品与时代割裂、完全不触及作者内心的文本解读方式,只能是肤浅的理解文章,或者是用现代人的思维盲目地推测揣度作者的意图,而这种解读方法显然是有失偏颇的。比如在讲授《记念刘和珍君》一课时,有的教师的导入就是"对于鲁迅我们都不陌生,之前学过的与鲁迅相关的作品,我们更是如数家珍。今天,我们再次捧读大师的经典作品,领略大师的人文情怀",这样就算是介绍完毕了。然而现实情况是,鲁迅的作品很多,不代表其作品展现的时代特征、社会背景就是一成不变的,也不能说明所有作品都会展现作者一以贯之的情怀。社会是复杂多变的,个人的情怀也是变幻多端的。比如《记念刘和珍君》一文的讲解,如果不介绍"三一八惨案",不介绍惨案发生后社会各界的强烈反应,不介绍与之相关的其他作家作品。那么对于这篇文章的理解和把握肯定是浮于表面的,更不用说让学生体会作者深沉的情怀了。当然,这个现象不是个别情况,比如为什么大部分学生对于鲁迅及其作品都是敬而远之,仔细想来,这似乎与教师将作者情怀标签化、刻板化不无关系。说到陶渊明就是隐逸情怀,说到李白就是潇洒飘逸,说到杜甫就是沉郁顿挫,说到陆游就是爱国情怀……一首诗文就给作者画像,这种做法无异于刻舟求剑,呆板僵化到可笑。如果再用这种僵化的认知去指导学生阅读纷繁复杂的文学作品,这就不只是可笑,而是一种可悲了。

3. 不顾学情,盲目灌输

这种运用方法,教师往往会在开始的时候,用 PPT 展示出一大堆作者的基本情况:某某某,字什么,号什么,什么时代的伟大的某某家、代表作品是什么等。从实际来看,这不应该算是"知人论世"的具体运用,充其量只是为了应试而给学生补充某些文学常识而已。而这种不顾具体学情,也不顾教材实际的,盲目且生硬地加入文学常识的介绍,更多时候只是教师一厢情愿地走了一个过场。对学生解读文本,甚至是积累文学常识没有太大作用。由之前的分析我们可以很清晰地了解:"知人论世"是一种文本解读的方法,其目的是通过了解作者及其时代背景,具体而深刻地挖掘文本的内涵,让师生在探究文本时可以有一个相对明确的文化平台。自然而然,作者及写作背景本身不是目的,自然也不应该把它当成一个单纯的知识点。

第三节 "知人论世"在教学中的应用

由以上分析我们可以清楚地看到,尽管"知人论世"这种文本解读的方法极其重要,但是在实际运用中,存在着各种各样的问题。鉴于此,笔者根据自己的教学实践,结合具体课例来探寻几种常见的"知人论世"的运用方法,以供大家思考。

一、"开门见山"法

《登岳阳楼》教学设计

【教学目标】

1.知识与能力:有感情地朗读并背诵本诗;学习如何通过对古典诗歌中意象的把握来体会和品味诗歌的意境美。

2.过程与方法:通过读诗、品诗、悟诗,真正做到"置身诗境,缘景明情"。

3.情感态度价值观:正确理解和体会杜甫怀才不遇的忧愤和忧国忧民的情怀;感受杜甫的伟大精神。

【教学重点】

理解和体会杜甫怀才不遇的忧愤和忧国忧民的情怀。

【教学课时】

一课时

【教学过程】

一、导语设计(5分钟)

播放视频《杜甫很忙》导入新课。

是啊,杜甫真的很忙,不光忙着被现代的熊孩子们恶搞。杜甫年轻时,忙着憧憬未来,心怀梦想,阔步走向盛唐;杜甫中年时,当理想照进现实,等待他的却是处处碰壁,即使如此,他从未放弃对大唐的热烈颂扬。就这样,他一直忙到了大历三年(768),这个时候,杜甫已经57岁了,距离他人生的终点不过两年光阴,此时,他又在忙什么呢? 我们一起走进《登岳阳楼》,来看看诗人的晚年景象。

过渡。古人云:书读百遍,其义自见。可见读,太关键了。大家先凭着自己对诗歌的理解,自由品读。

二、朗读背诵(10分钟)

1. 自由品读。

2. 学生个别读。

教师作诵读提示:

这首诗所包含的内容极为丰富,感慨也极深沉,要读得缓慢些。首联从"昔闻"到"今上"长达数十年,已包含着人世沧桑的感慨,读得快了则意味不同,可能正如仇注所云"喜初登也"。颔联写岳阳楼景色,读时须有纵目远眺之意,"日夜浮"三字尤应慢读——似乎说"多少个日日夜夜就这样过去了"。这是为下文蓄势。下面两联说感慨,要用深沉的语调读:颈联说个人,有无限辛酸,调子低些为好;尾联说国家,有满腔悲愤,调子稍稍上升——这是全诗高潮所在。

3. 学生朗读背诵。

先教师范背,再学生个人朗读,集体齐读,试背。

三、置身诗境(15分钟)

1. 探究诗情,每组一句。

昔闻洞庭水,今上岳阳楼。

"昔闻":慕名已久、向往已久。

"今上":夙愿得偿,幸事一件。

"律诗之妙全在无字处","昔"与"今"之间,未简单地以"喜""悲"之词加以填充,而是留给读者自己去想象、回味。

"昔"与"今"之间,是一段漫长的时间距离,天在变,地在变,国在变,人也在变。

诗人青年时代当值"开元盛世",到处都是歌舞升平的景象,诗人既闻洞庭之名,必有向往之意,可惜未能一游。

祖国山河残破,疮痍满目,而诗人也到了暮年,且历尽人生坎坷,却有幸登楼,怎能不百感交集呢?

吴楚东南坼,乾坤日夜浮。

气压百代,为五言雄浑之绝。

——宋 刘须溪

已尽大观,后来诗人,何处措手。

——明 王嗣奭(shì)

"坼":洞庭湖波涛万顷、巨浪千层,方圆数千里的江南大地訇(hōng)然裂为两片,刹那间,乾坤摇动、天崩地解——显示出洞庭湖的磅礴气势!

"浮":动态感,在诗人的笔下,洞庭几乎包容了整个天地万物,并且主宰着它们的沉浮,日月星辰都随着湖水的波动而漂荡起落。

——一派壮阔的图景

日月之行,若出其中;星汉灿烂,若出其里。

——曹操《观沧海》

气势磅礴,意境阔大,景色宏伟奇丽。

这样来描写洞庭湖,有人以为过于夸大,"于事理未当",像是写大海而不是写湖(见喻守真《唐诗三百首详析》)。

实则此评未免拘泥。须知诗歌不同于科学论文,是容许使用夸张来充分表现视觉(或听觉)形象,以畅快宣泄作者的意兴与情绪的。

亲朋无一字,老病有孤舟。

"老病":时年五十七岁,距生命的终结仅两年,身体衰弱不堪——患肺病及风痹症,左臂偏枯,右耳已聋,靠饮药维持生命。

"无一字":得不到精神和物质方面的任何援助。

"有孤舟":漂流湖湘,以舟为家,前途茫茫,何处安身?面对洞庭湖的汪洋浩渺,更加重了身世的孤危感。

和无边的宇宙"对应"的是什么呢?

是一个极为渺小的"有限"之身,

是"亲朋无一字,老病有孤舟"的行吟者,

是被命运抛弃于苍茫湖水之中的如此穷愁潦倒的一个孤魂。

缺衣乏食,居无定所,得不到亲友的慰藉,连一个赖以承受痛苦的正常的身体都没有。

飘零、孤寂、衰老、贫病,一个活人生存所需的空间萎缩到不能再萎缩。

写景如此阔大,自叙如此落寞,诗境阔狭顿异,……不阔则狭处不苦,能狭则阔境愈空。

——浦起龙《读杜心解》卷三

上联展现浩瀚的洞庭湖水,下联画出水上的一点孤舟。湖水动荡,孤舟飘浮,虽然大小悬殊,却统一在一幅画中。如果将洞庭湖水比作整个国家,那么那一点孤舟就是诗人杜甫自己!

戎马关山北,凭轩涕泗流。

从个人推及国家,近十年的安史之乱,给国家和人民造成巨大的损失。此后,外族侵扰,藩镇割据,民不聊生,怎不令诗人牵肠挂肚?

这涕泪之中,有对亲戚朋友的眷念,有年老孤独的悲伤,有对国家前途的忧虑,也有无以报国的自悼。

孤舟虽小却装着整个天下。衰老多病的躯体中,仍然跳动着一颗忧国忧民的志诚之心。

江山之壮阔与诗人胸襟之悲壮,互为表里,故虽悲伤却不消沉,虽沉郁却不压抑。

2. 现在就让我们借助联想和想象,看能不能用自己的话将诗人所描绘的画面描述出来?(四个大组,每组承担一句,依次接龙)

教师预设:早就听闻洞庭湖水的波澜壮阔,今天有幸登上了岳阳楼来一睹洞庭湖的雄姿。只见吴楚两地被广阔浩瀚的湖水一分为二,分布于东南两边,苍茫无际的湖面上,波浪一浪掀过一浪,向天边汹涌而去,大地长天、日月星辰日日夜夜在湖里浮荡着,景象壮美极了!回头想一想自己,亲朋故旧竟无一字寄给漂泊江湖的"我",衰老多病的"我"呀,只有生活在一只小小的船上。透过这浩渺无边的洞庭湖,遥望关山以北,那里仍然是兵荒马乱、战火纷飞;一想到这,靠在窗轩之上的"我"不禁涕泪交流。

本阶段板书内容:

景情

洞庭水、岳阳楼、百感交集

吴楚、乾坤日月、豁然开朗

孤舟、孤苦无依

戎马关山涕泗流、壮志难酬

四、自主赏析(10 分钟)

宋人方回曾登上岳阳楼,见右壁写杜甫的《登岳阳楼》,左壁写孟浩然的《临洞庭湖》诗,他说:"岳阳楼天下壮观,孟杜二诗尽之矣。"又说:"后人不敢复题矣。"

下面请赏析孟浩然的《临洞庭湖赠张丞相》,比较与本诗的异同。

望洞庭湖赠张丞相

八月湖水平,涵虚混太清。

气蒸云梦泽,波撼岳阳城。

欲济无舟楫,端居耻圣明。

坐观垂钓者,徒有羡鱼情。

背景点击:此诗当作于唐玄宗开元二十一年(1733)。当时孟浩然西游长安,张九龄任秘书少监、集贤院学士副知院士,二人及王维为忘年之交。后张九龄拜中书令,孟浩然写了这首诗赠给张九龄,目的是想得到张九龄的引荐。

五、学生小结(3 分钟)

1.杜甫其人其诗……

2.赏读诗歌的方法……

3.关于网络恶搞……

六、课堂小结(2 分钟)

《登岳阳楼》写于杜甫生命的末端。登上岳阳楼,是他年轻时就有的梦想,今天终于如愿了。可这次却不是专为游玩而来,而是漂泊到此,流浪经过,诗人已经不是年轻小伙子了,而是拖着贫病衰老的残躯——"今"非"昔"比啊!想到这里,我们就能体会到"昔闻洞庭水,今上岳阳楼"用语的巧妙。洞庭湖愈壮阔明朗,诗人的心情就愈黯淡凄凉,因为登楼远眺的他似乎已经看到了北方的战事,已经想起了自己的落魄潦倒,于是,忧国伤时之感与身世凄凉之情一起袭上心头,使得他老泪纵横,久久低回。诗人凭轩远望的形象是衰弱的,却也是高大的。他那爱国忧民的高尚情操深深感动着我们。

多媒体显示：

"任何伟大的诗人之所以伟大，是因为他的痛苦和幸福植根于社会和历史的土壤里。"(别林斯基)

孟子曰："鸡鸣而起，孳孳为善者，舜之徒也；鸡鸣而起，孳孳为利者，跖之徒也。欲知舜与跖之分，无他，利与善之间也。"

最后我还是想说，杜甫真的很忙，一直很忙，可是从来不是为自己。希望在座各位，也可以向杜甫看齐，在将来不仅为自己而忙，为利益而忙，也为国家而忙，为道义而忙。忙，并快乐着。

七、布置作业

运用本课所掌握的鉴赏方法，赏析《旅夜书怀》。

可以看到，在这首诗歌的解读过程中，笔者将杜甫其人以及中唐时期的社会背景做了一个系统介绍，篇幅虽然不长，但是学生能够从以前的作品中了解杜甫的悲伤源头。之后的解读过程中，一再引入情景相似或者情怀相近的诗文作品，让学生能够在这一特定的情景之下来感受作者的一片深情。如果没有这个特殊的环境氛围的营造，让学生去理解"杜甫很忙"，或者让学生只是感受本诗所涉及的深沉情怀，恐怕有些痴人说梦了。

二、"空中加油"法

课题	人教版高中语文选修系列《中国古代诗歌散文欣赏》《过小孤山大孤山》		第一课时	
教学目标	知识与能力	了解山水游记散文寄情于景、情景交融的艺术特征；积累文言知识(重要的实词、虚词等)。		
	过程与方法	在交流探讨中，表达自己独特的阅读体验，从而提升对于文言文的整体感知能力。		
	情感态度与价值观	理解作者对祖国的深沉情怀。		
教学重点	体味作者笔下景物的特点；了解作者的情怀。			
教学难点	理解作者寄托于山水中的情思。			
教学关键	理解文意，把握作者情感态度。		课型	自读课
教学方法	阅读—探究—交流—归纳		教具	多媒体
教学过程	教　学　内　容		教师活动	学生活动

	课前检查导学案自主学习部分:	质疑	齐读
	据说,对于中学生而言,中学语文有三怕:一怕文言文;二怕周树人;三怕写作文。文言文有什么好怕的呢?		
	引导学生说出:难懂,很多词和现代汉语不一样。既然如此,那我们对照导学案,再次把握重点文言实词、虚词等。	互答	齐声回答
激趣导入	一、导入(3分钟左右) 猜猜这些延安的著名山水。你去过这几个地方吗?你怀着怎样的心情去游玩的? 山水之于古代文人是良师,亦是益友,是心灵的栖息地,是精神的后花园;她是思考的凭借,是智慧的源头;得意时欣赏她,获得审美的愉悦;失意时向她倾诉,抒发心灵的苦闷;看破红尘时,遁入山林,与她为伴;以退为进者,走进山水的怀抱,沽名钓誉,以之为复出的终南捷径……文人与山水之关系真可谓"剪不断,理还乱"。	导入	激发兴趣
	《小石潭记》中"凄神寒骨,悄怆幽邃"的冷清,分明就是作者内心的孤寂落寞的真实写照。 《岳阳楼记》中"岸芷汀兰,郁郁葱葱"的勃勃生机,分明就是作者积极入世的博大情怀。	板书课题	
	《醉翁亭记》中"醉能同其乐,醒能述以文者,太守也"的洒脱,分明就是作者一种失意人生中的不失人格、不失风骨、不失高洁的山水情怀。		
	《石钟山记》《游褒禅山记》《满井游记》《兰亭集序》《赤壁赋》等名篇让我们在欣赏美景的同时,看到文人们借山水以言志、明心、寄情、悟道。 今天,我们山水长廊中再添浓墨重彩的一笔——《过小孤山大孤山》,让我们借陆游的一双慧眼,再次徜徉在山水美景之中。	多媒体展示	

明确学习 目标	二、明确学习目标(1分钟左右) 首先,我们一起来明确本节课的学习目标: 1.了解山水游记散文寄情于景、情景交融的艺术特征。 2.在阅读交流中,学会表达自己独特的阅读体验。 3.体味作者笔下景物的特点;了解作者的情怀。 4.掌握写景散文鉴赏的一般方法。 【过渡】明确了学习目标,就可以踏上赏析文章的康庄大道了。	多媒体 展示 引导学生 教师引导 板书: 描绘美景	明确学习 目标
学生分组 朗读课文 初步感受 文章意境	三、朗读课文,感受意境(10分钟左右) 【过渡】古人云"书读百遍,其义自见",可见,读文章是解读文章的第一步。怎么读呢?所谓无规矩不成方圆,我们对于朗读也有一些基本的要求。请看黑板。 1.明确朗读任务目标: ①读准字音和句读。 ②尽可能地读出语气。 ③找出作者的游踪。 2.个别诵读,教师评价激励。 3.提问:刚才让大家找出作者的游踪,请问作者都游览了哪几处美景? 烽火矶——独石——小孤山——澎浪矶——大孤山 【过渡】我们刚才所找到的,不仅仅是一个个自然景观,还是文章的脉络之一。为什么说之一呢?我们知道,散文有一个共同的特征就是"形散而神不散"。(提问学生:请问这句话什么意思?)这个"神"就是散文的另外一个脉络——一个贯穿文章始终的核心脉络。我们开篇也说了,中国古代文人,往往在山水之中寄托着自己的情怀。(点幻灯片)	PPT展示 多媒体 展示 板书: 倾诉衷情	讨论交流 学生分组 朗读
体会情感	四、探究作者寄托的情怀(5分钟左右) 请你根据课下注释①,并结合导学案上提供的两则材料,说一说作者在本文字里行间流露了怎样的感情?		

| 探究文章
小组交流
合作梳理
书面表达 | 五、欣赏文章山水意境之美(15分钟左右)
【过渡】我们了解了作者寄托于字里行间的深沉情怀,我们再次回到文中,来看看作者深沉情怀的载体——文中具体描写的景观。
1.我们课前聊到了关于旅游的话题,我想问大家一个问题:为什么出去旅游的时候,在各个景点都会有导游呢?是啊,请导游是为了充分地了解这个景点。
2.假如你是导游,给外地游客介绍这些美景,请你根据文章内容,写一段优美的解说词。
范例:各位朋友,在我们游轮的正前方那座很高很高的山就叫是烽火矶。至于它名字的来源,与古代战争有很大关系。早在南朝的时候,这里很多的山峰上都设置了烽火台,烽火矶就是其中之一,便因此而得名了。现在我们游轮靠近了,大家可以清楚地看到山上裂缝的岩石和各式各样的岩洞,在江水的浸润下显得很温润的样子,这也是它与其他山不同的地方。
提示学生从以下几个角度思考:
①选取有特点的内容向大家介绍。
②可以讲与景点有关的故事和传说。
③提示参观游览的注意事项。
④根据游客情况,语言通俗易懂,生动风趣
【过渡】刚才听到大家对文中各个景观的介绍,真让人神往。不过再神往我们也得回到课堂。因为时间有限,空间也有限——有机会大家可以循着陆游的足迹去看看祖国的大好河山。课至尾声,我们一起来看着课堂活动导学单上列举的学习目标,反思一下这节课,谈谈你的收获。如果同学说的有特别闪光的地方,请其他同学在导学单上加以记录,变成我们解读游记散文的阅读指南。
六、学生小结(3分钟)
谈谈你的收获:
关于知识;
关于方法; | 多媒体展示

板书:
巧用手法

提示学生注意文中的写作手法,并及时总结,板书

提示学生多角度回顾 | 交流讨论

探究文章小组交流合作梳理书面表达

学生总结适当笔记 |

	关于思想情感。 教师小结:看来这一课大家收获颇丰,那我们可以在课后将本课所学知识及方法,运用到解读同类文章中去,也可以用这种思路和方法重新审视之前学过的游记散文,如《满井游记》《游褒禅山记》等。		
课堂小结	六、课堂小结(1分钟左右) 《过小孤山大孤山》是一篇优美的写景散文。通过这篇文章的学习,我们可以说是收获颇丰,体会到了"一切景语皆情语"的艺术佳境。同时也让我们体会到身逢乱世,不忘为国的陆放翁满腔深沉的爱国热情。 历史有幸,因陆游而热血沸腾。 文学有幸,因放翁而铁骨铮铮。 希望在座各位也能在若干年后,循着放翁感受爱国深情的足迹,在大好河山之中体验爱国热忱。	课堂小结	
板书设计	过小孤山大孤山 教师板书:(根据课堂生成补充) 景————————情 (自然美景) (爱国深情) 巧用手法		
作业布置	根据课文第三段,写一段介绍大孤山的导游词。		

本课的设计理念是实现两个转变,即文言文教学由教师的讲授转变为教师引领下的学生探索。将"课本"转变为"学本",即学生学会学习的一个载体或者平台。

本课设计的主导思想是:兴趣为先导,实用为主干。

下面就本课的设计思路作一个整体说明:

第一,导入部分。导入部分由延安当地的著名山水和著名诗人贺敬之《回延安》中的诗句导入,意在由学生身边熟悉的山水引起学生的认知兴趣。紧接着回顾以前所学的类似文章,来唤起学生对之前所学知识的重新思考,并建立起与本课的知识连接。引入"中国古代文人的山水情怀"作为一个整体背景,意在激发学生对文章阅读、探究的兴趣。同时,在学习文章的过程中也自然地完成了"情感态度价值观"的课程目标。

第二,学习目标部分。学习目标的设定,决定着一节课的指向及最终效果。因此从课程目标延伸而来的学习目标,就是想给学生画一幅课堂学习的地图。让学生齐读目标,就是让每个人都清楚这堂课的具体路径及最终目标。

第三,自主学习部分的检查。这篇课文是人教版高中语文选修系列教材中的一篇自读课文,又一篇写景的文言散文,尽管语言整体比较浅显,阅读起来并不会有太大障碍。但是从"言"的角度考虑,笔者还是将文言知识的积累作为学生课前自主学习的一个重要部分。一方面,要让学生在充分阅读,自主探究,在自读过程中力图体现学生的自读、自得、互动,让学生自主发展,自我提高。另一方面,积极发挥教师的引导作用,自主学习的检查要落实到位,不能流于形式。在字词清楚明了的基础上,检查指导学生的朗读。语文课的朗读,是连接作者、文本及学生的重要纽带,不可或缺。只有通过揣摩语气,感受情怀才能真正领会文意,理解作者情怀。

第四,课堂探究部分。课堂的中心环节就是写导游词,这一环节意在引导学生赏析文本的同时,找到一个古今贯通的结合点,从而激发学生的阅读兴趣,归纳作者的写作手法,并且把自己的阅读体验用更加生动具体的语言展现出来。真正达到选修课重在赏析的目的。

具体来说,设置这个环节的目的在以下几个方面:

(1)考查学生对课文的理解程度。导游词的第一个要求就是让学生围绕景物的特点来表述,学生要达到这个要求,必须对文章相关内容深挖,深挖的前提就是解释文句,弄懂字词含义,无形中考查了学生对相关文言知识的掌握情况。

(2)训练学生正确把握题意的能力。在写作之前,提供范例,再由4条提示信息进行指引。要写好导游词,必须在正确把握所有信息的基础上,因此,也要引导学生,完成题目要求之前,一定要审清题意,这样才能有的放矢。

(3)提高学生阅读能力。导游词的写作,不仅仅是将作者的语言转化为白话文这么简单,还隐含了让学生对文学作品中形象进行再创造的要求。让学生从自己的视角来审视文章,并表达自己的阅读体验。这和实践将会更进一步加深学生对文章的理解,从而提高学生的阅读能力和表达能力。

(4)提高学生的书面表达能力。通过导游词的写作练习,让学生体会了写景抒情类文段的一般写法,学生在写作的同时,有意识地使用了文中提供的写作手法,这种直观的感受与临摹,对以后的写作有一定的借鉴意义。

第五,课堂小结部分。(1)学生小结,回顾照应了学习目标,培养了学生的概括、归纳能力,也是对课堂效果的一个反馈。同时,课堂总结意在引导学生从课内掌握一定的阅读方法,归纳整合,以期能真正运用于阅读实践。(2)教师小结,观照的主要是"情感态度价值观",因为学生在总结时,往往容易忽略这一点。

这篇文章,计划课时为两课时。这是第一课时。第二课时教学内容预设为,在第一课时的基础上,重点讲解第三段,并引入相关的古诗词,体会本单元的教学目标"诗文有别"——诗文形象的不同。

在本课的设计中,"知人论世"这种文本解读方法多次出现在关键的环节中,起到了引导学生步步深入的作用。如开头部分对于"中国古代文人的山水情怀"的梳理与整合;中间探究情感时引入"课下注释①"(写作背景);在深入引导的时候,再次援引郁达夫《故都的秋》的写作背景,让学生感受陆游的爱国深情;在结尾,再次给学生呈现爱国诗人陆游此时给我们留下的印象。

总之,所谓"空中加油"法,就是让作者的情怀和写作的背景适时出现在恰当的地方,目的是引导学生逐步加深对文本的解读。

三、"画龙点睛"法

课题		人教版高中语文必修五第13课:《宇宙的未来》	第一课时	
教学目标	知识与能力	品味本文科学严谨,幽默风趣的语言特点。		
	过程与方法	紧扣文本,合理选取关键词,提高文章阅读的科学性、规范性。		
	情感态度与价值观	通过对本文的学习,学会理性地面对预言,培养科学严谨,积极乐观的精神。		
教学重点		抓关键词,梳理文章脉络。		
教学难点		理清作者思路,归纳文章观点,深入理解文意。		
教学关键		了解霍金演讲语言的特点。	课型	讲读课

教学方法	质疑—阅读—解释—概括—归纳	教具	多媒体
教学过程	教学内容	教师活动	学生活动
激趣导入	一、导入(5分钟左右) 请问,看到这些镜头,你有什么感受?(学生回答) 这个电影片段选自电影《2012》,虽然今天是2014年9月16日,已经与电影中预言的世界末日渐行渐远,但是关于世界末日的预言从来就没有停止过。 《启示录》是《圣经》的最后一章,也是最具争议的一章,在这一章中,耶稣的门徒描述了一个被毁灭的世界,其中就包括了对于未来世界的七个预言。	导入 板书 课题	激发兴趣
梳理思路	2000多年后的今天,剑桥大学教授尼克拉斯·鲍伊在其《2014:下一个世界末日》一书中预言:"2014年将是全球发展关键的一年,这一年将有一件惊天动地的大事发生,将主宰本世纪的未来走向,世界或将陷入危机,其状况或许不比电影《2012》乐观。" 对于末日预言,你怎么看?(学生回答) 关于世界末日的预言还有很多,那么我们的世界将走向何方?宇宙的未来是什么?当代著名物理学家史蒂芬·霍金于1991年给出了他自己的答案。请大家阅读课文第26自然段,然后告诉我,霍金认为类似于《2012》的末日预言是真是假。 二、"以纲带读"梳理思路(25分钟左右) 1.读完第26自然段,由导入的问题说开去,允许学生争鸣,在争鸣中提示学生关注文本。 霍金认为:关于短期内世界末日的预言是不可信的。原因:科学家相信宇宙受定义很好的定律制约,这些定律在原则上允许人们去预言将来。但是定律给出的运动通常是混沌的。这意味着初始状态的微小变化会导致后续行为的快速增大的改变。这样,人们在实际上经常只能对未来相当短的时间作准确的预言。	引导 释疑 多媒体 展示 引导学生	学生齐读第26自然段 思考 质疑 思考

	2.由此可见啊,巫师们的预言、艺术家们的预言是没有什么道理的,不可信的。我们可以安安心心地学习,安安心心地过我们的生活啦。那作为科学家的霍金对于宇宙的未来又是如何认识的呢? 答案依然在第26自然段。(指名读后半段) 然而,宇宙大尺度的行为似乎是简单的,而不是混沌的。所以,人们可以预言,宇宙将永远膨胀下去呢,还是最终将会坍缩?这要按照宇宙的现有密度而定。事实上,现在密度似乎非常接近于把坍缩和无限膨胀区分开来的临界密度。如果暴涨理论是正确的,则宇宙实际上是处在刀锋上。 3.看明白了吗?这些论述之所以让我们似懂非懂,是因为对这一段包含的专业术语我们知之甚少。所以啊,要对霍金的预言有一个比较准确的把握,就需要把这些术语还原到它具体的语境中去,了解它的具体内涵,了解作者要用这个术语说明什么。 我的做法是这样的。 "尺度"一词最早出现在文章第9自然段,文中是指预言未来的时间范围。比如预言天气的时间尺度是五天。这里用来说明霍金预言宇宙未来的一个条件,即大尺度下的一种趋势判断。	教师讲解 多 媒 体展示	小组讨论 合作交流
品味语言	像这样和预言宇宙未来相关的术语,第26段也有不少。这些词和霍金对宇宙未来的预言是密切相关的,只有我们在具体语境中了解它们的内涵和作用,才能对霍金的预言有一个正确地把握。所以,老师将霍金对宇宙未来的预言分成四点,并标出每个部分中的术语及其相关段落。请同学们分组讨论,发挥集体的智慧,探究这些词的内涵,并说说它在预言宇宙未来这个主题上有什么作用?最后用自己的语言完整而准确地说说你们组分配到的这句话的意思。		总结归纳

拓展延伸	然而,宇宙大尺度的行为似乎是简单的,而不是混沌的。 所以,人们可以预言,宇宙将永远膨胀下去呢,还是最终将会坍缩。这要按照宇宙的现有密度而定。 事实上,现在密度似乎非常接近于把坍缩和无限膨胀区分开来的临界密度。 如果暴涨理论是正确的,则宇宙实际上是处在刀锋上。		总结归纳
学生总结	要求: 1.用如下句式展示探究的结果。 ××一词。文中是指××,这里用来说明××。 2.在明白术语的基础上,用自己的话解释本组所分配的句子。 3.一组同学展示,其他组同学注意倾听,最后我请同学再综合探究所得,完整地解释一下霍金关于宇宙未来的预言。 三、体会文章语言特点(5分钟左右) 1.霍金对于宇宙未来的预言,和那些巫师、近代宗教徒、艺术家的预言有什么不同呢? 明确:科学严谨 2.那么科学严谨地预言宇宙未来,是不是意味着要板起面孔说教呢? 明确:幽默风趣 四、说一说(5分钟左右) 我们明白了霍金关于宇宙未来的预言。 同学们,现在能不能再谈一谈你对于世界末日的看法?言之成理即可,不强求统一。 教师总结:预言也需要科学依据,不能凭空想象。艺术家们借助影视作品警示人们注意环境保护,保护我们的家园,这个出发点是不错的。可是,如果我们过分地恐慌就完全没有必要了。古人云"流言止于智者",这个智者恐怕就是霍金这样科学严谨又积极乐观的人吧。	板书: 科学严谨 板书: 幽默风趣	课堂小结 学生笔记 总结交流

	六、学生小结(5分钟左右) "温故而知新,可以为师矣",通过这一节课的探究学习,我们再回顾一下这两节的内容,简单地总结一下自己的收获,建议大家将这些收获积累在课本上,这样也有利于我们课外去阅读探究相类似的文章。 关于知识; 关于阅读技巧; 关于对预言的态度。		
课堂小结	七、课堂小结(1分钟左右) 《宇宙的未来》是一篇非常前沿,同时也非常难懂的文章。我们现在能够将这篇长长的26段几万文字的文章化成几行来复述,正是我们这节课的收获——抓关键词,梳理文章内容,归纳文章主旨。深刻就是简单,简单就是深刻。我们在这里实现了简单,也就实现了深刻。 同时,通过本文的学习我们也知道了,预言也是要有科学根据的,随意、夸张的预言是不可信的。我们在生活中也应该科学严谨,积极乐观。 当然,霍金是一位非常伟大的科普作家。他的作品还有很多,我们可以试着用今天掌握的方法,去阅读更多这样的科普文章。	课堂小结	
板书设计	教师板书:宇宙的未来 语言:科学严谨幽默风趣		
作业布置	运用本课解读科普文章的方法,解读一些难懂的科普文章。		

在设计这一课的时候,笔者并没有把作者史蒂芬·霍金的介绍放在最开始,主要是让学生自己感受文艺作品中的预言和霍金科学的预言之间有何不同,这既是为了让学生感受不同的语言风格,也是为了让学生体会到霍金预言的态度——科学严谨。放在最后介绍霍金的语言特色及相应的写作背景,也是

从情感态度价值观上对学生以引导,即应该用什么样的态度去面对预言,甚至是谣言。这种对"知人论世"文本解读方法的运用,就可以起到余音绕梁的作用。比生硬地放在开头展示出来,效果要好很多。

综上所述,"知人论世"这种文学批评的方法,自孟子提出之日起,就对解读文学作品起着至关重要的作用,也值得教师用心去分析揣摩并灵活运用。尽管这种文本解读方法在中小学语文课堂教学中应用比较广泛,笔者也从理论到实践,提出了自己的一孔之见,但是教师不能忽视这种文本解读方法也有"先天不足",并非所有文章都适合使用这种方法。比如年代久远的《诗经》,其作者已经不可考,那就谈不上"知人";再比如,作者自身也是情感比较复杂的,很多作品可能是一时感悟,也许与作者的人生经历或者当时的情怀并无太大关系。就像写作《秋声赋》时的欧阳修,当时是权倾一时,达到了其个人政治生涯的顶峰,可是作品中却分明能够表现出深沉的悲凉,这就难以用"知人论世"去解读了。即便是能够说明作者情怀、时代背景与诗文本身关系的作品,我们在引导学生解读时,也应该点到即可,不能把这种关联强调过多。比如刘禹锡的千古名句"沉舟侧畔千帆过,病树前头万木春"本来是用来自嘲的,教师如若跳出其个人情感的窠臼,自然能生发出别样的思考。这种永恒的哲思,才是作品能够动人心扉的真正原因吧。

因此,"知人论世"这种解读文本的方法是一把双刃剑,既要会用,又要巧用。

第六章 语文阅读课堂主问题探究

第一节 什么是语文阅读课堂中的主问题

一、教学中的"问题"

在英语中有两个单词与"问题"相对应：question 和 problem。一般说来，question 指的是一些陈述性的、简洁性的问答式问题。如："你的家乡在哪里？"而 problem 指的是一些必须经过周密的思考、主观的努力或是借助某些特定的有效程序才能完成的求解式问题，它具有程序性和复杂性。纽厄尔和西蒙是这样给"问题"下定义的："问题是这样一种情境，个体想做某事，但又不能马上知道对这件事所需采用的一系列行动，就构成了问题。"①

美国芝加哥大学心理学教授 J. W. 格泽尔斯曾经把"问题"分为三类：低级呈现型问题、中级发现型问题和高级创造型问题。②

第一，呈现型问题。它的特点是：问题是给定的，方法是现成的，答案是已知的。即由他人呈现问题和方法，问题解决者只要按图索骥，就能获得与标准答案相同的结果。这类问题往往追求唯一正确的答案，不需要去想象和创造。如学习《孔乙己》一文，提问对作者鲁迅的了解。

第二，发现型问题。由问题解决者自己在特定的情境中主动发现问题、分析问题、解决问题。从知识的角度看，这类问题不会引出什么新的知识点，但却是对问题解决者思维的一种训练。如，学习周邦彦《苏幕遮》一词时，要求学生

---

①陈琦,刘儒德.当代教育心理学[M].北京:北京师范大学出版社,1997:150.
②张弓弼.试论研究型课程学习中的发现问题和提出问题[J].中学政治教学参考,2001(11):32.

将其与杨万里的《晓出净慈寺送林子方》一诗进行对比。

第三,创造型问题。这类问题的提出是问题解决者前所未有的经历,可以全方位多角度调动其创造性,从而多元化解决问题。这种问题没有固定答案,却可以激起问题解决者的创造性,发展其创造能力。

王荣生博士认为,语文知识可以从以下四个方面来进行界定:(1)从涉及的范围看,是关于语言文字、听说读写的概念、原理、技能、策略、态度等的知识;(2)从存在的状态看,包括语感和语识两种;(3)从语文知识的现实看,指学校语文知识,已经纳入语文课程与教学的知识;(4)从学习的角度看,是将纳入语文课程与教学的人类知识(语识)转化为学生的个人知识。[①]

语文阅读课上我们使用的每一篇文本都可以从多个角度解读,可以有多重解读的可能性,可以教给学生很多的东西。但是正如叶圣陶先生所说:"用教材而非教教材。"我们不能在进行一篇文本解读时,将所有的语文知识涵盖。作为语文教师,首先就要学会取舍,决定通过这篇文本要教给学生什么,通过这堂课学生要学会什么。也正如郑桂华老师所说:"一篇课文存在着许多教学价值点,教学设计不仅要关注文本的核心价值,更要抓住'语文核心价值'。重点挖掘课文隐含的语文学习价值,重点训练学生对语言的感受能力和表达能力,重点完成语文课应该完成的教学目标"[②]。

二、语文教学中的"主问题"

针对语文教学和语文课堂的特点,不少教师积极研究如何在有效的课堂中高效利用手中的教材,大胆取舍,完美设计,从而最大限度地在有限时间内抓住教学核心知识,把握文本教学核心价值,提升学生的语文素养,发展最适宜学生身心发展特点的能力。为此,不少老师提出语文阅读课堂中要有"主问题"。

余映潮老师指出:主问题是在阅读教学中能够对教学内容"牵一发而动全身"的"提问""问题"或"话题""活动",是引导学生对课文进行深入研读的重要问题、中心问题或关键问题。还可以这样说,在阅读教学中,主问题是能从教学内容整体的角度或者学生整体参与的角度引发思考、讨论、理解、品味、探究、

---

①王荣生.新课标与"语文教学内容"[M].南宁:广西教育出版社,2004:33.

②郑桂华.听郑桂华老师讲课[M].上海:华东师范大学出版社,2007:3.

创编、欣赏过程的重要提问或问题。①

陈晓丽老师在《牵一发而动全身——浅谈语文阅读教学主问题的驱动作用》一文中写道:"阅读教学中的'主问题',与之对应的是课堂教学中零碎肤浅的、活动时间短暂的应答式提问,它是指在对课文阅读教学过程中能起主导和支撑作用,能从整体参与性上引发学生思考、讨论、理解、评析、创造的重要性提问或问题。"

祝新华老师在《阅读教学课堂提问:主问题设置》一文中,认为能集中、引导和调节学生出示思考成果的问题,开放式的问题,能引导学生较深入的梳理课文的问题是主问题,也可以叫作核心问题。

在语文课上,可以从很多个角度解读文本,可以通过很多问题引导学生进行思考。但是"主问题"是教师从整体上把握了文本,在把握学情基础上,根据教学目标所设计提出的能够引导学生主动思考、积极参与、深入探究的问题;是教师根据自己对文本的理解设计出的能够支撑课堂的主要问题;是能够教给学生阅读方法,提升阅读能力,提高语文素养的有价值问题。

例如,余映潮老师在教授《邹忌讽齐王纳谏》时用三个"主问题"来领起全文的教学:

(1)请同学们根据课文内容口头创编"门庭若市"的成语故事。

(2)请自选内容,用"比较"的方法,编写课文"词义辨析"卡片。

(3)这篇课文中,有哪几个关键字词既推动着故事情节的发展,又表现了人物的特点?②

这几个问题的设计由易到难,既有对语文基础知识的顾及,也有对学生阅读能力的考查。几个问题的设计就串起了整篇文章的思路,能够引发学生的积极思考。

主问题的核心在于"主"。主问题教学是教师利用主问题将文本中的核心知识进行有效转换,利用中学生学习的兴趣和好奇心,变文本内容为学习任务,换教师传输为学生主动探究的一种高效的教学。而其中最重要的就是对"主问题"中"主"一词的理解。"主"是"最重要"的意思,区别于"全部"的问题;"主"是"正面""主要"的意思,区别于"辅助""次要"的问题;"主"是"主干""主线"的意思,区别于"子问题"。由此,我们可以认为语文课堂中的主问题是教师根

①余映潮.余映潮的中学语文教学主张[M].中国轻工业出版社,2012:147.

②余映潮."主问题"的教学魅力[J].语文教学通讯,2011,618(2):26.

据文本制定教学目标后,在学生课堂学习活动中,巧妙设计的能够串起课堂阅读教学内容,引起学生主动深入探究的课堂主干问题。

它在整堂课中的作用,不是随便提出的问题,而是贯穿课堂的主问题;不是根据文本基础的呈现型问题,而是能够引发学生主动思考,大胆探究的具有高度思维价值的问题。同时,也在于它对其他问题的统领作用。在它之下可能还有其他问题,但都是围绕主问题而衍生出来的,都是为回答主问题而服务的。

三、语文教学中主问题的特点

1. 主问题是在对文本的整体把握后提出的,具有高度的整体性

"以主问题来结构学生的课中活动,使语文阅读教学中肢解课文、一讲到底、零敲碎打等种种弊端得到遏制,使学生成为课堂有序学习活动的主体"[①]。传统的阅读教学提问是教师根据自己的备课,在课堂上将教案中的问题一一提出,往往是将生动的文本肢解成碎片,然后逐一讲解与分析,并穿插学生的回答。而主问题在教学过程中常常显示着"以一当十"的力量,具有"一问能抵许多问"的艺术效果,这是主问题与一般问题的区别。语文课堂有主问题作为支撑,解读课文就会起到"牵一发而动全身"的功效。整篇课文的文脉、语言的赏析、富含的精神意义就会抽丝剥茧式丝丝理顺开来。

比如,《孔雀东南飞》,由于篇幅较长,是公认的"长诗",很难很好地教授。李纪燕老师找准突破口,提出一个"以一当十"的主问题:刘兰芝到底是一个好媳妇,还是坏媳妇?

(1)学生发言。有的说刘兰芝是个好媳妇,她勤快、美丽、对爱情忠贞;有的说刘兰芝是个坏媳妇,"不孝有三,无后为大"……通过这个问题,学生最大限度地掌握了文本。

(2)教师调控。组织几种见解,重点讨论这几种见解(这样可以避免讨论漫无边际)。

第一种,好媳妇:孝敬婆婆,勤劳善良,聪慧美丽,对爱情忠贞。

第二种,坏媳妇:"不孝有三,无后为大",太过自主。

第三种,折中意见:认为她"不好也不坏"。

引导学生探究:如果刘兰芝不是一个坏媳妇,婆婆为什么要儿子休妻?这

---

① 余映潮. 余映潮的中学语文教学主张[M]. 北京:中国轻工业出版社,2012:150.

样,逐渐深入,让学生分析婆媳之间的矛盾,从而更深入理解造成悲剧的原因,使得学生既深入了文本,又提高了思考的能力。①

2.主问题是基于学生的现有水平,着眼于学生能力发展而提出的,具有探究性

任何问题的解决都有一个问题提出、问题分析、问题解决的过程,而这个过程也就是一个主动探究的过程。正如教育家第斯多惠所说:"教学的艺术不在于传授的本领,而在于激励、唤醒、鼓舞。"主问题的设计是从整体上把握文本,立意高远,能引导学生对教学内容进行深层次的探究,对学习方法有系统性掌握。而不是仅对某一个知识点进行的应答性提问,其答案不是设置好的,学生有可以探究的空间。

我们的课堂着眼于学生能力的发展,就要激励学生主动思考,唤醒其对问题的敏感度,引发学生的参与意识,让学生在问题解决的过程中不断打开思路,开拓思维。于是我们所设计的主问题基于学生的学习现状,也考虑到了学生的发展空间,让学生摆脱对教师的严重依赖,在探究中发展思维能力。

余映潮老师所设计的课堂主问题就能有效地调动学生积极探究。他在《祝福》的教学中设计了这样一个问题:作者笔下的祥林嫂,是一个没有春天的女人。请同学们研读课文,证明这种看法。②

这个问题看似突兀,实则有很高的价值。既考查了学生对小说内容的把握,又引导学生开动脑筋思考"为什么说祥林嫂没有春天",从而能够在最终得出封建礼教对人的迫害性,同时也让学生在自我探究中学会了把握现象,深入挖掘的思维方式。

3.主问题的提出是基于教师对文本的理解,具有个性和创新性

基于教师对文本已有整体上的把握,根据自己的阅读设计课堂的主问题。"一千个读者就有一千个哈姆雷特。""问题设计应尽可能从新鲜的角度巧妙切入,让问题富有形象性、启发性、挑战性。"③教师的阅读背景、生活经历的不同决定了教师对文本的解读也是不同,而每位教师所带班级的语文学情更是不同,那么设计的主问题就是具备了教师个性和班级实际的个性化问题。也正是这

①李纪燕,"主问题"当家,课堂更轻松——谈阅读教学中"主问题"的设计[J]文教资料,2011(2):73.

②余映潮,"主问题"的教学魅力[J].语文教学通讯,2011,618(2):27.

③楼佳钰."一引起纲,万目皆张"——论语文阅读教学中的主干式提问[J].语文学刊,2006(04):30.

种不同使得主问题不断创新。教师阅读个性、班级学习个性、主问题设计个性，这三者的有机结合才真正做到了立足教材、发展学生，也才能够通过课堂主问题的落实提高学生的语文阅读能力。

一位教师在分析《林黛玉进贾府》中林黛玉的形象时，舍弃了一般的通过语言、动作、神态等细节去筛选信息的常规方法，而是给了学生这样一个问题：众人眼中的林黛玉有何特点？这样一个问题打破了分析人物形象的常见途径，以一个主问题穿起全文中黛玉的言行举止，具有创新性。

4. 主问题的设计考虑学情和问题勾连，具有梯度性

主问题教学不是说课堂中只有一个问题，而是说课堂中有一个贯穿始终起到提纲挈领作用的问题。它既是所有问题的总问题，也是教学动态展开在每个阶段的关键问题，所以主问题还具有阶梯性的特点。一篇文章设计的主问题可能有一个或者是一组，如果是一组，就要注意主问题之间的关系，应该是一个连贯而不凌乱的过程，抽丝剥茧，环环相扣，步步为营，体现出一定的梯度。主问题设计应该符合学生的身心发展规律和语文学习特点，由浅入深，在教学过程中起到"以一当十"的作用。

余映潮老师在执教《边城》一文时，是这样设计的。

第一步：对课文教学进行有足够力度和厚度的铺垫。

包括《边城》的主要特色介绍，《边城》的基本内容介绍，《边城》的人物关系介绍，节选部分前后的基本情节介绍。

第二步：请学生根据下面两个话题自读课文。

（1）读出课文中的"美丽"；

（2）读出课文中的"忧愁"。

第三步：师生进行话题讨论交流。

教师课堂教学小结：美丽总令人忧愁———《边城》背后所蕴藏、隐伏的是"美丽总令人忧愁"这一普遍的人生哲理。

5. 主问题的设计更多关注学生的思维过程，具有生成性

传统课堂中教师一个问题连着另一个问题，教学环节看似紧凑精彩，实际上所有的环节不过是教师导演下的剧本表演而已，教师提出的问题不过是备课中提前设计的提问。而问题越是细碎，越是没有尊重学生的主动性，没有信任学生自我分析解读文本的能力。而主问题的设计却有效规避了这一点。语文课堂上的主问题指明了学生走进文本的方向和角度，将阅读文本的体验完全交

给了学生。学生在课堂中有阅读的自由,在阅读中有发挥脑力的空间,在解读中有发散思维的可能。这样的课堂松而不散,紧紧围绕主问题的设计,尊重学生的阅读,尊重学生的解读,更关注了学生的体验,这样的课堂有预设,但更多的是生成。

在《涉江采芙蓉》一诗的教学中,一位教师是这样设计的:

(1)诗中的主人公是男是女?为什么?

(2)假定诗中的主人公为女性,请你描绘出诗歌中的画面。

第一个问题实际上检验了学生对中国传统诗歌意象的理解,以及学生对这首诗歌整体的把握。而第二个问题就把这首诗交给学生,大胆让学生发挥他们的想象力,让这首诗在众多学生的想象和描绘中得以完整,让文本在生成中走进学生心中。

第二节　阅读课堂设计主问题的理论依据和现实意义

一、语文阅读教学设计主问题的理论依据

(一)对话理论

后现代主义认为,"意义不是从文本中提炼出来的",它是从我们与文本的对话中创造出来的。① 其代表人物——20世纪的俄国思想家、美学家、文艺理论家巴赫金,在20世纪30—60年代提出了"对话理论"这种文艺理论:"一切莫不归结于对话,归结于对话的对立,这是一切的中心。一切都是手段,对话才是目的。单一的声音,什么也结束不了,什么也解决不了。两个声音才是生命的最低条件,生存的最低条件。"②这是一种对世界的存在状态、构成方式以及创生过程的总的看法和观点。巴赫金认为,生活的本质是对话,思维的本质是对话,语言的本质是对话,艺术的本质是对话。③ 他认为构成对话应有对话者、对话内容和对话方式等几个因素,这几点正好契合了教学活动中的教师、学生、教学内容和教学方式这几个环节。在这种体系下,说话人和听话人双方是平等的、独

---

① 多尔.后现代课程观[M].王红宇,译.北京:教育科学出版社,2000:193.

② 巴赫金.陀思妥耶夫斯基诗学问题:复调小说理论[M].白春仁,顾亚铃,译.北京:生活·读书·新知三联书店,1988:344.

③ 巴赫金.巴赫金全集:第四卷[M].石家庄:河北教育出版社,1998:386.

立的主体,没有单纯的说话人和听话人。说话人发出信息后,必须接受对方的反馈信息,此时他又变成听话人;而听话人在发出反馈信息时,同样变成说话人。只有双方的主体性和能动性得到尊重和重视,对话才能顺利进行下去。他人对自我的意义正表现在这里:与自我构成相互取向的关系,相互取向为交往提供了可能性,但交往的最终实现则是在对话中。①

巴赫金的对话论强调了一种对人们自身价值的肯定,认为每个人都可以发出自己的声音,表现自我,张扬自我;同时反对等级和专制,认为每个人都是平等的。人与人之间的关系应该是对话。巴赫金的对话理论契合新时代教育中的师生关系、学习状态,对新课程改革具有十分重要的反思和借鉴意义。

语文课堂中主问题的提出契合了对话论中对学生地位的尊重和对学生自我解读文本主体地位的重视。

(二)新课标理念

2001 年《全日制义务教育语文课程标准(实验稿)》颁布,该课标指出:"语文是实践性很强的课程,应着重培养学生的语文实践能力"②。2003 年《普通高中语文课程标准(实验)》颁布,新课标制定了五个课程目标:积累整合,感受鉴赏,思考领悟,应用拓展,发现创新。③ 而这五个目标也都同样指向了学生的学习实践。显而易见,新课标更强调学生的学习主体意识,强调"学生是学习和发展的主体","积极倡导自主、合作、探究的学习方式"。新课标提出的理念,直接涉及教学方式的改革,更尊重学生的主体地位,更着眼于学生的长远发展。

新课标要求语文教学在师生平等的过程中进行,充分发挥师生双方在教学中的主动性和创造性,倡导启发式、讨论式教学。在"教学建议"部分规定:"语文教学应为学生创设良好的自主学习情境,帮助他们树立主体意识,根据各自的特点和需要,自觉调整学习心态和策略,探寻适合自己的学习方法和途径。为改变过于强调接受学习、死记硬背、机械训练的状况,特别要重视探究的学习方式,教师应努力提高组织教学和引导学生学习的质量"④。新课标更多强调学

---

① 巴赫金.巴赫金全集:第四卷[M].石家庄:河北教育出版社,1998:386.

② 中华人民共和国教育部.全日制义务教育语文课程标准:实验稿[S].北京:北京师范大学出版社,2001:2.

③ 郑逸农.语文阅读教学有效性的基本标准[J].语文学习,2009(12):7.

④ 中华人民共和国教育部.普通高中语文课程标准:实验[S].北京:人民教育出版社,2003:15.

生的学习体验和学习过程,要求教师在其学习过程中引导形成良好的学习习惯。

在课改背景下,主问题教学模式的提出正是对新课标提出的课改方向的追随,是对其提出的教学理念的忠实践行。

二、设计语文阅读课堂主问题的意义

阅读教学中的主问题将传统课堂中的教师从知识垄断者、知识传授者、课堂领导者的角色中解放出来;教师不再是课堂上的喋喋不休者,不再是学生眼中的教书匠;教师变成课堂的组织者,学生学习的引导者。在课堂上教师有足够的精力来组织学生的课堂活动,有大量机会观察课堂上学生的反应。这样既减轻了教师在课堂上无谓的精力浪费,又为教师提供了观察,分析学情的机会,有益于提高教师的工作效率。

在设计主问题的课堂上,学生不再是被动的知识接受者,相反,学生是自己学习的主体,是知识的建构者。教师利用课堂主问题将大量解读文本的机会交给学生,让学生在课堂上细读文本,畅谈对文本的理解,在生本对话、生生对话的过程中提高阅读的能力,享受阅读的乐趣,分享解读的快乐。这样的语文教学不枯燥,不被动,更易激发学生的解读潜能,提高学生的阅读水平和口语表达能力。

第三节　语文阅读课堂中主问题设计的艺术

一、主问题设计的策略

语文阅读课堂中主问题的设计可以从以下几点思考:

1. 根据文体特征设计

解读文本需要关注到文体特征。因为文体解读的方式、解读的角度不同,那么也就会有不同的课堂呈现方式。于是在中学阅读教学主问题的设计中,教师就可以依据不同的文体特征进行设计,从而带领学生顺利走进文本,体悟其中的感情。

文学性散文重在以情感人。作者在文中抒发了什么样的感情,这是在阅读文本的基础上通过品味语言实现的。在散文阅读教学中就可以从语言和情感

两个方面设计主问题。在《故都的秋》教学中可以设计：作者笔下的秋有何特点？为什么不叫"北平的秋"？这两个主问题就可以将作者深藏在语言下的感情体味出来。

新闻和报告文学往往在交代新闻事实的基础上表露作者的主观倾向。把握新闻事实，分清客观事实与作者的主观感情是阅读的目标。《奥斯维辛没有什么新闻》的教学中就可以这样来设计：为什么说奥斯维辛没有什么新闻？没有新闻又写了哪些内容呢？如此，就可以抓客观事实和作者的主观感情设计主问题。

小说在虚构的人物关系中展现人物之间纠葛，在冲突矛盾的发展中表现主题。小说的阅读教学就可以抓住小说的矛盾冲突设计主问题。《祥林嫂》的教学中完全可以抓住这样一个问题：祥林嫂是被谁害死的？

"诗言志"，我们在进行诗歌教学时就可以主抓作者的感情。作者利用哪些意象运用何种手法抒发了怎样的感情，这是我们在诗歌教学中应该考虑的。在柳永《雨霖铃》的教学中就可以这样设计主问题：作者是如何来写别时，惜别和伤别的？

抓住文体特征是我们设计阅读教学主问题的一个捷径。

2. 从文本题目切入

文章题目是文章的眼睛。一篇文章的题目大多能够反映文章的主要内容或是作者的感情。以高中新课标必修一第三单元为例：《记念刘和珍君》既交代了写作对象，又通过"记念"一词暗含了作者的感情；《小狗包弟》交代了文章的写作对象；《记梁任公先生的一次演讲》既交代了写作对象"梁任公先生的一次演讲"，又通过"先生"一词表达了对梁启超先生的敬仰和崇敬之情。文章的题目至少为读者阅读指明了一个方向，这个方向或是写作对象，或是作者感情，或是其他重要信息。而这些都可以成为我们设计课堂阅读主问题的切入口。

一位教师在《装在套子里的人》的教学中，紧紧抓住文章题目，整堂课就设计了这几个问题：

（1）本文的标题是"装在套子里的人"，请根据课文内容理解：主人公是如何把自己装在套子里的？他的哪些方面装在了套子里？

（2）本文写了主人公别里科夫把自己装在套子里，但是，文中其他人有没有把自己装在套子里？你怎么看待这个问题？

（3）造成主人公装在套子里的根本原因是什么？我们如何看待当时的俄国

社会？

这三个问题紧紧围绕课文题目，盘旋上升，层层递进，一步步引导学生理解"装在套子里的人"不仅有别里科夫，还有受这种专制思想挟制的普通民众，从而实现了对文章的理解。

3. 从文本感情高潮处把握

正如《文心雕龙》中说"缀文者情动而辞发，观文者披文以入情"，任何文章的写作都是作者内心感情触发的结果，而读者的解读正是要通过语言去触摸作者的心绪，感受作者在写作前内心所激荡的感情。而作者既有可能含蓄抒情，将自己的感情隐藏在字里行间，又可能采用直抒胸臆的方式直露抒情。中国的作家向来讲究含蓄，能够直抒胸臆时必是感情已如洪水之势汹涌而来，往往是作者感情高潮时的表现。教师在设计课堂主问题时就可以从文中作者直抒胸臆处下手，抓住文本中的感情高潮之处，引导学生逆向思维，细读文本，去文中一探究竟。

在《项脊轩志》的教学中就可以抓住文中"然余居于此，多可喜，亦多可悲"这一句来设计主问题：文中哪些文段语句表现出作者居此的喜乐？哪些地方又表现出作者在此的悲伤呢？这样问题的设计就将全文的内容提了起来，自动分为悲和喜两大类，让学生有的放矢，更易走进文本。

4. 从文本人物关系处着手

不少文本都是通过塑造人物形象来表达作者的感情。文中形象既有可能是作者直接写自己，也有可能是通过塑造形象来曲折地透露自己的内心。于是，在品读文学作品时就可以紧紧抓住文中的人物形象，从而实现对作者写作意图的探究和文本旨趣的探寻。对于文本中的多个人物形象，可以从多个人物间关系入手，厘清关系，把握情节，从而深入文本内核；对于文中的单一人物形象，要注意其内在感情与作者的相通，找到作者与文中人物的契合点，感受作者的意脉。

戴望舒在《雨巷》中寥寥几笔就为读者塑造出美丽忧伤、心有郁结的丁香姑娘，这丁香姑娘又何尝不是作者内心郁闷彷徨的投射。一位教师就设计了这样一个主问题：抒情主人公为何渴望遇到一位丁香姑娘？读懂了抒情主人公的感情，也就明白了诗人在诗歌中传达出的时代下的犹豫彷徨。

新课标必修四《雷雨》中人物众多，矛盾重重。其中既有工人阶级和资本家周朴园的矛盾，又有被抛弃的侍萍和抛弃者周朴园的矛盾，还有不满家庭管制的周萍与专制父亲之间的矛盾。这些矛盾既有上一代的感情纠葛,又有这一代的劳资矛盾,但所有的矛头直指周朴园。笔者在分析周朴园形象时大胆设计了这样一个问题:假定你是周朴园的儿子/前妻/工人,你所认识的周朴园有何特点? 这样的问题紧抓《雷雨》节选部分人物关系,在人物关系的纠葛中感受人物形象。

5. 从文章留白处设计

高明的作家在写作中总是言有尽而意无穷,甚至有时连语言也不舍得用尽,以其欲说还休的语言风格为读者留有想象的余地。这种"留白"艺术是文学作品引人入胜之处,也是解读文本的曲径通幽之路。在中学语文阅读课堂中,教师应运用教学艺术引导学生走进作家的艺术留白,挖掘文本的深意。

《奥斯维辛没有什么新闻》一文中作者打破了新闻"零度写作"的传统,通过对参观者感受的描写来传达其对法西斯分子灭绝人性暴行的控诉,在字里行间流露出对历史的反思,对生命的尊重和对和平的祈望。学生在阅读这篇文章时也能够抓住主观感受的语句,但由于文中牵涉的史实距离学生生活较为久远,学生很难从语言中与作者产生共鸣。在这种情况下,一位教师这样设计了这节课的主问题:你从文中读出奥斯维辛是一个什么样的地方? 如何理解"奥斯维辛没有什么新闻"? 文章中没有对奥斯维辛的客观介绍,学生在阅读中会抓住文章中的细节描写发现这里曾经是杀人工厂,教师适时引入对奥斯维辛的介绍将进一步强化学生的发现,同时也使得学生更加理解文中参观者为何会有那样的语言和面部表情。

留白艺术拓宽了文章的空间,为读者留下了无穷的想象世界。教学中利用文本中的留白可以快速调动学生思考的兴趣,激发学生探求的欲望,也容易让学生体验到解读文本的成就感。

二、主问题设计的原则

1. 围绕语文阅读教学目标设计

美国心理学家加涅指出,"设计教学的最佳途径,是根据所期望的教学目标来安排教学工作,其原因是教学是为了特定的教学目标"。语文课堂主问题的设计也是如此。

主问题的设计要围绕语文教学目标。王尚文教授在其《语感论》一书中指出了语文学科不同于其他基础学科的特点:"在某种意义上说,中小学各门学科的教学都是帮助学生进行有效的语言学习,不独语文为然。但其他学科所教所学的是语言所表达的内容,而语文则是如何表达,侧重于语言表达的形式。换句话说,其他各科重在'说什么',语文课重在'怎么说'。对于其他各科课本的言语,懂得它们'说什么'就可以了,即使要去揣摩'怎么说',也仅仅是为了更好地理解它'说什么';面对语文来说,明白它'说什么'固然必要,但却是为了达到理解它'怎么说'这一主要目的"①。也就是说,语文教学不仅要关注文本说了什么,即文本的思想内容,还要关注文本是怎样说的,即语言表达的形式。

美国课程论专家小威廉姆·多尔认为,课程具有丰富性,即"课程的深度、意义的层次、多种可能性或多重解释"②。在新课改的浪潮下,不少教师发现了文本的丰富性,开始引导学生从多个角度理解文本。这本是尊重学生主体性,落实生本对话的有效方法,但是也有一些教师不顾语文教学的特点,解读的角度完全偏离了语文课堂的要求。有教师在《项脊轩志》的教学中主讲中国古代书房文化,就有泛化语文之嫌。这样的问题设计已经脱离了学习语文的要义。

主问题的设计要围绕课堂主要教学目标。一篇文章什么都想讲,其实什么也讲不明白;一堂课,什么都想讲到,也是不可能的。我们使用教材,必须有所取舍,课堂内容自然有所侧重。主问题不仅是"牵一发而动全身"的问题,也必须是教学中重点问题和核心问题。在设计的过程中务必紧抓语文教学目标。

2. 要从整体出发

整体性优化原则,是指主问题的设计要从教学内容的整体出发,让学生整体参与课堂教学,从而提高学生的语文素养。

新课标指出:"在教学中尤其要重视培养良好的语感和整体把握的能力。"③格式塔心理学认为,人们在认知过程中具有一种完形倾向,即能够通过对外部的刺激进行组织来获得完整的认识。而问题的解决正是基于这种对事物整体性理解的基础上所产生的顿悟。提倡课堂主问题正符合了新课改的要求,顺应了人的认知规律。因此坚持整体性优化原则,着眼于教学内容整体,是主问题设计的题中之义。主问题设计坚持整体性原则就要求教师从宏观上把握文本,从整体上统筹安排,从教学目标出发整体发问,避免问随意、过细、过浅、

---

①王尚文.语感论[M].上海:上海教育出版社,2006:417.

②多尔.后现代课程观[M].王红宇,译.北京:教育科学出版社,2000:251.

③中华人民共和国教育部制订.义务教育语文课程标准:2011 版[S].北京:北京师范大学出版社,2012:3.

过乱的问题。在主问题的设计中要时刻把握文本的主线,让主问题变成课堂的主线。如《雷雨》的人物形象教学中,一位教师设计了这样的主问题:周朴园到底爱不爱鲁侍萍?这个问题的提出能够将周朴园在戏剧中对鲁侍萍的所作所为用一根线拎了起来,使学生的思考紧紧围绕这个问题展开。

主问题的设计还要着眼学生的整体参与。传统的备课多着眼于教学内容如何展开而忽视了学生的主动性,课堂的问题也只是关注到了班级上的少部分学生。而主问题的设计秉承新课标的理念,尊重学生的主动性,尊重学生的整体性,还原课堂的整体性,更加强调将思考的空间交给学生,交给每个学生。这也要求主问题有足够的层级性、探究性和开放性,能够吸引更多的学生深入文本,主动思考,从而实现新课标所提倡的语文素养、语文能力的提高。

3. 要尊重学生的主体性

主问题的设计将文本解读的大量空间交给了学生,这正是学生学习主体地位的体现。新课标中提倡学生是学习的主体,教师要改变传统教学中以知识的传授和灌输为本位的教学方式,倡导自主、合作和探究的学习方式,让学生积极地参与到课堂教学中来。因此,设计主问题时需要尊重学生的主体性,问题的设计指向学生的阅读,问题在学生解读文本、合作探究的过程中得到解决。

设计主问题时需要适时引入问题情境。问题情境是指在教学过程中,为了提高学生对所学内容的感受性,教师在提问时创设的带有一定感情色彩的情境氛围。布鲁纳认为:"学习者在一定的问题情境中,经历对学习材料的亲身体验和发展过程,才是学习者最有价值的东西。"为此,教师在设计主问题时增加问题情境可以拉近文本与学生的距离,引发学生的阅读兴趣。

设计主问题时可以为学生引入背景材料。文本的解读有时需要将其还原在历史语境中,而学生知识的匮乏导致其难以走进距离生活较远的文本,这个时候就需要教师适时引入背景资料,为学生提供进一步阅读的可能性。如《记梁任公先生的一次演讲》一文,文章简短,文中梁任公先生形象突出,但由于学生对梁任公先生缺乏了解,对梁任公先生演讲中引文的陌生,导致学生很难理解先生为何会在演讲中热泪横流。这时教师若能引入梁任公先生的政治背景,给出文中引文的相关资料,必能帮助学生顺利深入文本,深刻把握梁任公先生忧国忧民的形象特点。

4. 要遵循"对话"原则

设计课堂主问题就是要把课堂还给学生,把文本解读的过程还给学生。巴赫金认为"艺术的本质是对话"①。对话就会具有四个角度的展开:话语、读者、作者、世界。从对话的层面上来看就有师生对话、生本对话、生生对话、师本对话,课堂上生本对话才是尊重学生主动性的根本体现。于是我们设计主问题时,就要从学生解读文本的水平出发,考虑到学生对文本解读的角度等几个方面设计主问题:作者为什么写这个作品?作者写给谁看?作品写了什么?有什么值得我们学习和质疑的地方?从这几个方面设计主问题有利于学生更立体地解读文本,从而对文本进行了再创造,最终达到学习的目的。正如王尚文教授所说:"从学以致用的要求看,只有明确了作者的写作意图和作者的读者对象,说明的内容、顺序、方法等才有真正的用武之地,否则就有可能悬在半空而不切实用"②。

5. 要指向学生能力的发展

传统的教学着眼于知识的传递。如学习议论文就要知道议论文的三要素、议论文的结构等。但是新课改以来的教学更多关注的是学生的语文素养的提高,学生能力的发展。2003 年《普通高中语文课程标准(实验)》颁布,其制定了五个课程目标:积累整合,感受鉴赏,思考领悟,应用拓展,发现创新。显而易见,新课改目标指向为学生未来的发展提供基本的素养和能力,教学是为了学生今后的发展,而非简单的知识获取。

课堂主问题的设计着眼于学生的发展,既要考虑到问题内容的确定,也要考虑到问题解决的过程。

主问题的设计是教师把握文本后提出的整体性、开放性、探究性问题。既然是要从文本整体而来,面向班级全部学生,就要根据实际的学情对主问题涉及的文本内容进行大胆的取舍。学生会的不问,超出学生领悟能力难以解决的问题不问,与语文无关与文本核心价值无关的内容不问;只针对文本核心价值在生本对话、生生对话、师生对话后能解决的有益于提高学生能力的内容进行提问。

课堂主问题解决的过程是解读文本的过程,也是学生细读文本,相互对话的过程,更是分析问题、解决问题的过程。这就要求教师大胆地将课堂交给学生,把课堂时间交给学生,让学生成为学习的主人,让学生在与文本对话、老师

---

①巴赫金.巴赫金全集.第四卷[M].石家庄:河北教育出版社,1998:386.
②王尚文.语文教学对话论[M].杭州:浙江教育出版社,2004:93.

对话的过程中有时间阅读文本、细读文本、分析问题,从而完善学生分析问题的思维,提高学生解决问题的能力。

三、主问题设计中需要注意的几个问题

1. 主问题和细节问题的关系

主问题具有整体性、开放性和探究性,是解读文本、课堂组织的主干问题。有时由于文本的复杂性,为了学生更好地解读文本,教师需要在主问题下设置一些细节问题。细节问题统筹于课堂主问题,它们对课堂主问题起到补充作用,对学生解决课堂主问题起到帮助作用,是教师为学生解决课堂主问题搭建的"脚手架"。

细节问题的设计要根据学生的认知水平把握问题间的梯度。

细节问题的设计要小巧灵活,能够随时根据课堂生成不断调整。细节问题针对主问题的某一方面进行设计,容量比主问题要小,提问的范围较主问题更窄。也正是因为如此,细节问题的设计要关注课堂上的每个学生,照顾到不同学生的认知水平,利用问题的梯度将问题面向全班学生;同时细节问题的设计还要不断根据学生的课堂反应和学生的课堂生成调整提问的角度和提问的次数,从而做到在主问题的统筹下,尊重学生实际水平,从课堂实际出发解决课堂主问题,完成阅读教学的目标。

语文名师钱梦龙老师的《愚公移山》是这样设计细节问题的。[①]

主问题:愚公究竟笨不笨?

细节问题1:先看看引起愚公移山的动机是什么?

细节问题2:那么山移掉了有什么好处呢? 愚公想过没有?

细节问题3:刚才有同学提出的他那段回答智叟的话,你们觉得这段话讲得好不好?

细节问题4:可见愚公移山早就想到在自己手里是移不了山的。他自己能享受到移山之利吗?

这个主问题是一个评价式的问题,具有很强的开放性,但如果没有细节问题对其进行补充和支撑,学生会容易脱离文本,凭自己的主观印象随意对愚公进行评价。而钱梦龙老师通过设计四个细节来构建"脚手架",引导学生从文本

---

①钱梦龙.钱梦龙与导读艺术[M].北京:北京师范大学出版社,2010:121.

出发对主问题进行探究。通过分析,学生会发现愚公是一个善于分析问题、解决问题、有长远目光的老人,主问题便也迎刃而解。

教师在设计主问题时,应根据问题难度、学生年龄特征、认知水平和教学过程变化设计相应细节问题,为学生构建"脚手架",引导学生一步步解决课堂主问题。

2. 处理好预设与生成的关系

课堂主问题是教师从整体上把握文本后对教学提出的预设方案,但课堂上不仅有教师的预设,还有师生交流碰撞后新的生成,甚至这种生成才是独属于学生的最重要的解读,它代表了学生的独特思维,也是学生自我能力变化的表现。

叶澜教授说过:"课堂应是向未知方向挺进的旅程,随时都有可能发现意外的通道和美丽的图景,而不是一切都必须遵循固定线路而没有激情的行程。"主问题是课堂的主方向,学生课堂生成是沿途美丽的风景。这句话形象地描绘了课堂生成的特性——超出预设的意外,课堂美丽的风景。也就是说学生意外的反应并不值得老师懊恼,相反教师应以一种惊喜的态度去看待课堂中学生的生成。

这就启示我们必须要处理好预设的问题和生成的问题之间的关系。

首先,教师要积极应对学生生成性内容,并不断适时调整预设的主问题,合理地引导,积极地探讨。其次,教师要站在文本核心价值的高度,保持课堂的敏感。对学生偏离文本的生成,要正确判断,发现认识的误区,从中发现有价值的问题,进而追问,让学生在讨论反思中拓宽认识的视角,深入文本,提高阅读的深度。

3. 注重提问艺术

语文课堂中的主问题是能够引起学生主动思考,激发学生阅读兴趣的问题。主问题的提出必须考虑到问题的语言表述和问题的呈现方式。

主问题语言要明确、精准。主问题在课堂中具有提纲挈领,组织课堂的作用,与一般课堂问题有质的区别;主问题首先是课堂问题,它符合课堂问题的一般特征,也要求教师在表述过程中更为明确、精准。主问题指向什么内容,主问题的外延是什么,必须在问题提出的过程中明确。主问题是否会让学生摸不着头脑,是否会让学生天马行空任意思考,是否超出学生的思维水平?这些方面都需要教师在提出问题之前考虑到位。

一位教师在执教《记梁任公先生的一次演讲》中提出这样一个主问题：你认为梁任公先生是一个什么样的人？而另一位教师却是这样设计的：问题一，在文章前4段的阅读中，你发现梁任公先生具有哪些性格特征？问题二，如何理解文中所写梁任公先生讲到《桃花扇》时痛哭流涕而讲到《闻官军收河南河北》时张口大笑？这两种不同的设计，显然第二种设计指向性更为明确，为学生提供了思考的途径，同时又具有探究性。第一种设计看似大胆，将文本解读交给学生，但问题表述脱离了文本，大而空荡，易于让学生进入一种茫然无措的阅读状态中。

主问题的提出更要注重问题方式。任何问题的提出都要引起学生的思考，最好的问题是提出后能够立刻引起学生积极主动的思考。教学中的主问题更应讲究提问的方式。钱梦龙老师认为："'直问'者，死问也……启发性不强；'曲问'者，活问也……能活跃学生的思维"①。教师在教学中往往需要找到一种引发学生兴趣的曲问，从而实现教学目标。

四、主问题设计引领下的教学模式

1. 单一问题教学模式

所谓单一问题教学模式是指在课堂中只有一个贯穿始终的主问题，其他的细小问题都是围绕这个主问题而提出的，解决细小问题的目的在于解决课堂主问题。课堂主问题和提出的其他问题是包含与被包含的关系。单一课堂主问题是教师在自我解读文本的基础上整合文本信息提出来的高度概括的问题。这种问题的提出使课堂教学目标更为明确，课堂结构更为紧凑。

在《林黛玉进贾府》第二课时分析林黛玉的形象时，笔者提出了一个问题：众人眼中的林黛玉有何特点？这篇课文只是节选了《红楼梦》中林黛玉初进贾府的这一片段而已，相对于《红楼梦》中塑造林黛玉的诸多其它事件相比，颇为细致。林黛玉的性格特点表现于初进贾府的接人待物中，于是笔者就让学生站在文中见到林黛玉的人物的立场上，根据林黛玉的言行举止去分析其表现出来的性格特点。可细化为"王熙凤眼中的林黛玉""邢夫人眼中的林黛玉""贾宝玉眼中的林黛玉"等细小问题。但是贯穿整节课的只是"众人眼中的林黛玉"这一个问题。

①周庆元.语文教学设计论[M]南宁：广西教育出版社，1996：123.

这种单一问题的教学模式更容易集中课堂有效时间和学生的精力来解决文本重点问题,课堂重点突出。同时这样的主问题交给学生,更容易让学生有一种挑战的快感,激起学生主动思考,主动解读的兴趣,从而更易实现语文能力的提高。

2. 多项问题教学模式

多项问题教学模式是指在语文阅读课堂中由多个主问题共同建构起课堂。"主"和"多"并不矛盾,"主"是从问题间的关系来说的,而"多"是从问题的数量上来说的。一节阅读课由于文本容量、时间安排、学生学情的实际情况不同,教师可以对一篇文本的阅读教学进行灵活设计。针对多个主问题之间关系的不同,可以将多问题教学模式细分为"多问题串联式教学模式"和"多问题递进式教学模式"。

多问题串联式教学模式是指课堂主问题之间的关系是并列的,顺序一般是可以调换的。如《小狗包弟》第一课时的教学,为了让学生迅速理清文章结构,可以设计这样两个并行的问题:第一,艺术家和狗之间的悲剧是如何发生的?第二,巴金的狗——包弟的死是什么造成的?这样的两个问题紧抓文中两条线索并行不悖,有效地将文章情节理清,也能帮助学生在阅读中形成对照,加深学生对文本的理解。这两个问题的解决完全可以不顾顺序,让学生选择他们感兴趣的进行解答。

多问题递进式教学模式是说课堂中的多个主问题之间是层层递进的关系,下一个问题的提出要依靠上一个问题的解决,下一个问题的解决是对上一个问题的深化。在《琵琶行》教学中笔者设计了两个主问题:诗中琵琶女有何特点?被贬至江州的白居易为何要为琵琶女写这篇文章?在第一个问题的解决中,学生会发现琵琶女是一位多才多艺但被丈夫冷落,命运多舛的女子形象。第二个问题直接将作者和琵琶女联系在一起,学生联系写作背景会发现作者和琵琶女同富才华,同被社会欺凌,同样流落江州,所以才有了文中所写"同是天涯沦落人,相逢何必曾相识"的慨叹。这两个问题不能颠倒,只有解答了第一个问题,才能顺势引入第二个问题。

多问题递进式教学模式在递进式问题的作用下,让学生在问题的解决中不断攀升,不断思考,更易于培养学生良好的思维习惯,提升思维品质。

第四节 主问题教学案例

一、以《故都的秋》为例谈谈散文教学中的主问题设计

散文不尚虚构,写的是作者的所见所感,但散文中的所见未必是客观的写实。散文中的言说对象,是个人化的言说对象,它是作者的眼见耳闻,是作者的心有所感。"在散文中呈现的,是'这一位'作者极具个人特性的感官所过滤的人、事、景、物;散文对现象的阐释和文体的谈论也不是'客观的'言说"①。那么,解读散文的关键就在于抓住"个人特性",在文本的记叙、描写中品味作者灌注其中的思想和感情。而散文中作者的人生经验、人生感悟都是通过精准的语言来表达,唯有体味散文语言,我们才能把握作者的独特经验,才能感受、体认、分享散文所传达的丰富而细腻的人生经验。

《故都的秋》教学设计

【设计思路】

写景散文的解读重点在于通过作者笔下所写景物的赏析来品味深藏于景物之下的深情。从能力上讲,学生应该通过写景散文掌握鉴赏此类文章的方法——抓主线,找意象,品味语言。于是这篇课文的教学我更侧重于让学生自己去筛选信息,品味文中的语言,从而体悟作者的深情,学习鉴赏写景散文的方法。

【教学目标】

1.知识与技能

①引导学生感知作者笔下故都的秋的特点。

②领悟情景交融的表现手法。

2.过程与方法

①培养朗读感悟、品味揣摩语言的能力。

②学会如何通过景物把握散文的情感。

3.情感态度与价值观

①体会作者内心的忧思及深沉的爱国情怀。

①王荣生.散文教学教什么[M].上海:华东师范大学出版社,2014:27.

②陶冶性情,提高审美能力。

【教学重点和难点】

1. 通过分析作者笔下的景物从而体悟作者的深情。

2. 学习以景显情、以情驭景的表现手法。

【教学方法】

1. 诵读法。优美的文章反复诵读可以使学生感受到文章的深厚感情和优美文辞。

2. 鉴赏品味法。散文以情取胜,而情又伏于语言之中。引导学生品味散文的语言既能够让学生感受作者在字里行间深埋的感情,又可以提高学生对语言的敏感度。

3. 设疑讨论法。写景散文的感情往往内隐于文章的景物之中。如何引导学生去发现就需要教师不断的设疑,让学生在文中质疑、合作、讨论。

【教学过程设计】

一、导入

(图片导入——PPT出示西安的秋景图)这些图片都是大家再熟悉不过的,是我们身边的西安的秋景。有依然伟岸的城墙,有暗淡了的大雁塔,还有行道树的落叶——美丽,短暂而又繁华冷落。那么,北京的秋又是怎样的一番景象呢? 我们随着郁达夫的脚步一起北上,去领略北京的秋味。

二、诵读文本,整体感知

1. 自主诵读文章,找出难以理解的字词。

2. 小组集中解决问题,小组难以解决的班级集体解决。

3. 个别诵读,找出你认为文中写景最精彩的地方。

三、以情驭文,品言悟情

1. 文章中交代北国之秋的特点是"清、净、悲凉",你从哪里看出这种特点了呢? 请你在文中3—10段中细细品读。

(可以默读,可以出声读。在诵读中试着在头脑中想象作者笔下秋景的画面,品味时注意语言特点及深藏的感情)

学生分享:

①像花而又不是花的那一种落蕊,早晨起来,会铺得满地。脚踏上去,声音也没有,气味也没有,只能感出一点点极微细极柔软的触觉。

(调动多种感官,写出了花朵凋零的哀伤,静看落蕊的闲适——清、静、

悲凉)

②秋蝉的衰弱的残声,更是北国的特产,因为北平处处全长着树,屋子又低,所以无论在什么地方,都听得见它们的啼唱。在南方是非要上郊外或山上去才听得到的。

(秋蝉衰弱的声音正是一种生命凋零的悲吟——悲凉)

③第一是枣子树,屋角,墙头,茅房边上,灶房门口,它都会一株株地长大起来。等枣树叶落,枣子红完,西北风就要起来了,北方便是沙尘灰土的世界……(生命力顽强,环境恶劣)

④穿着很厚的青布单衣或夹袄的都市闲人,咬着烟管,在雨后的斜桥影里,上桥头树底下去一立,遇见熟人,便会用了缓慢悠闲的声调,微叹着互答着地说……(这都市闲人慵懒的动作,无所事事的身影以及那种独属于京城的悠闲传达出作者复杂的感情。他们既是秋之一部分,又使得秋味变浓)

这一环节是本课的重点。细细品味语言,抓住景物,分析景物描写的方法,体悟感情。在课堂上我将时间给学生,让学生先自己品味,感知文章。之后,分享讨论,让学生自己去谈谈在文中发现的关键点。

2.作者之所以将北京之秋写得如此动人,不仅因为秋之美丽,更多的是作者怀揣着对北国秋的深情。文中"秋天,这北国的秋天,若留得住的话,我愿把寿命的三分之二折去,换得一个三分之一的零头",从文章这最后一句话中你读出了怎样的深情?

明确:读出了作者对北国秋天的喜爱,留恋甚至是贪恋。作者对北国的秋天有一种深挚的情感。

三、合作探究,畅所欲言

王国维说"一切景语皆情语",又说"以我观物,故物皆著我之色彩"。尽管作者对秋极尽赞美之情,可我们从字里行间感受到的却是作者的寂寞、孤独、忧伤、悲凉,这是为什么呢?故都的秋在作者那个时代也不乏明艳之色,也有繁闹景象,作者为什么不写这些?(小组讨论,可以结合写作背景)

明确:本文写于1934年8月,这是一个特殊的年份。日本侵略者的铁蹄已经践踏在东北三省的土地上,又开始觊觎和威胁华北大地。在这金瓯破缺、山河分裂的多事之秋,作为一个正直的知识分子,他又如何不为之担忧和焦虑呢？那些话语的背后，实是一种即将沦为亡国奴的悲鸣，一种惨厉的呼号，一种撕心裂肺般的悲怆！文章不仅是在写对北京秋的喜爱，更重要的是写出了对行将流逝的故都文化的牵挂、眷恋；对北京朝不保夕的危险处境的深切担忧；对祖国命运前途的真切迷茫。文化人对文化的自觉的执着、捍卫和坚守。

（这是本文的一个难点——如何从文中景物描写中感受到作者的一腔爱国热情。可以筛选信息，从文中直接感受作者对秋的情怀，可以联系当时的社会背景，充分调动学生的历史知识储备，畅所欲言，自我感知，自我表达）

四、诵读传情

作者在这篇文章中用情颇深，请你在文中挑选最打动你的句子，用你的声音传达你所体会出的感情。

五、课堂小结

《故都的秋》既是作者眼中的北平之秋，更是他所处时代的国家之秋。真可谓：烽火满天殍满地，儒生何处可逃秦。一心怀念，满心牵挂只为能永远拥有这故都之秋。

【板书设计】

秋景：清、静、悲凉
　　　　　　　　　｝故都的秋
爱国深情

二、以《念奴娇·赤壁怀古》为例谈谈诗歌教学中的主问题设计

诗歌是一种以凝练的语言抒发情感的文学类别。语言凝练、结构跳跃、富于节奏和韵律是其主要特点。意象是诗歌的基本要素。诗歌的意象是投射了作者主观感情的客观物象，是主观与客观的融合。诗歌语言的跳跃性决定了诗歌语言之间会有大量的留白。"诗言志"，抒情性是诗歌的首要特性。于是我们在诗歌的阅读教学中应该引导学生把握文中意象，品味诗歌语言，体悟诗中所抒发的感情。

《念奴娇·赤壁怀古》教学设计

【教学目标】

1.知识与技能：了解苏轼的生平及思想，感知词的内容和风格。

2.过程与方法:通过诵读感受苏词的豪放,学会在对比中品鉴诗词的方法。

3.情感态度与价值观:了解苏轼的精神内涵,学习苏轼执着、乐观、旷达的人生态度。

【教学重点和难点】

1.从理性层面把握苏轼词豪放的风格。

2.对"人生如梦,一樽还酹江月"的探究与理解。理解苏轼执着、乐观、旷达的人生态度。

【教法、学法】

教法:诵读法、情景设置法、启发引导法

学法:①指导诵读,品味形象,在对比中发现问题。

②指导探究,联想拓展,自我探究。

【教学过程】

一、导入

音乐导入——《三国演义》主题曲

二、诵读诗歌

1.教师范读:首先由老师为大家范读,请你在聆听的同时注意读音和节奏。

2.自由诵读:请你将这首词读给你的同桌听。

(要求:读准字音,读出节奏)

3.个别诵读。

三、整体感知

从这首词的题目来看,显然是一首怀古词,作者借所见到的"赤壁"之景抒发自己怀古之幽情。那么这首词写到了怎样的赤壁之景? 又抒发了作者怎样的怀古幽情呢?

(一)作者看到了怎样的"赤壁"之景?

明确:气势磅礴

乱石穿空——险峻雄伟

惊涛拍岸——巨浪冲击岩石

卷起千堆雪——声势浩大,千堆雪比喻巨浪

这几句用了比喻、夸张、拟人的手法描写赤壁雄伟壮丽的奇景。

(二)作者面对如此壮阔之景,不禁想起了三国时期的周瑜。捕捉有关描写周瑜的语句,分析苏轼所塑造的周瑜形象。

1. 小组讨论。

明确:小乔初嫁了——美女配英雄,潇洒的风姿

雄姿英发——英俊潇洒,有气魄

羽扇纶巾——儒雅的将军

谈笑间,樯橹灰飞烟灭——大智大勇

周瑜当时可真是个叱咤风云的英雄人物。

2. 为什么把周瑜放到这样一个景色中去?

衬托英雄气概、英雄风采,景物和人物相得益彰。

3. 讨论:三国时那么多的英雄豪杰,词人为什么单单怀念周瑜? 苏轼和周瑜有哪些相同点和不同点呢?

(1)相同点:

苏轼:诗词画精通,全才。

周瑜:赤壁大战,旷世奇才。

(2)不同点:

①职位

苏轼:40多岁,团练副使,虚职。

周瑜:20多岁就被重用,34岁就建立功勋。

②机遇

苏轼:多年贬谪。

周瑜:碰到了孙权这样的明君,孙权识人才,重用了周瑜。

③功勋

苏轼:文学创作。

周瑜:赤壁之战。

四、小组讨论,深入文本

1. 作者将眼前壮阔之景尽收眼底,回想当年周瑜的雄姿英发,发出了“故国神游,多情应笑我,早生华发”的感慨。试问“谁笑我多什么情”?

神游故国,自己笑自己多愁善感。而这多愁善感就来自于自己与周瑜相比仕途不平,有志难以实现,是一种惆怅失意之情。

2. 如何理解“人生如梦,一樽还酹江月”?

明确:人生如梦,自己一生算得了什么,在千古人物都被淘尽的大江之畔,想到的不应该仅仅是自己,而应该是千古不变的江月,就把这杯酒敬给了千古不变的江月。应该说他能迅速从惆怅失意中解脱出来,表达了苏轼特有的旷达洒脱情怀。这就叫作人生短暂,江月永恒,壮志难酬,豪情长存。

《念奴娇·赤壁怀古》是苏轼贬谪黄州时所作。远眺山水,想到了赤壁,更想到了那个时代的英雄。周瑜气短,却不影响他在苏轼心中的地位。才情、地位、功勋,周瑜什么都有,而苏轼空有才情却没有与之相比较的功勋和地位,有的只是年华空老,多年被贬。这真是让人可悲可叹。而刚带领我们走进他内心悲苦的苏轼又在下一个瞬间走出了个人的悲苦,在时空的隧道中看淡了一切,解脱了出来。

本课抓住景情关系走入词作,同时紧抓人物关系,通过在文学形象和作者形象之间做出比较来直抵文本内核。

三、以《方山子传》为例谈谈叙事文本教学中的主问题设计

"叙事文本"指的是通过故事情节来传达作者旨趣的文本,可以是小说、戏剧、叙事散文,甚至可以是诗歌。文中既然有故事情节,那么不妨通过把握文中情节来理解文本,探寻作者的写作意图。情节之间不仅有时间前后关系,而且还有因果关系。这因果关系是教师在阅读叙事文本时应该紧紧抓住的解读文本的钥匙。

《方山子传》教学设计

【教学目标】

1.知识与技能:积累文言文中常见的实词、虚词以及特殊句式,把握文章人物形象的塑造方法,掌握欣赏人物形象的方法。

2.过程与方法:①在了解字面意思的基础上,感知方山子前侠后隐的行为与精神追求。②关注文章的细节描写,透过细节描写赏析方山子始侠后隐的行为与神情风貌,作者隐藏在字里行间对方山子及其同类人生活的向往之情。

3.情感态度与价值观:通过对方山子的行为及精神风貌的解读,培养洒脱的人生态度,追求心灵的自由。

【教学重点和难点】

1.认识方山子前侠后隐的行为与神情风貌,感受和理解传主与常人迥

异的生命取向。

2.理解作者隐藏在字里行间对方山子及其同类人生活的向往之情,深层理解打动作者苏轼的方山子之"异"的内涵。

【教学过程】

一、导入

一说到"河东狮吼"很多人都会想到那位惧内的陈季常,不禁掩口葫芦,可是又有谁真正了解这位陈季常呢?今天我们就阅读苏轼的《方山子传》,走近陈季常的内心。

二、自读文本,初步感知

1.自读文本,扫清阅读障碍。

在阅读过程中找出自己翻译有难度的词句。

2.疑义共赏析。

以小组为单位,共同解决小组成员的问题。

3.班级集体智慧。

将小组不能解答的问题,班级一起来解决。

三、细读文本,把握形象

1.简单说说方山子给你怎样的印象?

学生各抒己见。(学生可能说到"奇""怪"等等)

2.方山子给苏轼留下的突出印象是什么?

提问明确:异。("余既耸然异之")

3."异"就是奇怪,因为苏轼感到奇怪,就文中提出了许多的疑问,试着找出这些疑问。

提问明确,四个疑问:

①何为而在此?

②而岂山中之人哉?

③此岂无得而然哉?

④方山子傥见之与?

4.小组合作,解释问题。

全班四大组:第一大组解决第一个问题;

第二大组解决第二个问题;

第三大组解决第三个问题;

第四大组解决第四个问题。

分享质疑,教师点拨。

①何为而在此?

学生会抓住"终不遇",教师会追问"不遇"的原因是什么?

是方山子个人能力不足还是他没有机会施展抱负?

你从文中哪些地方看出方山子是有能力之人?

②而岂山中之人哉?

他到底是不是山中之人?

是,是因为住在山中,不以仕进为己务。不是,是由于文中所写"今几日耳,精悍之色,犹见于眉间"。身隐而心依然执着于自我的理想,但很可惜没有施展的机会。

③此岂无得而然哉?

你从文中哪里读出了他的"得"? 抓住"呼余宿其家,环堵萧然,而妻子奴婢,皆有自得之意"这一细节。"一箪食,一瓢饮""斯是陋室,惟吾德馨"。家人尚且如此,方山子可想而知。通过家人侧面烘托方山子形象。

方山子之前的家庭是怎样的? "世有勋阀,当得官;使从事于其间,今已显闻。而其家在洛阳,园宅壮丽与公侯等;河北有田,岁得帛千匹。"能够放弃这样的富足的家庭而选择隐居山林,可见方山子内心对现世不满的程度之深。

④方山子傥见之与?

"见或不见"取决于有或者没有这样的异人。而文中所说"余闻光、黄间多异人,往往佯狂垢污",这样的异人有很多。为何会有这么多佯狂异人呢?

四、结合背景,探求意图

1.苏轼为何要给方山子作传? 小组根据老师给出的资料进行讨论。

2.材料补充——乌台诗案:

御史李定、何正臣、舒亶等人从苏轼诗里挖出来一句两句,断章取义,加给苏轼很大的罪名。

(1)读书万卷不读律,致君尧舜知无术。

本来是苏轼说自己没有把法律的书读通,所以没法子使皇帝成为像尧舜那样的圣君,结果却被指是讽刺皇帝没能以法律教导、监督官吏。

（2）东海若知明主意，应教斥卤变桑田。

东海龙王如果知道皇上体恤民情的一番好意，就把这钱塘江甚至这东海变成万亩良田，那老百姓不就不去弄潮了。说苏轼是指责兴修水利的措施不对。其实东坡自己在杭州也兴修水利工程。

3.明确："同是天涯失意人，何况相逢乃相识。"可以说，方山子舍弃功名利禄而自甘淡泊贫贱的行为，对宦海浮沉、抑郁遭贬的苏轼应该别有一番触动。结合作者被贬黄州时的处境，于文字之外，当寓有自己肺腑之情，是借他人之酒杯浇自己胸中之块垒。写方山子未尝不是自悲不遇，本文可以说是作者在黄州心态的一种形象而隐约的折射。

苏轼融合了儒、道、佛的思想。但在他一生的思想中，则以儒家积极用世的思想为主线。因为自始至终，苏轼一直没有放弃的是为官出仕以实现他的政治抱负。这就是他被贬黄州时所作的《定风波》中"竹杖芒鞋轻胜马，谁怕？一蓑烟雨任平生"所流露出的不畏人生风雨的自信和洒脱。

然而，当他在政治上将儒家思想碰得头破血流之时他便采取立足社会归隐的方式，接受佛、道物我相忘、精神解脱的人生哲学及淡泊适意的生活情趣，并用佛、道思想的清风明月来抚慰自己失落的情怀，来求得心灵的暂时超脱与宁静。这就是他被贬黄州时所作的《赤壁赋》中"飘飘忽如遗世独立，羽化而登仙"所流露出的对洒脱与超然心境的追求；这就是他被贬黄州时所作的《后赤壁赋》中"梦一道士，羽衣翩跹……开户视之，不见其处"所流露出的摆脱现实苦闷与失落的渴望。

4.总结：就像余秋雨在《东坡突围》中所说："这一切，使苏东坡经历了一次整体意义上的脱胎换骨，也使他的艺术才情获得了一次蒸馏和升华。他，真正地成熟了——与古往今来许多大家一样，成熟于一场灾难之后，成熟于灭寂后的再生，成熟于穷乡僻壤，成熟于几乎没有人在他身边的时刻。"苏轼的睿智在于他拥有方山子一样的追求，更在于他在自身浮沉之外总是在自己理想破灭和存在于当世之间寻找到平衡。

【板书设计】

少年——血气方刚，一身侠气——侠士

壮年——折节读书，有志用世——学士

老年——无所遇合，遁于岐亭——隐士

《方山子传》一文是苏轼贬谪黄州时所写。贬谪黄州是苏轼长达二十多年贬谪生活中的一段而已，而《方山子传》也正是作者这段生活中心境的一个投射。方山子，本为侠士，却拘于宋代武将不受重用的时局折节读书；胸有沟壑，心怀壮志，然终不得用。文中表露，他的不为世所用不是因为个人能力有限，我们可以大胆猜测更多的是因为社会因素。苏轼于黄州写此作品完全没有我们之前在《赤壁赋》《定风波》中读出的洒脱和豁达，写此文时苏轼心中或许是牢骚满腹吧，这也正是一个活生生的苏轼。可是苏轼的高明之处是他有方山子的不甘，有方山子的归隐之心，但他永远都活在对生活的平衡之中，对灵魂的自我救赎中。

　　这堂课的设计抓住了文本的主线，尊重了学生的主体地位，分析层层深入，将本来信息较为散乱的文本通过主要问题串联了起来。紧紧抓住"苏轼对方山子的主要印象"和"苏轼为何要为方山子作传"这两个问题引导学生阅读文本，既有教师在细读文本后的预设，也有教师大胆将课堂交给学生，将文本交给学生的生成。

第七章 语文课堂教学方法的智慧选择

在常见的公开课、观摩课评议中,评价一堂课是否优秀,一般从教师的教学策略、个人魅力出发考量师生双方是否通过教学活动达到了预期的教学目标。评议一堂课上的是否出彩,是否精致,主要是看教师用了什么样的教学方式,效果如何。这样的评课方式促使教学方式在课堂教学研究中得到了充分重视。然而,"教学有法、教无定法""教无定法、贵在得法",如何"得法",那便是为每一堂课选择合理、合适的教学方法。合理,即合乎学理;合适,即贴合教师知识结构和学生需要,并能达到既定的教学目标,这并非易事。

对于任何教学活动而言,都不能缺少"美克(MAKER)结构"的参与①,"美克结构"由五种要素构成,即教学方法(Method)、了解学生(Awareness)、知识(Knowledge)、教育目的(Ends)和师生关系(Relationship)。在不同领域中的具体教学方法运用势必要用到这五个要素。而每个具体的教学方法中,这五种要素构成又不完全一致。

这五种要素中,教师的教学方法与教师的教学技巧关系密切,这有助于学生掌握知识和技能,而这些知识和技能都是教师预先就准备好的;了解学生是指教师对学生的全面了解及了解的方法;知识指教师对其所传授学科知识的储备情况;教育目的即教师对于教学活动和学生的期望;师生关系,将涉及教师和学生之间发生的所有联系。

事实上,这五种要素之间互相关联,互为影响。建立良好的师生关系,教师才能在充分了解学生的基础上,为达到预定的教育目的,立足于自身知识储备,选取合理、合适的教学方法。另一方面,合理、合适的教学方法有助于丰富教师

①芬斯特马赫,索尔蒂斯.教学的方法:第4版[M].胡咏梅,等译.北京:教育科学出版社,2008:12-15.

知识,促进师生了解和关系的建立,达成预定教育目的。

在本文中,知识不仅仅是指教师对其所传授学科知识的储备情况,同时包括教师向学生传递知识时凭借的教学内容。教育目的指向一堂课既定的教学目标,而非课程目标。为使对主题论述更为直观、简易,剥除了了解学生、师生关系这两项带有主观因素的影响条件,厘清教学方法与语文教学方法的关系后,仅从教学方法、知识(教学内容)、教育目的(教学目标)三者的相互关系论述如何选择合理、合适的教学方法。

第一节 教学方法与语文教学方法

教学方法与语文教学方法是一般与特殊的关系;讨论语文教学方法,理应先弄明白什么是教学方法。对于什么是教学方法,中外的界定因为时代各异、背景有差而显得不尽相同;对于教学方法的分类,依据不同的理论基础,方案也各式各样。

一、教学方法

国内目前有两种较有影响力的分类方法:一是李秉德教授主编《教学论》中的教学方法分类,二是黄甫全教授提出的层次构成分类模式。前者按照教学方法的外部形态,以及相对应的这种形态下学生认识活动的特点,把中国的中小学教学活动中常用的教学方法分为五类,即从语言传递信息、直接感知、实际训练、欣赏活动、引导探究出发进行分类;后者认为从具体到抽象,教学方法是由三个层次构成的,即原理性教学方法、技术性教学方法、操作性教学方法。

在王荣生教授的观点中,他参考黄甫全等人的论述,将教学方法大致分解成了四个层面①:

(1)教学方法的原理层面,或者叫教学方法观。该层面立足于理论建设,具有"纲领性"和"抽象性"两个特点。如启发式教学方法、接受式教学方法、发现式教学方法、对话式教学方法、设计教学方法、无指导教学方法等。

(2)教学方法的技术层面,或者叫教学策略。从目前研究者们列举出来的

①王荣生.听王荣生教授评课[M].上海:华东师范大学出版社,2014:4-7.

教学策略方式看,包含有讲授法、谈话法、演示法、参观法、练习法、讨论法、读书指导法等。这些策略理论上受到教学方法观的指导,但在实际教学中有效与否往往取决于教学者本身。

(3)教学方法的操作层面,或者叫"学科具体教学法"。这个层面的教学方法需要与特定的教学内容相聚合,它具有相对固定的教学程序,运用一些特定的教学方式和手段。如语文学科教学中的阅读教学方法、写作教学方法等。

(4)教学方法的技巧层面,或者叫教学技巧。它融合了教学方法的技术层面(教学策略)与教学方法的操作层面(学科具体教学法),是教学方法的最终落实和实际呈现,因而体现出不同教师的个人色彩。

这四个层面,在实际教学过程中是相互融合并实现的。接下来,将以上述教学方法的分类方式对语文教学方法进行整理和初步分析。

二、语文教学方法

语文新课程改革中,明确提出了"自主、合作、探究"这一学习方式的要求。为响应这一改革要求,引导学生主动地、富有个性地学习,教师在教学过程中大胆改革传统教学方式,尝试新的教学方法,教学方法出现了多样化的形态。同样,有关语文教学方法的具体阐述,林林总总,门类繁多。具体表现有以下三个层面:

1. 转型"对话范式",理论探索

何为语文教学范式?"对话范式"的提出者倪文锦这样评述:语文教学范式初步被定义为语文教师群体对语文教学共同的认知、公认价值和常用技术的总和。[①]

时代发展的要求,前喻社会的来临,加之20世纪末语文教育大讨论的推动,基础教育课程改革的推进,都成为语文教学对话范式产生的现实背景;建构主义、后现代主义、多元智力理论的引入等又为语文教学对话范式提供了新的理论基础。"在基础教育课程改革这一核心理念指导下,由'授受范式'向'对话范式'的转型已成为当前语文课程与教学发展的必然要求。"[②]

在分析了高中课程的基本理念后,结合高中语文必修课程中的阅读与鉴

---

①倪文锦.高中语文新课程教学法[M].北京:高等教育出版社,2004:363.

②倪文锦.高中语文新课程教学法[M].北京:高等教育出版社,2004:365.

赏、表达与交流,选修课程的开发与评价对如何进行高中语文教学有细致的要求和建议。倪文锦主张语文教学范式需要从"授受"转为"对话"。

对话式教学并不排斥追求外在的知识与能力,但最终目的是通过对话维护学生自身的价值和利益。对话的最终目的不是外在的知识和能力,而是学习者本人的发展与自我认同、自我实现。在对话式教学中,教学是师生合作共同进行的主题式探究和问题解决式学习。由于其本身所具有的开放性、差异性、不确定性等特点,对话教学的目标是生成性的,教学过程、教学问题等都是生成性的,是在师生互动的过程中生成的,然后在师生互动的过程中达到问题的解决。

2.集合教学理论,浅易阐释

为了能深入浅出地对"语文教学如何有效实施"这一问题进行分析和阐述,王林发在语文教学方式上,从基于接受学习、基于自主学习、基于合作学习、基于探究学习四个角度介绍了不同的教学策略。同时,从基本内涵、基本方式、主要技法三个角度对语文教学中的汉字教学、阅读教学、写作教学、口语交际学习、综合性学习、选修课程学习共六大方面进行了具体阐述。[①]

这种方法介绍能让一线教师在深入了解并实施自主、合作、探究的学习方式上有所凭借。其自主学习"以方便学生进行学习为准则",合作学习"提出学习任务—小组成员交流—多元评价反思—教师点评反馈"的教学模式,探究学习是"一种以优化的学习资源进行专题学习或项目研究的活动",这些都具有一定示范性、应用性和可操作性。

对如何实施自主、合作、探究的学习方式,《全日制义务教育语文课程标准(实验稿)》的教学建议要求"充分发挥师生双方在教学中的主动性和创造性",其中第三条提道:"教师是学习活动的引导者和组织者。教师应转变观念,更新知识,不断提高自身综合素养。应创造性地理解和使用教材,积极开发课程资源,灵活运用多种教学策略,引导学生在实践中学会学习。"在真实教学情境中,自主、合作、探究的学习方式并不是截然分开,各自独立的,任何语文教学活动中,都会因为教学内容的不同,而交叉综合运用到这三种学习方式中的其中一种或几种。如在教学《荆轲刺秦王》时,"让学生课前充分预习课文,圈点出难理解的词句并初步体会人物形象特点",运用到自主学习方式;在课堂上总结文中塑造人物形象的手法,讨论"应该怎样认识荆轲刺秦王的行为",又会展开小组合作探究方式。任何

---

①王林发.新课程语文教材教学法[M].广州:暨南大学出版社,2010:41-181.

一次教学,都不会是某种单一学习方式的介入。如何在教学实景中,引导学生进行自主、合作、探究学习,将会是寻求有效教学方式的主流方向。

3.基于教法分派,综合评述

有人认为,语文教学中所有的方法无非是教导学生学习的方法,因此将当代中学语文教学方法流派进行评述,简要分之为感知派、导引派、发掘派。

感知派更重视学生语感训练,强调对语言整体认知能力的培养,提高学生的语言审美能力,以于漪的情感熏陶型、洪镇涛的语感品味型、欧阳代娜的审美悟道型为代表。

导引派通常用启发、点拨的方法,强调学生主体意识,发挥学生学习的主观能动性,让学生在教师或思路或方法的导引下自求研索,自寻答案。具体可细分为三个类型:以钱梦龙、蔡澄清为代表的引导点拨型,以魏书生、潘凤湘为代表的领导管理型,以武镇北为代表的教导达标型。

发掘派的教学共识是创新教学方法,对学生潜能多认识、多开掘,训练加强学生的学习迁移能力,注重对创造性人才的培养。具体可细分为四个类型:以宁鸿彬为代表的思维训练型,以程汉杰的"快速阅读"、杨初春的"快速作文"为代表的技能训练型,以张富为代表的跳摘训练型,以张孝纯、姚竹青为代表的渗透训练型。

这种分类分派法对于语文教学方法的作用评述简单粗陋。看似基于一线优秀教师的教学实践经验进行教法分类,但简单以"感知、导引、发掘"为划分标准,缺乏学理基础,所论述的各派别特色教师的具体教学方法带有强烈个性色彩且并不具有普适性。

综上所述,语文教学方法的发展既有高屋建瓴式的理论原理转型,基于课题研究成果的学术研讨;也有基于整合,自发的教法分类、重新建构。不管是方法理论性质的指导建议,还是基于实践、落地基础的教法分类,都需要两者彼此结合,将教法理念的主张体现为操作层面的执行。什么才是合理、合适的教学方法,则要在教学方法、知识(教学内容)、教育目的(教学目标)三者关系的梳理中去寻求答案。

第二节　教学方法与教学目标、教学内容的关系

基于语文新课标理念下的教学方法,它需要体现出特定的教育和教学的价值观念,它指向实现特定的教学目标要求;同时教学方法受到特定的教学内容的制约。

教学目标、教学内容和教学方法是相互影响的。教学方法不可能孤立存在。教师研究新的学习方式和教学方法是为了达到最优的教学效果。学法与教法的运用不是教学的目的,而是教师完成教学任务实现最终的课程目标——学生全面发展的手段。

此处提到的教学目标要与在《全日制义务教育语文课程标准(实验稿)》中系统地提出的"三个维度"的课程目标区分开。在此谈及的教学目标更准确表述为选文学习目标,即在给定选文内容的前提下,从选文内容实际出发,确立符合选文文体特质、切合学生实际的教学目标。这样的目标不完全等同于语文课程目标中给定的三个维度,即情感态度价值观、过程和方法、知识和能力。在语文课程和教学中,不同类型的选文,也需要区别对待。

在教学实境中,教师根据教学内容(选文内容)确定教学目标(选文学习目标),在教学目标(选文学习目标)的指引下,采用合理、合适的教学方法,才有可能更有效地实现教学内容(选文内容)的意义与价值。(见图1)

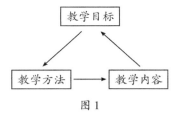

图1

一、教学方法与教学目标的关系

教育的过程需要教学目标的指导。缺乏教学目标指导的教学实践如海上的孤帆,尽管航行,但却因无目标而终将导致教学的失败。因此,教学目标的设置,不能泛化,更不能虚化。只有立足教学内容基础,切合文本特性,进行合理设置,才会把课堂思维的流向导入思想的大海。

新课标实施以来，课堂教学改革沿着素质教育的方向扎实推进。在新课程标准下，教学目标从三个维度来进行认识，即课程目标、目标要求和目标性质。课程目标可分为知识与技能、过程与方法、情感态度与价值观三个层次；目标要求包括认知性、技能性和体验性三要素；目标性质有传承性、探究性和生成性三种属性。新课程力图实现"三维目标"的统一——知识与技能、过程与方法、情感态度与价值观。应该说，三维目标的提出是在中国教育汲取国外先进教育理论，将之进行本土化后的理论贡献。它主张教师的教学要促进发展，在传授知识、训练技能的同时，一定要让学生掌握方法，进入某种过程，并且形成正确的情感态度价值观。这种提法为一线教师设计课堂教学目标提供了一条合理的参考标准。

随着新课程改革的持续推进，新课改方案已提出多年，但在具体实施的过程中，关于三维目标，有些教师总感觉很难把握，甚至在理解上出现了偏差，如不少教师把"过程与方法"理解为教师的教学过程和教学方法。对三维目标的具体内容及其关系的理解还有待探讨。王荣生曾在《听王荣生教授评课》中说，语文教师教案里的"教学目标"多是骗人的，这已经成为不争的事实。此言不假，三维目标的设置在很多时候都是流于大话、套话、假话。随便在网上查阅一份教案或教学设计，随处可见关于三维目标的内容阐发，不管学科差异，不论文本特性，千篇一律紧扣"知识技能、过程方法、情感态度价值观"。姑且不说如此众多程序一致、内容大同小异的三维目标是否真的贴合教学实际，只要想想这些所谓的三维目标是否能真的在教学过程中逐一实现都要画上一个大大的问号。新课改让饱受诟病的语文教学似乎"柳暗花明又一村"，未曾想在具体实践过程中，又犯了"想当然"错误，导致教学目标虚化或泛化。由此可见，要想克服这一问题，势必要对三维目标的设计进行审慎的思考。

和传统课堂教学相比，新课标的课堂教学则十分注重追求知识与技能、过程与方法、情感态度与价值观三个方面的有机整合，而不一味强调知识的接受和技能的训练。在新课标的课堂上，学生是活生生的人，他们学习的过程、方法的尝试，情绪生活和情感体验得到了前所未有的关注和提高。但是因为理论的不足和实际经验的缺乏，在语文教学目标的设置中，出现了知识与技能的"虚化"，过程和方法的"脱节"，情感态度与价值观的"贴标签"等现象。语文教学目标的"脱靶"，必然带来教学方式的低效或无功。

如下面一则《囚绿记》的教学设计：

在教材分析中,作者明确分析到教材的单元价值和教材价值,认为作为一篇自读课文,《囚绿记》在表情达意方面比之前两篇文章更要含蓄蕴藉,需要学生在一定的审美体会基础之上才能更好品读、感悟它的象征手法。因此在具体教学目标上这样呈现:

1.品读重点语句,体会象征手法。

2.探究写作意图,感悟爱国情结。

其中第一点为本课教学重点,第二点为教学难点。在具体教学程序中表现为:

(1)课前自主学习,分发导学案。学生自主完成导学案,熟悉文本,为课堂展示做准备。

(2)设置情境导入。学生思考:看到眼前的绿色,你会想到什么? 作者笔下的"绿"与我们所想又有什么不同呢?

(3)我读《囚绿记》。

①自学反馈——夯实语言基础。教师以课件出示字词、文学常识类题目,学生抢答。

②整体感知——理清文本思路。作者为我们"记"录了怎样的故事呢?

学生快速阅读课文,分别用一个字概括文本内容。(以课前自主学习为基础,在小组探究和相互点评中得出最佳答案,从而理清文脉)

(4)我品《囚绿记》:品读悟情——感受绿的形象。

教师给定以"囚绿"环节为主要分析对象的表格,学生独立完成后再小组讨论,比较绿在本部分前后形象的变化,然后概括形象,总结象征手法。

(5)我问《囚绿记》:品析悟旨——探究写作意图。

阅读陆蠡再婚时的资料,提问:结合作者生平和人格,分析作者笔下的绿还有没有更深的含义?(整合作者及背景材料,探究写作意图)

(6)我议《囚绿记》:延伸感悟——个性解读文本。

《囚绿记》还给了你哪些新的思考? 请结合自身经历或身边的故事,谈谈你对文章的领悟。(综合运用多种表达方式,就你对本文最有感触的一方面,写一段话,小组当堂交流,相互点评)

从本课的设计理念看,是在教学目标的引领下依据自主、合作、探究的教学方法,借助学案,以学生自学、课堂展示为主体,合作学习,达成教学目的。但从三维目标的角度关照,我们可以发现,本课的教学目标存在知识和技能"落地不实",过程与方法"彼此脱节",情感态度价值观"贴标签"这样三个问题。

知识和技能上,学生通过课前自学、学案引领已经对文中重点字词、层次结构有了一定把握,但这些要点却并未体现在教学目标中;教学过程中的小组合作、分析质疑也在目标里丝毫未见;写作意图的探究,爱国情结的质疑也反映出执教者没有细读文本,引导学生扣紧文本分析,梳理课文中"我"的情感脉络的变化,体味《囚绿记》的多元主题思想。仅仅给了一个作者介绍和背景资料,就贴上一个"爱国者"的标签,未免失之草率。

可见,一个粗略与含糊的教学目标对教学方式的选择没有任何帮助。教学目标不明确,教学手段看似紧扣新课程理念,但实际教学过程中,文本分析流于活动形式,文本主题的"想当然"就是可想而知的。

立足新课改,语文课堂教学目标的设定必须建立在对教学内容的准确把握上。只有准确地把握了教学内容才能合理制定教学目标,准确选用教学方法。

二、教学方法与教学内容的关系

教师面对的是一篇篇供师生学习和研究的现成的读写文本,是经过教学论加工过的专业文本。教学不同类型的文本,对不同类型文本的处理有着不同的教育作用,也决定着不同的学和教的方法。

第一,教学内容的层次分类决定了教法的不同——必修和选修的教学。

《普通高中语文课程标准》中提出,课程结构包括必修课程和选修课程两部分。必修课程突出基础,培养学生正确、熟练、有效运用语言文字的能力,为今后进一步学习打下比较扎实的基础;同时,引导学生形成较为成熟的心理素质和健全的人格。选修课的设计目的在于更好地让学生有选择地学习,为学生有个性的发展奠定基础。前者是后者教学的基础,后者是前者能力的延伸(见图2)。两种课程侧重点不同,在教学方法的选择上也应有所不同。

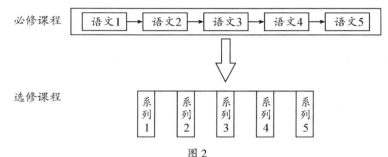

图2

（1）必修课程根据"阅读与鉴赏""表达与交流"两个方面的目标,组织五个模块实施教学。从知识层级构成安排来讲,具有固定性和序列性。教师在教学内容的设计和处理上虽具有一定的灵活度,但教学方法依然在遵照课程教学建议下进行选择。如阅读教学建议中强调,"阅读中的对话和交流,应指向每一个学生的个体阅读。教师既是与学生平等的对话者之一,又是课堂阅读活动的组织者、学生阅读的促进者"。在教学活动过程中,要更加关注学生的独立阅读和个性阅读,同时明确"在具体的教学过程中,对不同类型文本的阅读指导应该有所侧重"。在《高中语文必修课与选修课教学实施的若干问题》中,方智范提出必修方面要关注"整体把握课文与局部切入分析的关系""对课文的基本理解与多元解读的关系""作文观点正确与感情真实健康的关系""语言表达基本功与有个性有创意地表达的关系"。可见,在必修课程教学过程中,具体教学方法的引入,应基于"对话式"教学原理,落实到巩固学生基础知识,构建知识体系上。

（2）高中语文选修课程是在必修课的基础上的拓展与提高,具体课程各有侧重。课程强调立足学生需求和实际水平进行教学设计。选修课教学存在一定的差别,体现在人数不定、课程有较大的灵活性和拓展性、学生具有不同于必修课的期望这三个方面。不同类型的选修课之间亦存在着课程目标和教学方法上的差异。选修要"关注不同选修系列的能力培养重点""兼顾理论学习与实践活动两个方面""拓展思维'活'而有'度'"。教学内容和要求必须充分考虑学生需要和特点。

夯实学生基础是必修课教学的首要任务,发展学生语文能力则是选修课教学的核心重点。在实际教法选择中要兼顾两者的区别与联系。

选修课程应更注重学生的自主探究学习,协调好教师"导"与学生"学"的关系。但是实际教学中,一部分教师往往带着教学惯性,直接将必修课的讲授为主的教学方式迁移到选修课教学中。多数学生感觉教师必修课教学方式和选修课教学区别不大。这说明教师缺乏角色课程转换意识,没有真正把选修课的学习内容和学习方式权利还给学生,导致教学形式上的断层。

第二,教学内容的处理方式决定了教法的不同——单元式教学或专题式教学。

语文专题教学是与单篇教学或单元教学相区别的一种教学方式,是根据学生学习的需要,适时形成必要的学习内容,体现学生个性化学习的教学。与单元教学相比,专题教学表现为不只是就课授课,而是根据教学大纲基本要求,教师立足学科性质,对现有及潜在课程资源进行选择、调整以及进行相应拓展的一种教学策略。专题教学内容虽来自单元内容的整合重组,但在特征上,两者有较大不同。

首先,学习内容不同。单元教学是以单元作为教学的基本单位,单元内的课文是围绕某一个知识点或能力点进行编选,课文之间是独立的关系。专题教学一般是找单元课文中的交集点或问题点,经过整合,确立与教学目标相符合的新的教学内容,专题学习的内容是不确定的,多是以具有研究价值的问题为主,各篇课文之间是生成关系。

其次,学习方式不同。单元教学一般是通过一两篇课文的讲读,带动单元中其他课文的自读,体现的是行为主义的强化刺激学习理论。专题教学首先是确立学习专题,而专题的确立又是源于对学习材料相关性的认同,即在材料的交集点或问题点上确立专题。专题学习,一定是围绕相关学习资源来展开,体现的是以学生已有学习经验为基础的建构主义学习理论。

再次,能力培养的不同。与单元教学相比,专题教学突出的是研究。因此,专题教学不再局限于获取一般意义上的语、修、逻、文等知识,不再是单一的听说读写能力训练,而是把能力培养的重点放在了提高学生搜集、分析、运用材料,以及评价、鉴赏和探究的能力上,突出的是语文综合能力和实践能力的培养,促进的是学生思维水平在广度和深度上的不断提升。

最后,教师角色的不同。与单元教学相比,专题学习的课堂不再是教师的领地,而成为学生学习的平台,教师是以平等的身份参与到学生的学习过程之中的。教师要为学生创设适合专题学习的课堂氛围。在专题学习的过程中,教师既是指导者,也是参与者、评判者和分享者。

根据以上分析,可以明确,单元教学虽也采用"以学生为主体"对话式教学范式,采取基于"自主、合作、探究"式的多样教学方式,但在实际教学过程中,课堂的开放性、自主性和研究性,主要还是体现在专题式教学更多一些。

第三,文本特性决定了教法的不同——"定篇""例文""样本"和"用件"。

在《语文科课程论基础》中,王荣生对语文课程内容、语文教材内容及语文教学内容明确区分。①

他认为选文分类有"定篇""例文""样本"和"用件"。这四类分属于语文课

---

①王荣生.语文科课程论基础[M].上海:上海教育出版社,2003:279.

程内容、语文教材内容、语文教学内容三个不同的层面。

"定篇"属于语文课程内容，是语文课程具体形态层面的表现。"例文""样本"和"用件"则属于语文教材内容，是语文教材具体形态层面的表现。语文教学内容则是语文教学具体形态层面的表现。从教的方面来说，指教师在教的实践中呈现出的种种材料及所传递的信息，它包含了教师对教材内容的沿用或"重构"。

前三者都是语文课里的"学件"：在定篇，学习经典的丰富蕴涵；在例文，学习其生动显现的关于诗文和诗文读写的知识；在样本，学习其阅读过程中形成的读写方法。用件类的选文，其目的主要是提供信息、介绍资料，使学生获知所讲的事物（东西）。在这种类型中，学生其实不是去学"文"，而主要是"用"这一篇文里的东西，或者借该选文学习文章里所讲的东西，或者由文章里讲的东西出发，去从事一些与文章相关性大小不等的学习活动。

这四种类型的选文在语文教材中的地位、性质、功能和功能发挥方式等，都有本质的分别。因为这样的差别，教师在辨识选文类型并根据其功能备课时，所用到的方法必然不同。如新课标人教版必修二中第一单元朱自清的《荷塘月色》，若教师将其视为"定篇"，那么教学设计中引导学生对"这几天心里颇不宁静"这一文眼的穷追细究是很有必要的，要求学生彻底、清晰、明确地领会作品。由此运用到的教学方法就应以涵咏诵读，师讲生受为主。若是把该文处理成一个"例文"，帮助学生习得写景经验的一隅收获，那么文中的四至六自然段描绘"月色下的荷塘、荷塘上的月色、荷塘四周的景物"的手法就应该是教学目标的重点和难点。在教法选取上用选点突破、重点示范、读写结合的方法。

由此可见，对教材中选文的定位和分类直接影响到教学方法的选取和运用。

第三节　如何选择合理、合适的语文教学方法

如何选择合理、合适的语文教学方法，首要便是教师自己要能够准确理解文本。这里所谓的准确理解文本，是指教师的理解要能和学术界一致。在教学方法的选取和设计上，更要根据文本本身特点选择适当的教学内容和合理的教学方法。

技术层面的教学方法无所谓好坏,只有合适与否。什么样的语文教学方法才算是合理、合适的方法呢?依据"美克结构"五种要素,即教学方法(Method)、了解学生(Awareness)、知识(Knowledge)、教育目的(Ends)和师生关系(Relationship)之间的相互联系又互有影响的关系,我们将从影响语文教学方法的其他四个要素逐一分析。

一、依据语文教学目标选择教学方法

不同领域或不同层次的教学目标的有效达成,要借助于相应的教学方法和技术。教师可依据具体的可操作性目标来选择和确定具体的教学方法。具体而言,语文教学目标是指"语文教学活动实施的方向和预计达成的结果或标准,是学生在教师指导下通过学习预计产生的行为变化"[①]。它包含有知识与技能、过程与方法、情感态度和价值观三个维度。

如何进行合理的三维目标设计,这一切都要基于教学内容本身。教学设计时要考虑下述三点:一是文本的特性,二是学生面对文本可能的情况,三是教学的目的或教学设计的意图,即学生最终的收获。注意到文本的特性,要求老师对文本特性有准确的审读与判断,在教学时才能结合教学做出合理的目标设置。罗伯特·J.玛扎诺在《学习目标、形成性评估与高效课堂》中提道:"一名教师必须依赖于他或她在不同的年级和特定的内容领域对学生的要求的理解来将概括性陈述转化成特定的学习目标。"

在高中阶段,新课标对培养学生语文能力的终极要求是"促进学生发展,提高学生的语文素养,为学生不同发展提供更大的空间"。在这个终极目标之下,分层级、分类别地涵盖了其他多种具体课程标准,如积累、整合,感受、鉴赏,思考、领悟,应用、拓展,发展、创新。

在教学建议中第一条中出现了三个"应":一是应在义务教育的基础上进一步提高学生的语文素养;二是应继续关注学生的语言积累以及语感和思维的发展,帮助学生在阅读与欣赏、表达与交流的实践中,掌握学习语文的方法,增强语文应用能力,培养审美能力、探究能力;三是应体现高中课程的共同价值,重视情感、态度、价值观的正确导向,充分发挥本课程的优势,促进学生整体素质的提高。第一个"应"是进行语文课程教学的终极追求,后两个"应"可以看作

①王林发.新课程语文教材教学法[M].广州:暨南大学出版社,2010:14.

是对三维目标的对应解读,体现出对追求知识、技能,过程、方法,情感、态度、价值观三个方面的有机整合。

第二条建议是针对高中语文课程的特点实施教学。课标在阐发中明确提出"语文教学应该注意汉语言文字的特点,重视培养语感和整体把握能力",这说明需要立足于语文课程本身的学科特点去进行教学,在教学方法选择上与其他课程相区分,不要把语文课上成历史课或者政治课。

第三条建议是积极倡导自主、合作、探究的学习方式。毫无疑问,这是教学方法的指导。这种学习方式的提出,也是基于"教师为主导,学生为主体"的课堂教学模式需要。其中的"自主学习、树立主体意识、探寻适合自己的学习方法和途径"也体现了促进提升高中阶段学生学习能力和语文素养的具体要求。后续建议是对教师专业化成长及课程具体教学的建议,在这里就不赘述。

由此可见,新课程标准已经从教学的基本方向对选择什么样的教学方法有了明确的要求。

二、依据教学内容选择教学方法

语文不同学段的知识内容与学习要求不同、不同阶段、不同单元、不同课时的内容与要求也不一致,这些都要求教学方法的选择具有多样性和灵活性。

从教学目标、教学内容与教学方法三者的关系来看,依据教学内容来选择教学方法,应是教学方法最合理、最基础的参照。这样做的好处有二:一是有利于反映语文教学的实际情况;二是有利于更妥帖地解释语文教学实践。[1] 基于课程内容分为阅读鉴赏、表达交流两部分。本处谈论的教学内容主要是课程内容构成中的选文部分,故与之相关的教学方法也是针对选文的教学策略。

能入选教材的选文,都是文质兼美,富有深厚文化底蕴的优秀文章。它们既适合作为学生学习阅读的范例,有利于学生养成良好的阅读习惯;又有丰富的文化内涵,有利于提高学生的人文素养。它们共同搭建了学生通过课堂途径实现提高语文素养的厚重基石。李晶晶曾对语文新教材(选文)的处理方法做过系统分析,对教学要求不同、篇幅不同、文体特征不同、单元篇数不同的课文的教学方法给出了具体的教法建议,富有条理、全面周到。[2] 同册书中,白燕萍

---

①王荣生.语文教学内容重构[M].上海:上海教育出版社,2007:85 – 86.

②王林发.新课程语文教材教学法[M].广州:暨南大学出版社,2010:33 – 40.

就阅读教学部分给出了更明确的教学方法,包含有提问对话法、整体感悟法、理清思路法、言语分析法、诵读涵咏法、单元阅读法、文学鉴赏法。① 从教学方法角度衡量,前者或许正因太面面俱到,以至于对其中最重要的"文体特征不同的课文的处理"方法的提出显得"隔靴搔痒",未及痛处。在该分析中,提出"文体教学的依据是文体的结构特点",仅从记叙文、议论文、说明文三类文体简述教学环节,显得浅层、粗率;后者方法明确,但所述七种教学方法,乃至略举的其他教学方法等,却让一线教师将之付诸实践时因选文类型差异未能明确而颇显犯难。借助王荣生对选文类型的分类——"定篇""例文""样本"和"用件"的划分原则,教师在思考用什么方法教学之前,能辨识选文类型是什么,想清楚要具体教什么,再去考虑怎么教的问题,那么,教学方法的选取将是一个水到渠成的过程。

1. "定篇"的教学方法

所谓"定篇",即是选文中的经典,如古诗文、散文名品或中外著名小说等。定篇不承担任何附加的任务,只是用于了解和欣赏(理解和领会)。一个文学作品的理解,指向一个确切的结论,从教学的角度来说,除非是经典名篇方可如此。由此,对"定篇"的处理,应回归作品价值的本源,引导学生感受作品的经典魅力。

若是散文,就要抓住文中的主体情感设计,如郁达夫的《故都的秋》"清、净、悲凉"如何体现;若是小说,就要明确主题最终指向应是何方,如《装在套子里的人》中的"套子"有怎样的双重含义;若是文言文,除了必要的基础积累,文言背后潜藏的情感内涵一定要引导学生品味、揣摩,如《兰亭集序》里"固知一死生为虚诞,齐彭殇为妄作"的明达,《赤壁赋》中"吾与子共适明月秋风"的快哉。在定篇的教学过程中,需要注意的是教师可以讲述,可以灌输,但是讲述和灌输的应该是文本的观点,而非教者自己的理解或看法。

这样,诵读涵咏法、言语分析法、文学鉴赏法就应是教学定篇时主要考虑的三种方法。

2. "例文""样本"和"用件"的教学方法

入选到教材中的绝大多数选文,本身都具有经典价值。事实上,随着新课改的第二轮推进,教师对"用教材教"有了更强的主动性和积极性,在对教材的

---

①王林发.新课程语文教材教学法[M].广州:暨南大学出版社,2010:92-98.

处理与把握上,拥有更多整合重构的机会。使得原本应为"定篇"处理的名篇最后或以"例文",或以"样本""用件"的方式出现。如将朱自清《荷塘月色》处理为景色描写的"例文";将梁实秋《记梁任公先生的一次演讲》处理为圈点旁批的"样本";将《别了,不列颠尼亚》处理成归纳新闻结构的"用件"。这样的处理有的暗合了选文内容的本质,有的或许脱离了选文情感的方向。这样的处理,还是需要教师进一步明确"例文""样本"和"用件"的本质,然后选取适当、合理的教学方法。

若是"例文",当以单元阅读法为最佳。所谓单元阅读法,即将所教选文按照单元内容进行梳理,提炼出单元内容中共同存在的阅读方法或写作意义,然后灵活选取多样教法进行教学。如必修二第一单元写景散文,包括《荷塘月色》《故都的秋》《囚绿记》三篇文章,将其写景手法逐一对比关照,在教学时比较归纳具体手法的异同,引导学生习得写景技巧,并与表达交流的《亲近自然写景要抓住特征》相链接,练习写作能力。这种教法具体表现了"例文"借助特定的侧面、特定的点来作为例子,构建学生知识体系、展示语文知识内涵的实质。

"样本"教学当依据具体选文功能和功能发挥方式,准确理解教学内容、选取合理、合适的教学方法。对"样本"类文选型语文教材,教师要依据学生具体情况,自主选用。班级不同,选用的教材便不同,运用的教学方法便毫不相同。

"用件"教学中,学生"并不是去'学'文,而主要是'用'这一篇文章里的东西",所以需了解"用件"下的三个品种——语文知识文、引起问题文、提供资料文所表现出的功能发挥方式。语文知识文,如《咬文嚼字》等主要引导学生习得语文知识;引起问题文,如《个人与集体》(曹勇军老师执教)借助对比阅读激发学生了解议论文特征的热情;提供资料文,如人教版选修《中国古代诗歌散文欣赏》中的自主赏析篇目,拓展学生的阅读视野,加固诗文基础。因此,面对"用件",语文与生活、语文与能力的紧密联系就直接呈现出来,在教学方式的选择上,就应以综合性学习为主,或积累建构,或合作研究,既体现出教师的组织能力与专业素养,又凸显了学生的主动学习与主体地位。

三、依据学生特点选择教学方法

在传统的以教师为中心的教学观中,教师是教学活动的主体,学生配合着教师教学活动的进行。教师只需要传递已有的知识与信息,"师讲生受"的教学方式决定了教师在课堂上不会过多关心学生内心世界和个性发展。学生自身的"向师性"和"独立性"成为此长彼消的状态,对教师的信任与依赖盖过了自身发展的需要。课堂上的学生不能拥有独立话语权,教师是课堂的主体。

对话范式的引入要求教师关注学生,了解学生的需要。现实教学中,学生的两个特点也直接制约着教师对语文教学方法的选择。学段低、年龄小,"向师性"会促使学生"亲其师,信其道";学段高、年龄长,"独立性"会促使学生质疑思考,更加关注自身认同、自我发展。这就要求教师能够科学而准确地研究分析学生的上述特点,有针对性地选择和运用对话式教学方法。

语文教学过程中,对话式教学表现为对文学作品的欣赏理解,教师应更多地从怎样阅读这一角度来教学生阅读的方式、阅读的方法、阅读的感受,而非拘泥于对作品的特定阐释。在语文课上,理解和感受都应该是学生自己的,教师不是教理解感受的结论,而是去教理解感受的方式。作为教学组织中的平等双方,既有师生各自与文本的对话,又有师生之间、学生之间的对话,从多个角度实现对文本的欣赏和理解。

四、依据师生关系选择教学方法

师生关系是一种教与学的关系。这种教与学的关系因为对话范式的建立,衍变成为合作对话关系、平等民主关系、互惠式关系。平等、真诚的对话有望建立一种深层教育意义上的人际关系。

然而师生之间的教学关系不是静态、固定的,而是动态、变化的。这种动态、变化取决于学生特性的发展。随着年龄的增长,学生的"向师性"或因教师优秀而未见削弱,但自身的"独立性"会日渐增强。由此,江山野先生依据教与学是一种变动的、动态的观点,把教学分为五个阶段。按照小学到高中来讲,第一个阶段是"完全依靠教师阶段",即小学的一、二年级;第二个阶段是"基本依靠教师阶段",即小学的三至六年级;第三个阶段叫"相对独立阶段",即学生的初中阶段,此时的学生通过引导,可以相对独立学习,教师只需要教其中的一半;第四个阶段叫"基本独立阶段",在新课程的背景下,教师要讲得深刻、透彻,符合学生心理需要;第五个阶段就是"完全独立阶段",此时的学生就从"完全的依赖"走向"完全的独立"。

以这个理论为选择教学方法的导向,就是要在教学过程中不断挖掘并尊重学生的独立性,结合学段特点,鼓励、支持甚至创造机会让学生独立学习,发挥独立性。让学生成为要学习、会学习的新时期人才。

从选择教学方法的角度来说,除了以上四个方面,教学环境也是选择教学方法的参考条件之一。这里的教学环境既指硬环境又指软环境。所谓硬环境就是教学的物理环境,如多媒体的有无,人数的多少等;软环境是指课堂教学时的气氛、习惯、规范、精神等。只有氛围和谐、习惯良好、充溢着信任与互爱的软环境才能为任何一种教学方式的展开与推动奠定良好的基础。

"教无定法、贵在得法",一切教学方式的选择都应遵照与之相适应的几个条件来进行。只有准确把握了教学内容,确定合理、得当的教学目标,在了解学生,拥有和谐的师生关系的基础上选取了合理、适当的教学方法,才会促进学生的根本发展。

第四节　必要适行的几种常见教学方法

一、诵读法

选文式教材决定了诵读法应是语文教学的主要方法。诵读既是阅读鉴赏文学的有效方式,也是鉴赏作品的一个重要方法。在古代,无论是蒙学教育还是经学教育都非常重视诵读教学法。借助诵读,学生不仅由浅入深感知文本,还可以在课堂上通过情境交互,自行建构对文本意义的认识。通过以读促写,更可以提升学生的写作能力。常见的诵读方法有五步法,即通读正字音,畅读疏大意,诵读理层次,品读赏语言,背诵悟感情。

笔者曾将选修《中国古代诗歌散文欣赏》中的杜甫诗三首《阁夜》《登岳阳楼》《旅夜书怀》进行重组整合,进行专题教学时,尝试过诵读的有关训练,效果不错。

1. 以读促诵,初体诗味

教学过程中,教师首先进行了分层阅读。教师先示范诵读(读准字音,读准节奏,读出情感),再是学生代表诵读(纠正字音、节奏、语气方面的朗读失误),最后全班学生齐读(注重抑扬顿挫、舒缓轻重),分析过程中组织学生再读诗歌(学生可自由选择喜爱的诗句进行诵读),最后学生当堂背诵这三首诗,深切体味杜甫诗歌的沉郁顿挫。

同时,注重读法的指引。在教学过程中,教师对如何阅读诗歌进行了详细指导:首先,注意停延;其次,注意节奏;最后,要注意语调,读出作者的情感。不仅强调节奏的快慢,更提醒学生对声音高低的关注。要求学生能用声音准确传达作者的情感。

通过教师的配乐诵读,学生齐读、朗读、默读、自由读,每读一次更贴近作者一步。在吟诵中,让学生真正感受到诗歌的艺术魅力,体会到作者的喜怒哀乐。

2. 以读促思,再构诗境

对韵文、诗文的诵读,仅仅停留在文意的揣摩与意味,这是远远不够的。

在阅读诗歌,鉴赏诗境中,教师立足文本,引导学生通过阅读,切身体悟古人之心、古人之情。当学生产生情感共鸣后,借助文本分析,教师以问促读,以读促思。在生成了新的课堂教学目标"杜甫'沉郁顿挫'的诗风到底是什么"后,教师能充分调动学生的阅读积极性,引导学生再读诗歌,进行探究性阅读,使学生对诗人写作风格有了切身的体悟与认知,实现了自身对文本内容的整合与重构。

3. 以读促写,终抒幽情

从朗读、研读再到写作的过程,更能体现学生运用语言、锤炼思维的能力。叶圣陶先生说过,能读书,能作文就是语文训练的目的。为加深学生对文本的理解,让诗歌鉴赏与写作相结合。学生根据自己在意境、思想、情态等方面的读后所感,写出鉴赏性的小短文。教学结束后,教师让学生从情景关系入手对自己最喜爱的一首诗或词或进行分析鉴赏或写读后感,现将作品节选展示如下:

离别的时候,为何要借几两荷风,一壶月光以慰寂寥呢?古人云:"太上忘情,其下不及情,情之所钟,正我辈。"深情难解,寻常的风月景物只是寄托罢了,别离的痛苦是无法言说的,那些衷肠推及到人世,又是一番哀哀。聚散无常,离愁也无穷,终只是"无计留春住"。

欧九对于人生聚散有如此多的感慨,大抵因为他"我执"太重。他深解作为人,不应遗世独立,茕茕孑立于红尘之中。而应有欲望,有牵挂,对人世的美好有所贪著,对人世的遗憾有想要回转的期冀。

——高二·一班高嘉评欧阳修《玉楼春》

陶渊明所写的《拟古九首(其三)》并无多少华丽的辞藻,却字字都是那么空灵清远。仿佛看见他于柳枝掩映的田间茅庐中温一壶酒,研一痕墨,铺开半页素笺,伴着惊蛰的雷雨与新燕生命的悸动,在笔尖的流转下书写出这样淡泊纯净的诗句,流芳百世。吾生何其有幸,能穿越时光的桎梏,与这远离世俗的五柳先生分得一盅清酒,体会其中禅缘。纵使岁月斑驳,过去破碎得没有形状,那散发着淡淡墨香的诗句,依然让人不经意间嗅到久违的乡间泥土的质朴,看浮云散去,豁然开朗。

——高二·一班陈晨评陶渊明《拟古九首(其三)》

"早岁那知世事艰,中原北望气如山。"陆游风华正茂之时梦想着有朝一日能同岳飞一般骑马飞度山壑,将尖枪刺入敌人的盔,将旗帜插入已落入敌国之手的故土。那匹浑身赤红的良马用精壮的铁蹄溅起泥土,那声声锣鼓与心脏的跳动合为一拍,铁锈味代表着战场的气息充斥着鼻腔,这样的梦想足以让人热血沸腾,摩拳擦掌。但"江声不尽英雄恨,天意无私草木秋",直至他不惑之年入蜀,看遍日益破败的江山,这个壮志也没能生根发芽,他看到的,只是"朱门沉沉按歌舞,厩马肥死弓断弦"。

——高二·三班薛露欣评陆游《书愤》

这一写作过程,极大地锻炼了学生语言文字应用能力,提升了写作创新能力,更展示了学生较高的语文素养。坚持"以写促读",将为学生的个性发展和终身学习打下良好的基础。

由此可见,强化诵读,既能积累语言,又可培养语感,锻炼写作。尤其适宜在教学诗文、韵文时选用。

二、材料助读法

对于助读,余映潮先生在他《阅读教学艺术 50 讲》中是这样定义的:"助读就是利用资料来读书,这是一种阅读理解教材的重要方法,也是一种治学方法。"作为"解决让教师见多识广""教师科学地进行学习""教师知识更新的源头活水的问题"的"有效阅读方法",在余映潮先生看来,用来助读的资料可以包括课文背景资料、课文释疑资料、课文评析资料、课文练习资料等等。徐中立从学生角度对助读有新的诠释,即"辅助学生理解文本内容的补充资料"。从这个角度来讲,可以将"借文辅教"的治学方法变成帮助学生突破教学疑难点的教学方法。

1. 补充选文,辩证把握人物形象

在《语文教学内容重构》(王荣生等著)文言文样章讨论一节中,结合教材编写宗旨和对文言文的理解,选择了 20 多篇(段)文言文,组成了 5 个各有主题的文化单元。所有文本教学设计均有准备与预习、选文及注解、整合与建构、应用与拓展、文言练习五个方面。其中第二个主题"英雄背影、战争风云"就包含了人教版必修一的两篇经典古文——《荆轲刺秦王》和《鸿门宴》。

在整合与建构部分,《荆轲刺秦王》与《鸿门宴》同时设计有助读资料与问题导入。如《荆轲刺秦王》的整合与建构共有四个部分:

一、追寻江湖浪迹

1.阅读链接材料①,完成下列任务。

①根据材料,概括荆轲浪迹江湖时的几个爱好。

②分别找出"榆次论剑""邯郸博弈""燕市豪饮"的相关细节,说说你对荆轲"为人沈深"的理解。

③通过上述材料,你对荆轲的印象跟预习课文时有什么不同。

二、细看帷幄运筹

1.参读链接材料②,完成相关任务。

①荆轲是如何以一个江湖游侠的身份担当刺秦重任的?请简述过程。

②在荆轲与太子丹的交往中,你对哪些事特别关注?这些事让你对荆轲又有什么认识?

2.阅读课文前六节,完成下列任务。

……

三、感受侠客豪情(分析刺秦准备的部分)

四、领略英雄本色(分析刺秦经过)

设计环节中所需材料是与课文有关"荆轲刺秦"的《史记·刺客列传》中的节选。节选内容向学生呈现了荆轲至燕前后发生的几件反映荆轲生平、性格的重大事件。通过这些内容,可以让学生结合课文对人物形象有一个更全面辩证的认识,而非脱离语境,孤立存在于课文节选的"高、大、全"的勇士形象。

2.探查背景,突破文中教学难点

在教学《记梁任公先生的一次演讲》一文时,为更深入体会梁任公先生"爱国、有责任感"的热心肠形象,在演讲细节的两个表情一哭一笑时,可以引入《闻官军收河南河北》与《桃花扇》的背景资料,学生通过阅读,自然能体会到先生的"哭笑"之变,都因有一颗拳拳爱国之心。多年后,作者再渡黄河时,为何回忆起先生所讲之《箜篌引》会悲从中来?学生难以深切体会《箜篌引》蕴含的赴死真意,可将短诗翻译与作者渡河背景适时呈现,让学生自主合作,探讨该小节中蕴藏着的深沉的失落与迷惘。

3.比较探究,帮助理解文中内涵

比较探究,用文本资料来帮助学生解读文本内涵,这种方法类似于常见的比较探究类的题型,用于启发学生解读文本,往往可以起到搭台阶的作用。

如笔者在从教蒙田哲理短文《热爱生命》时,将食指的《热爱生命》与原文相比对,让学生对比阅读两篇文章,思考两篇文章文体的差别,联系《热爱生命》中的观点,说说最喜爱哪个诗节,为什么? 这样的质疑思辨使得学生对文本加深了认识,注意到两者在文体与主题上的巨大不同:蒙田的《热爱生命》思路清晰、严密,用简洁朴素的文字探讨了生与死以及怎样去对待生死的问题,发人深思;食指的《热爱生命》以异乎寻常的刚强与坚毅,执着和热烈,以一和近乎悲壮的口吻告诉我们,不管人生多么艰辛,不管命运多么坎坷,我们都必须愈挫愈强,坚忍不拔,百折不回,向命运挑战,实现生命的价值! 这样的总结为后面联系现实,拓展升华埋下了伏笔。

基于发展学生语文能力的助读教学法不仅弥补了教材助读系统自身的不足,也考查了教师审读语文教材选取内容的能力,同时也是"助学有术,助教有力"的好方法。

三、问题教学法

当学生具备了阅读教材和思考文本的能力时,教师就需要有针对学生在独立学习中提出和存在的问题进行教学的意识。"以学定教"是一切教学设计的基础。只有基于实际学情的教学活动,才能有效激发学生的学习热情,凸显学生的主体地位。"以问定向"是实现有效教学的最佳途径,只有明确解决疑难问题的教学目标,才能使师生双方在教学过程中有方向感,教学结束时有达标感。"以问定教"是一种大胆的教学方法,但运用得当,又会是最有效的教学方法。笔者在进行人教版必修二第一单元《囚绿记》的教学时,借助陈剑锋的《以能力为本位的问题群导学》的设计方法,采取学生课下自学,对文本内容、结构、手法进行质疑,课上提问,师生共同释疑的方法采取教学,有较好的教学效果。整个教学过程体现为以下三个环节:

(1)课下自学,初提疑难。要求学生素读文本,从文本表层含义和象征意义双重内涵去理解文本,并提出自己的疑问。

(2)课上组学,合作释疑。教学过程中,首先让学生在完成阅读文本内容的基础上自由提问,最后师生将所有问题的真假性和有效性进行判断筛选,保留真问题、有效问题。从写作思路、疑难句子、主旨探究三个层面进行整合。对以上问题进行小组讨论,组内初步解决有关写作思路的基本问题,然后自主合作,梳理文中的疑难句子。

(3)班内群学,探究主题。针对组学阶段未解决的共享问题,再读文本,全班进行分析、讨论,实现对文章写作主旨、写作意图这一难点的突破。从本课教学的实际效果来看,能够较好解决学生在自学阶段所提出的大部分问题,对于遗留的个别疑难句子的分析,留作课后问题让学生讨论。

采用问题教学法有两个途径:一是让学生提问,教师收集学生问题后组织课堂教学,采取多向互动的方式,解答学生疑难问题;二是教师贴合文本特征设计问题,组织课堂教学。教师设计问题要注意以下几点:第一,课堂主问题设计要提纲挈领;第二,问题的设计要张弛有度、难易适当;第三,问题的设置要有效,具备一定的疑难趣味性;第四,问题的设计要贴合学生能力发展与文本实际;第五,疑难处要适时补充有关材料,进行点拨提示,采取多种教学方式结合的办法,处理教学难点。

在实际教学中,针对选文特点,建议处理成"例文"的篇目可以运用这种方法。

四、小组合作探究法

新课改下的选修课倡导"自主、合作、探究"的教学方法,采用异质分组、分工合作的形式,借助师生互动、生生互动、多元评价等手段,调动学生学习积极性,开拓学生思维。这样的教学模式的确有利于教师在教学过程中通过引导和调控学生的自主学习,激发学生独立学习意识,合作探究的学习热情。目前,小组合作的学习方法在赛教、观摩课中成为常态,由"常态"发展到上公开课才有"小组合作探究",常态课则"丝毫不见"的病态。赛教课上,似乎哪一节课没有小组合作,没有自主探究,这节课就没有体现新课改的理念。但日常教学中,若真正走进一线语文教师的课堂,又鲜有教师经常使用小组合作探究教学法,似乎这样的方法在公开课上才适用,平时的常态课"师讲生受"才是真正的教学状态吧。

若真是如此想来,所谓的小组合作、自主探究的独立精神又体现在哪里呢?若让小组合作探究成为教学常态,那什么样的情况下才适用小组合作探究法呢?

一位教师在执教朱自清的《匆匆》一文时,设置如下环节:

1.学生默读课文,在读懂的地方写感受,并有感情地默读,读不懂的地方做记号,在组里交流。请学习小组的组长作记录,能解决的组内解决,不能解决的,全班交流。(3分钟后学生交流)

学生1:我读懂的句子是:"我赤裸裸来到这世界,转眼间也将赤裸裸的回去罢? 但不能平的,为什么偏要白白走这一遭啊?"我认为,这句话是作者在为光阴的流逝而惋惜和感叹。

学生2:我读懂的是:"太阳他有脚啊,轻轻悄悄地挪移了,我也茫茫然跟着旋转!"作者用拟人的手法,告诉我们时光匆匆。

学生3:我读懂的是:"于是——洗手的时候,日子从水盆里过去;吃饭的时候,日子从饭碗里过去;默默时,便从凝然的双眼前过去。"他们告诉我,时间在不知不觉中流走了。

(注:本环节中学生交流的句子全班均有齐读,但感情欠缺,效果不佳)

2.小组合作:结合身边的实际,仿照文中句式说说时间是怎么流失的。
(学生活动:合作学习,1分钟后教师示意学生发言)

学生4:学习的时候,时间从勤奋中流过,玩耍时,时间从懒惰里过去。

学生5:看电视的时候,时间从电视机前过去,睡觉时,日子从梦里过去。

学生6:运动的时候,时间从蹦跳中过去,作业时,时间从本子上过去。

教师小结,肯定学生回答,并让学生把刚才在学习小组里合作的话写在课堂记录本上。

在本课内容分析中,教师让学生进行小组合作,仅用时一分钟便进行展示,时间的匆促和教法的多余可想而知。且不说学生展示语句的好坏,单是如此"鸡肋"的小组合作还有存在的必要吗?

再看另一则关于朱自清《背影》的案例,这节课采用"整体感知—重点研读—合作探究—拓展延伸"这一模式教学。在本课中,一共有三次小组合作:

导入:播放歌曲《父亲》,学生在歌曲声中自由诵读课文,整体感知,体会感情。

1.主问题:文中共有几次写到父亲的背影? 给你感触最深的是哪一次? 这一提问,把描写父亲艰难地过铁道、爬月台去买橘子的"背影"引出来,随后组织了三次小组合作活动。

2. 第一次小组合作。教师提出要求:有感情地朗读"买橘子的背影",分析作者是怎样细致刻画这一"背影"的? 你认为用得最生动的动词有哪些? 请以小组为单位探讨一下。于是前后桌四人一小组便开始了讨论。教师巡视、点拨,五六分钟后,教师要求学生交流合作结果。

3. 第二次小组合作。针对文章一共写了作者几次流泪? 抒发的感情是否完全一致呢? 请同学们四人小组合作交流。

4. 第三次小组合作。课堂小结时,师问:"像其他散文一样,《背影》也有它明确的线索,同学们能发现吗?"(学生合作一分钟,停止了讨论,当老师要求把合作结果交流一下的时候,大家不约而同地回答:这篇文章是以"背影"为主线贯穿全文的。)

对该案例的评述中有这样一句客观描述:上述案例中的三次小组合作,前两次合作使课堂教学出现了高潮,第三次合作没有收到预期效果。为什么会有这样的结果呢? 结合第一个案例进行分析,便可得出结论:小组合作不是每节课都需要,而是在需要它的时候才出现。那什么时候教师组织课堂教学需要小组合作呢?

一是课堂存疑时,需要小组合作。教师要时刻关注课堂,当发现学生在认识活动中遇到一些独立思考难以解决,不得不通过合作探究来解决疑问时,便需要运用小组合作探究法。

二是在阅读教学中,需要学生进行表演,合力体会角色形象时,需要运用小组合作探究法。如在教学《走一步,再走一步》时,通过实际动作的"移、探、踩",体会文中"我"前后心理变化过程,只需要学生单独体验即可;而在《雷雨》话剧节选的课堂情景剧中,就需要学生以小组合作的形式展开体验、探究,感受人物心理,把握人物形象。

三是课堂情境中,因课堂生成和教学环节需要产生的疑难问题,需要进行小组合作探究式学习。

如笔者执教杜甫诗三首专题阅读时,在专题教学中,学生已通过对组诗中景色和人物形象异同的讨论分析,感知理解到三首诗歌在意象运用和人物形象塑造上的共同之处。这时,教师抛出带有总结性质的问题:从杜甫的三首诗,如何准确解读其"沉郁顿挫"的诗作风格? 这时,学生进行小组自主合作探究,得出结论:"沉郁顿挫"表现为杜甫以史家笔意和诗家才情对现实生活做了更为深广的描述,意象宏阔,用词精当,气势阔大雄浑,字里行间蕴含着诗人深沉的家国之爱与广袤的仁者情怀。这个小结建立在学生对诗歌作品的内容和情感的准确把握上,体现了小组合作探究法的有效性。

叶圣陶先生说:"至于教学之式与方法,似不可求一律。甲老师与乙老师无妨各尽所能,教一年级与二年级,教此课与彼课,并不必一致。总之以学生获得实益,练成读作之熟练技能为要。"由此可见,任何一种教学方法,只有贴合教学实际,并适应了教师的素养条件,为教师充分理解和把握,才有可能在实际教学活动中有效地发挥其功能和作用。教师在选择教学方法时,应当根据自己的实际优势,扬长避短,选择与自己最相适应的教学方法。

第五节　教学设计范例

《囚绿记》教学设计
曲江一中　　彭玲

【课标要求】

1. 发展独立阅读的能力。善于发现问题、提出问题,对文本能作出自己的分析判断,努力从不同的角度和层面进行阐发、评价和质疑。

2. 注重个性化阅读,充分调动自己的生活经验和知识积累,在主动积极的思维和情感活动中,获得独特的感受和体验。

【教材分析】

《囚绿记》是人教版课标实验教材必修二第一单元第三课。该文和《荷塘月色》《故都的秋》一起组成一个单元。前两课在本单元承担的教学任务是"景"的描写方法(如描写角度、修辞与词语的准确使用等),以及景与情的关系(散文中如何写景造境、写景抒情、融情入景等),教学的重点在"景"与"情";《囚绿记》被安排在本单元最后一课,所以其承担的任务应当是对本单元教学内容的深化与巩固。同时,本文在写景状物与抒情上又有其独特之处,作者通过记录自己与"绿"相处的过程,用朴素而深刻的语言将生命的反省与自我的追求寄托在单纯的常春藤上。所写景物因其特定的时代背景被赋予了深刻内涵,课文主题又因为社会环境的变化,萌生了新的意义。《囚绿记》作为自读课文,在设计时应充分重视学生的主体地位,采用适当教学手法激发学生的阅读主动性、能动性,厘清作者情感变化脉络,通过品析文章个性化语言,思辨探究写作意图。

【学情分析】

1. 在必修一的学习中,学生已通过学习品人、品文类现代散文,对于写人记事类散文有一定了解;同时,学生在学习本课之前也学习了《荷塘月色》《故都的秋》,对写景抒情类散文也有了一定的认识。基于以上对本单元课文的整体把握,教师在讲授《荷塘月色》与《故都的秋》两篇文章时,就已经力求引导学生通过品味文章的精彩语句,展开想象的翅膀,感受作者心灵的搏动。学生的优势是对散文语言美的品鉴已经有一定基础,并且正逐步养成"手中无笔不读书"的圈点批注的习惯。

2. 本次任教的高一·一班学生为重点班学生,具有一定的独立阅读、质疑思辨能力,但对精彩语句的分析往往限于"看热闹"的水平,这是他们的劣势,教学过程中需要紧扣学生的阅读过程,相机引领他们用心品味疑难语言,才能真正触摸到作者的内心世界。

【教学目标】

1. 知识与技能。

①梳理"我"的情感发展脉络,区别前后感情变化的不同之处。

②筛选文中表现"绿"特点的语句,品析思辨,总结"绿"的象征意义。

2. 过程与方法。

①独立阅读与合作学习相结合,学习品析个性语言来理解文章主旨的方法。

②学习写景状物散文中常见的借物抒情的写作方法。

3. 情感态度与价值观。

体会特定时代环境下作者对生命的思考,探究作品的现实意义。

【教学重点】

1. 筛选文中表现"绿"特点的语句,品析思辨,总结"绿"的象征意义。

2. 通过独立阅读与合作学习相结合的方法,梳理"我"的情感脉络,探究全文主旨。

【教学难点】

体会特定时代环境下作者对生命的思考,探究作品的现实意义。

【教学方法】

学案导读法、诵读法、讨论交流法。

（依据自主、合作、探究的教学理念，以学案为抓手，课前布置学生自学预热，以学生课堂展示为主体，引领学生完成教学目标）

【课时安排】

一课时

【课前自学】

1.掌握文中字音、字词。

①字音　②积累成语：直截了当、涸辙之鲋、揠苗助长

2.反复诵读文章，质疑提问。

要求：素读文本，在读通、读顺的基础上，准确地读出文本中文字符号的表层意思，进而读出作者的本意、真意即文本蕴含的深层含义（隐喻义、象征义）；还要读出自己，要求把自己的生活经验和情感融入阅读过程之中，与作者对话，与文本进行验证，并产生共鸣；要求用自己的眼光和视角读出自己的理解和认识，做到边读边提出问题，并填写问题条。

一是两个以上的"基础问题"（即学生初读文本时在字词、文学常识、写作背景等方面尚不理解的问题）。

二是两个"疑惑问题"（即探讨具有研究价值，同时需要在同学的帮助或教师的点拨下才能解决的问题，如写作思路、文章结构特点、文中难以理解的句子等）。

三是一个"共享问题"（即在预习过程中自我发现的具有独持见解的，值得同学分享的问题，如文中情感发展变化、绿的含义等）。

【教学过程】

一、情境导入

品过《荷塘月色》的清新脱俗，赏过《故都的秋》的酣畅淋漓，现代作家陆蠡的《囚绿记》又将带给我们怎样的阅读体验呢？请同学们与我一起走进《囚绿记》，走进陆蠡的情感世界。

（作用：回顾本单元课文写作特点，导入新知，激发学生学习兴趣）

二、自学反馈明学情

各组组员自行呈现预习内容，就基础问题、疑难问题、共享问题三个方面进行收集、整理。因本部分内容为课堂生成，故在此先预设问题为如下内容：

1.基础问题：

本文的写作背景是什么？

作者为什么要选择那间有小圆窗的房子？

前四段有些多余,删去是否可以?

2. 疑惑问题:

绿是什么? 作者为什么爱绿? 作者为什么要囚绿?

作者从"囚绿"到"放绿"再到"怀绿",其中的情感变化是什么?

如何理解"我要借绿色来比喻葱茏的爱和幸福,我要借绿色来比喻猗郁的年华"?

如何理解"我珍重地开释了这永不屈服于黑暗的囚人"?

如何理解"有一天,得重和它们见面的时候,会和我面生吗"?

3. 共享问题:

"绿"有什么深意? 作者的写作意图是什么?

作者为什么用《囚绿记》为题?

三、组学缘物析感情

1. 师生将具体问题按照写作思路、疑难语句分析、主旨情感三个部分进行重组筛选,删除重复问题,解决简单问题,保留价值问题,并将问题按照序列层级呈现出来。

①文章自始至终都紧扣一个"绿"字,"我"对绿是怎样的情感? 为什么是这样的感情? 怎样表现?

②囚绿后"我"的感情经历了怎样的变化? 绿发生了怎样的变化?

③文中第13段"临行时我珍重地开释了这永不屈服于黑暗的囚人"如何理解? "珍重地开释"有什么情感意义?

④"绿"的多重含义有哪些? 作者的写作意图是什么? 你如何评价该作品的现实意义?

2. 小组合作学习。小组成员阅读文本,质疑猜读,按照总结出的问题分析文章内容。成员之间相互交流、讨论、释疑,互动解决基本问题,讨论疑惑问题。

①文章自始至终都紧扣一个"绿"字,作者对绿是怎样的情感? 为什么是这样的感情? 怎样表现这种感情?

明确:爱"绿"。

绿色是多宝贵的啊! 它是生命,它是希望,它是慰安,它是快乐。我怀念着绿色把我的心等焦了。

（师板书：对语——平等、知己之爱）

怎样表现？——见文中第七段分析（天天望着、细细观赏；揠苗助长的心情、巴不得）。

②囚绿后"我"的感情经历了怎样的变化？绿又有绿发生了怎样的变化？

明确：从"对语——平等、知己之爱"转变为"为我——自私、占有之爱"。

绿有三个阶段的变化：

第一阶段，它依旧伸长，依旧攀缘，依旧舒放，并且比在外边长得更快；

第二阶段，它的尖端总朝着窗外的方向"甚至于一枚细叶，一茎卷须，都朝原来的方向"，永远向着阳光生长；

第三阶段，它渐渐失去了青苍的颜色，变成柔绿，变成嫩黄，枝条变成细瘦，变成娇弱，作者认为它很固执。

③文中第13段"临行时我珍重地开释了这永不屈服于黑暗的囚人"如何理解？"珍重地开释"有什么情感意义？

明确：对"绿"的感情变为"珍重——尊重、放手之爱"，表达了作者对绿的尊重、理解，愿意放手让绿重获自由。

四、群学探究悟文情（旨）

针对组学阶段未解决的共享问题，全班进行分析、讨论，实现对文章写作主旨、写作意图这一难点的突破。

"绿"的多重含义有哪些？全文的主旨是什么？

绿的三重含义：

1.生命、希望、慰安、快乐。

2.自由光明的追求。

3.中华民族在日寇的铁蹄下不屈的精神。

（PPT显示）

《囚绿记·序》："我羡慕两种人。前者是感情的巨傅，后者是理智的主人，我羡慕这两种性格。反观我自己，两者都不接近。我如同一个楔子，嵌在感情和理智的中间，受双方的挤压。"

写作意图：

（学生结合提示资料及本课所学探究讨论后阐发）

作品的现实意义：爱到深处为霸占、戕害所爱，最后因为所爱不再可爱而不得不放手；爱，应该与所爱共生共长。

五、课堂小结

以泰戈尔的《流萤集》结束全课："送给我爱的人：让我的爱情，像阳光一样，包围着你，而又给你光辉灿烂的自由。"

六、课外拓展

绿是到处都有的，用我们的笔将它收藏起来，可以是一首小诗，也可以是一篇短文，让我们时时享受绿色之美，请同学们仔细观察身边"绿"之美景，采用"赋物以情"的手法写一段美文。（100字左右）

七、课后反思

本课设计我希望切合新课程理念，采取"以阅读能力为本位，以小组活动为载体，以问题质疑为主线"的问题群导学方式激发学生阅读兴趣，体悟文章个性化语言，实现突破文中重难点的教学目标，然在实际教学中仍旧出现了下列问题：

1.学生"生成"为教师"预设"所捆绑；

2.因时间安排不当，略有拖堂；

3.课堂用语不够凝练，个别处仍旧显得啰唆；

4.板书因课堂紧张，有所疏忽，未完成全部内容。

总结：因为是赛教，想得还是太多了，未能把课堂真正还给学生。问题教学法本身是很不错的一种教学方法，若再有机会我希望仍旧可以尝试，只是到时候的课堂上，我会让学生做真正的主人。

第八章 语文教学拓展的原则与实践

第一节 举三反一——语文教学拓展的总原则

1999 年 4 月,笔者当时还是一名大四学生的时候,看到了汕头大学出版社出版的由孔庆东、摩罗、余杰主编的《审视中学语文教育》一书。在书的《编者的话》上,有一段话给我留下了深刻的印象:

这是一本批判的书,但批判的对象不是老师,批判的方式不是谩骂。

这是一本控诉的书,但控诉的被告不是作家,控诉的结果不是宰杀。

这是一本伤心的书,因为再不伤心,我们的孩子将不会说话。

这是一本拯救的书,因为再不拯救,我们的民族将由聋而哑。

书的封底,更是写上了"中学语文坑死人""语文,我为你流泪""吾文教育:世纪末的尴尬"等字眼。尽管文字有些偏激,但是整个中学语文教育受到全社会的猛烈批判确实是不争的事实,甚至有人认为中学语文教师是"误尽苍生"的一批人。我们的语文教育到底是怎么了?为什么最为辛苦的语文教师面临如此尴尬的地位?问题到底出在哪里?

直到看到全国著名语文特级教师、清华大学附中语文教师韩军的《韩军与新语文教育》的文章,笔者才有豁然开朗、眼前一亮的感觉。

韩军精辟地概括了传统语文教学与现代语文教育的区别:"五四"前,千年传统语文教育总思路是"举三反一","五四"后开始的现代语文教育总思路却是"举一反三"。举三反一,讲究积累、积淀、大量读书,整体感悟,效果多快好省;举一反三,讲究唯学课本,以少胜多,分析解剖,效果少慢差费。

举一反三,即一学期只学一册课本,以 30 篇文章作范例"举一",教师不厌其"深、细、透"地烦琐解析,微言大义,咀来嚼去,斟句酌字,以图让学生循例"反三"，会读写同类文章。结果，一学期最多只学30篇，中学漫漫6年，最多学360篇。试图通过360篇文章"范例"，让学生会读写远超过360篇的文章，实乃杯水车薪、缘木求鱼。数代人高中毕业，母语仍不过关。

韩军指出，举一反三，实乃数理化等自然科学学习之路，课本"举一"于前，学生"反三"于后，通过一个例题，学会解大量同类习题。"五四"后，人文向数理看齐，语文教育东施效颦。学语文（言语），本是举三反一。读书，积累，多多益善，数量在先，量变而质变。大量积累、积淀于前，才会点滴模仿反刍于后。无举三，则无反一；只举一，则永难反三，此铁律。韩军举例说，幼儿学口语，效率奇高。出生一言不会，两年（720天）便正常交流，奥妙在举三反一。婴儿一出生，便掉进了语言汪洋。韩军算了笔账：幼儿1天至少听100句话，每句10字，一年至少听了36.5万字，两年至少73万字。幼儿在"举三"之上，自然"反一"。"听话数十万，说话自然成"，是奇迹，也是自然。千百年传统语文教育，一直不自觉地走举三反一之路："读书破万卷，下笔如有神""熟读唐诗三百首，不会写诗也会吟""读书百遍，其义自见"。

这些文字今天读来依然是睿智深刻、一针见血的感觉。韩军确实是指出了中学语文教育的一大问题：妄图以举一反三的理科思维来代替举三反一的语言学习。我们从根本上背离了语文学习的规律，在一条求精求细的道路上发展，而且又是以政治化的解读代替对作品的多元的更加人性化解读的方式进行，于是我们在做着语文教师自己也不喜欢的分析，于是语文课变得面目可憎、琐碎不堪、局促狭隘，学生会的教师还在啰唆，学生不会的教师根本不讲，抑或者以统一的标准答案来钳制学生的思维。原本最自由最生动最丰富最深刻的语文课变成了最狭隘最无聊最简单最肤浅的课堂，难怪学生会不喜欢，难怪整个社会在批判。

记得肖川博士在《什么是良好的教育》中有这样一段描述：

　　什么是良好的教育呢？也许我们很难给予它一个周全的描述，但我们可以非常肯定地说：如果一个人从来没有感受过人性光辉的沐浴；从来没有走进过一个丰富而美好的精神世界；如果从来没有读到过一本令他（她）激动不已、百读不厌的读物；从来没有苦苦地思索过某一个问题；如果从来没有一个令他（她）乐此不疲、废寝忘食的活动领域；从来没有过一次刻骨铭心的经历和体验；如果从来没有对自然界的多样与和谐产生过深深的敬畏；从来没有对人类创造的灿烂文化发出过由衷的赞叹，那么，他（她）就没有受到过真正的、良好的教育。

对比一下我们的教育,和这样的境界差距有多大。尽管我们经常会说,语文的外延等同于生活的外延,生活有多广阔我们的语文就会有多广阔,但是实际上我们在具体的实践中,很多老师和家长的做法与这样的提法正好背道而驰。很多家长不允许学生看"闲书",只允许学生去做套题。记得笔者在带高三的时候,很多家长都会给笔者告状:马上都高考了,孩子却还在看历史书;剩下一年了,孩子怎么还在看周国平的哲学书;我的孩子一点儿都不着急,迷上了鲍鹏山的《新说水浒》……每当这个时候,笔者都会淡淡地一笑,笔者说这些书挺好的,是笔者给孩子们推荐的。只要时间规划合理,没有在上课时间卖,那只会促进他们的学习,绝不会影响的。每当笔者这样解释的时候,家长都是一脸的吃惊和不放心,尽管还想说些什么,但是笔者的态度也很明确,他们只好就此作罢。不光是家长,甚至我们许多的一线的教师也是一样,和笔者合作的一些班主任也是这样。记得有一次笔者在下午的两节语文课上给孩子们放了一下莫言在获得诺贝尔文学奖领奖时候的发言,结果是,在笔者上课期间,班主任的脑袋不停地在门上的小玻璃窗口摇动,想要看清楚笔者的语文课在干什么,下课之后班主任又"负责任"地提示笔者,都高三了怎么还给学生放电影。每当这个时候,笔者的内心都感觉到一种囚笼般的压抑和桎梏,我们的教育者什么时候能够学会尊重别人的课堂? 我们的教育什么时候能在一种相对自由的空间中进行? 每天一直在讲题才是最有效的课堂吗? 每节课都在喋喋不休地讲课甚至是霸占学生仅有的课间十分钟的教师才是认真负责的教师吗? ……思考之余,只觉得我们的教育真是任重而道远,我们需要改变的东西太多了,还是从自己身边的一点一滴开始吧。

从笔者自己十六年的语文教学实践和自己所掌握的各类资料来看,我们和国外发达国家在语文教学上的最大差别就是我们用教师的单一的讲解代替多元的人性化的分析,然后又用做题占据了学生自由阅读的时间。在这样的语文教学的背景下,在这样的理论认识的支撑下,笔者开始了语文课堂的拓展并且把它提升到一个很高的地位上。接下来笔者将从三个方面来谈谈语文教学的拓展:一是教师怎样立足于课本,在课内对学生进行拓展;二是教师怎样利用广阔的资源对学生进行可操作性强同时又行之有效的课外拓展;三是作为一个语文教师,我们如何进行自己的阅读拓展。

第二节　语文教学课内拓展

一、向广度拓展

我们都知道,生活的外延有多广阔语文学习的外延就有多广阔。在这样一个信息爆炸,学生接受多元化知识的现代社会,语文课堂应当成为学生认识缤纷世界的窗口,学生通过这个窗口可以认识到各种文化的博大精深、丰富多彩,感受学习文化、认识文化的乐趣,进而提升学生对于学习文化知识的兴趣,引导他们自主探究文化知识,提升个人的素养,充实他们的内涵,培养良好的情操。笔者有 11 年的初中语文教学经历和 5 年的高中教学生涯,深刻感受到初中教学如果每篇课文至少拓展 1—2 篇相关内容的话,高中的语文教学则应该以课本为辐射点散发开来,进行井喷式的相关阅读拓展,尽可能使高中语文学习成为有相当文化含量的专题性学习。

比如在教毛泽东诗词《沁园春·长沙》时,按照举三反一的原则,教师应尽可能多地加入毛泽东的其他诗词。除了课本上补充的三首《采桑子·重阳》《七律·长征》《浪淘沙·北戴河》之外,面对众多的毛泽东诗词,教师应该如何取舍呢?

教师的取舍原则:第一、联系自然。学习这首诗,教师自然会想到《沁园春·雪》,虽然这首诗学过,但温故知新,再读也许会感受更加深刻。在比较完两首诗歌之后,笔者选用了在占有材料阶段所读到的一篇教学实录中的一段话:

> 1925 年 10 月,他正在苦苦寻求救国之路,写下了《长沙》,发出了"怅寥廓,问苍茫大地,谁主沉浮"的疑问;1936 年 2 月,他终于找到了光明大道,写下了《雪》,给出了"俱往矣,数风流人物,还看今朝"的回答。这两首诗词牌相同,结构相似,主旨相连,一问一答,遥相呼应,妙趣横生。这是十年求索,十年攀登,十年磨一剑,难怪如此华美、如此壮阔、如此锋锐!

第二,为教学目的服务。这首诗主要表现青年毛泽东的壮志豪情和担当精神,教师自然会想到他的《卜算子·咏梅》,还有他早期的两首诗。《卜算子·咏梅》这首诗写于 1961 年 12 月,正是我们国家处于三年困难时期,同时也会自然和被称为是"亘古男儿一放翁"的陆游的《卜算子·咏梅》进行对比阅读,毛泽东的壮志豪情、领袖情怀表现得更加淋漓尽致。还有两首早期的小诗,尽管浅显但是同样能够表现出他睥睨天下的雄心壮志。一首是《七绝·咏蛙》:独坐池塘如虎踞,绿荫树下养精神。春来我不先开口,哪个虫儿敢作声。一首是《七绝·呈父亲》:孩儿立志出乡关,学不成名誓不还。埋骨何须桑梓地,人生无处不青山。

第三,他的优秀诗歌的代表。新中国成立前的诗歌更好一些,新中国成立后带有浓厚阶级斗争色彩的诗歌坚决不选。比如说写于1961年2月的七绝《为女民兵题照》,"飒爽英姿五尺枪,曙光初照练兵场。中华儿女多奇志,不爱红装爱武装",我们就不选;比如说《满江红·和郭沫若同志》,"小小寰球,有几个苍蝇碰壁……四海翻腾云水怒,五洲震荡风雷激。要扫除一切害人虫,全无敌",我们也不选。而写于1935年2月的《忆秦娥·娄山关》,"西风烈,长空雁叫霜晨月。霜晨月,马蹄声碎,喇叭声咽。雄关漫道真如铁,而今迈步从头越。从头越,苍山如海,残阳如血",这首诗歌雄奇悲壮气势如虹,自然在立选之列。写于1956年的《水调歌头·游泳》则在可选可不选之列。另外我们还会加上他的《七律·长征》《七律·人民解放军占领南京》等诗词。这样下来,尽管我们学习的是《沁园春·长沙》,但实际上学生在十几首毛泽东的经典诗歌中穿梭,在举三反一的基础上,能够更加充分地体会到毛泽东的雄心壮志和担当精神以及他不同凡响的领袖情怀和领袖气质。在此基础上,笔者选用了柳亚子的四句诗和任先青《领袖·诗人》中的一段话作为本课的结束语:

推翻历史三千载,自铸雄奇瑰丽词。潇洒莫如毛泽东,千古绝唱第一人。

你用平平仄仄的枪声,写诗,二万五千里是最长一行。常于马背上构思,便具有了战略家的目光。战地黄花,如血残阳,成了最美的意象。有时潇洒地抽烟,抬头望断南飞雁,宽阔的脑际却有大江流淌,雪天更善畅想,神思飞扬起来,飘成梅花漫天的北国风光。相信你是最严肃的诗人,屈指数算,一首气势磅礴的诗,调动了半个世纪的酝酿。轻易不朗诵,天安门城楼上只那一句,便成了世界的诗眼,嘹亮了东方。

这样的结尾,高亢而嘹亮,如同响亮的号角,在空中飞扬,言有尽而意无穷,令人回味令人振奋。

二、向深度拓展

1.注重对教材的整体理解

记得在教读《先秦诸子选读》的时候,这本书包括有《〈论语〉选读》《〈孟子〉选读》《〈荀子〉选读》《〈老子〉选读》《〈庄子〉选读》《〈墨子〉选读》《〈韩非子〉选读》七个系列,当时利用寒假,笔者先整体通读教材,然后每个系列都选了专门的学术书籍来为备课做参考,而且几乎读了每一个人的传记。在此基础上,笔者也希望对这本书能够有一个适合高中学生的整体定位,所以又请教了陕西师范大学文学院古典文学专家程世和教授,请他为笔者做一个整体的解读。程老师在邮件中这样说:

> 在我看来,《论语》教人以和蔼,《孟子》教人以刚健,《庄子》教人面对宇宙天地,《荀子》教人以学养德,《韩非子》教人深刻洞察人性之恶。人生,应首先学儒,面对社会人生,和蔼对待周边的人和事,同时胸中生发出英雄豪气,积极进取。其次,再学老庄之道,飘逸而洒脱,内有情性之美,外能欣赏山水自然。再其次,在坚守善根的前提下,能够有洞察人性之恶的内在深刻,以免为小人所害。而《论语》《孟子》《庄子》《荀子》《韩非子》五书正可以使我们人格得以完型。高中生即将成人,可赖以上述五书为其人生导引。也可以这样说,《论语》和蔼如春,《孟子》豪放如夏,《庄子》《荀子》成熟如秋,《韩非子》冷酷如冬。人生在世,不可避免地要历经春夏秋冬,不可避免地要经受人间的寒温冷暖。故此,心中应做好应对的准备。

此外,程老师还有一篇《欲为中国人,须读圣贤书》的文章中也对先秦时期的文学有一个整体评价:

> 在中国历史上,先秦时期足以称为中国文化形成的"轴心时期"。这是因为,这一时期涌现出《诗经》《礼记》《春秋》《易经》《论语》《老子》《墨子》《孟子》《庄子》《荀子》《左传》《孝经》《楚辞》等一大批铸造中华民族精神灵魂的文化经典。其中,儒家经典重人文教化,重天下为公,重民生疾苦,重日常人伦,重志节操守的济世怀抱,建构了中华民族"仁者爱人"、厚德载物、自强不息的基本性格,成为中华民族每在厄难之后又日渐显露出浩大声势的精神泉源;与之相互补,道家经典重个体自由,重自然情性,重宇宙大观,重诗意栖居,重精神旷达的生命情怀,又在儒家塑造出中华民族伟大根性与民族精神之外,为古今中国人别开了一个消解生命苦痛、走向飘逸人生的精神法门。进取与退守,执着与旷达,既有慷慨悲壮的英雄之气,又有冲淡散朗的风神之美。古往今来的中国人就是这样在太平洋东岸、黄河长江流域走过了上下数千年艰难而伟大的生命历程。

记得在《先秦诸子散文》的总结课上,当笔者把程老师这两段高屋建瓴大气磅礴的理解展现在课件上的时候,每个人似乎都陷入了沉思当中,课堂是静悄悄的,然而在这份安静中,却涌动着思想的顿悟和对中华文化深远的思考。谁说学生越来越难带,谁说语文越来越难教?如果教师能够不时地带给孩子们这样的思想和这样的顿悟,那么,何愁学生没有学习语文的兴趣?

再比如语文必修一第一单元是高中阶段唯一一个新诗单元,其中包括毛泽东的《沁园春·长沙》、戴望舒的《雨巷》、徐志摩的《再别康桥》和艾青的《大堰河,我的保姆》四首诗歌。在这里,教师一方面要引导学生在诗的世界中徜徉,另一方面也要引导学生完成对自己人生意义的建构。在笔者写的一篇文章《追寻与回归——人教版高中语文必修一第一单元的意义探究》中,对于本单元笔者做了这样的小结:

> 作为一名青年,我们首先要有"独立寒秋"的站立精神,接下来在独自上路的过程中可能会遇到"丁香姑娘"。对于美好的东西,我们尽管喜欢但也绝不会只是一味占有。尽管错过了,尽管遭遇"人生的雨巷",尽管孤独寂寞,但我们依然要往前赶路。在走向世界的过程中,我们可能会遇到像康桥那样的能够成为我们精神家园的人类优秀文化圣地,我们徜徉其中并吸收了它的精华,尽管我们喜欢但是我们依然会选择离开。离开之后我们会流连会思念,但是毕竟我们要回归到属于自己的土地,因为这里有我们的大堰河一样勤劳质朴我们始终不能忘记的母亲。独立寒秋,进而独立和担当;彳亍雨巷,深感迷惘但仍坚守;再别康桥,无限地沉醉和怀恋;歌颂母亲,回归生命的起源。这不正是我们青年人在接下来的成长过程中所要面对的一个又一个人生命题吗!它们清晰分明又层层递进,全面而又圆融地构成了一个人生序列和生命成长的体系。作为高中的语文教师,我们不仅教授诗歌本身,我们也要带领学生去追寻生命的意义,探求一个又一个的生命主题。

很庆幸自己来到了高中部,面对一套全新的繁多厚重的教材体系,很庆幸自己必须要广泛涉猎更多的书籍,深入地钻研更多的理论。钱理群教授曾经给大学生们提过这样一段话:"一定要沉静下来,即所谓板凳甘坐十年冷,着眼于长远的发展,打好做人的基础,而且要潜入下去,潜到自我生命的最深处,历史的最深处,学术的最深处。"也许我不一定能够达到这样的高度,但是,虽不能至心向往之。我希望自己能够有更加深刻的思想,能够把学生带入更加开阔更加深邃的思维空间。希望自己沉潜下去,去领略思想的魅力和深度的魅力。

2.营造"追寻意义"的语文课堂气场

现代社会国家进入了转型时期,在改革中积累的大量的矛盾呈现在我们面前,许多传统的道德法则正面临着多元价值观的冲击和挑战,许多制度和机制与我们的理想要求差之甚远,面对急剧变化的形势我们缺乏准备,我们这一代人面临的困惑与矛盾可能超越了中国任何一个历史时期,社会巨大的惯性使我们难以做自己想做的,于是我们苦闷,我们焦灼,我们批判,我们愤怒,我们怀旧,我们憧憬。著名诗人、剧作家、文学家艾略特在《岩石》中的追问很好地描述了现代人焦灼和迷茫的心理,他这样追问道:"在信息中,我们的知识哪里去了?在知识中,我们的智慧哪里去了?在生活中,我们的生命哪里去了?"

追寻意义,是人类永恒的话题。随着学生年龄的增长,高中生开始越来越多地思考人生的意义和价值,虽然这样的问题应该在哲学课上解决,但是我们的课程中没有哲学课,只有打上了很深政治烙印的"政治课",为政治服务、为政党服务的宗旨很难解决学生内心深处的真正疑问。就如同雅斯贝尔斯所说:教育是人的灵魂的教育,而非理智知识和认识的堆积。教育意味着一棵树摇动另一棵树,一朵云推动另一朵云,一个灵魂唤醒另一个灵魂。所以,就需要教师有一种宗教担当的精神。

语文因为其丰富的人文内容和细腻的情感关照,能够更加深刻而有效地解决学生思想深处的本质性问题。而语文课堂应该成为回答学生本质问题的追寻意义的课堂。我们知道,人类的终极关怀主要有三种形式:一种是给多样的现实世界以统一之本体存在的哲学承诺;一种是给有限的生命以无限之价值意义的宗教承诺;一种是给异化的现实人生以情感之审美观照的艺术承诺。而在其中,宗教承诺是我们生命个体最为焦虑和永远拷问的。我们要"追寻意义",就是要带领学生解决最根本的两个问题,即"我要成为怎样的人,我需要怎样的生活"。我们带领学生在一篇又一篇的文本中寻求答案,我们带领学生在一个又一个真实的人生中寻找答案,无论找到什么程度,我们都不要忘记自己的终极使命,不要只是把语文课上成是应付考试的课、训练背诵的课、知识讲解的课。我们需要追问、需要探讨人生的终极问题,这样的课一定是学生欢迎的课,这样的课才能真正凸显语文的人文本质和新课改的理念。

三、读文更读人

每一个能够选入高中语文课本的作者,每一个简单的人物名字后面,都是一个丰富而博大的世界。他们的生平、他们的经历、他们的追求、他们的婚姻、他们的战斗……把最真实的内容告诉我们的孩子们,让学生不仅了解文章、研读文本,同时也让学生走进一个个真实的生命、真实的人生,这样的人生对于他们的成长更有意义,更有价值。这就需要教师的教学以大量的阅读为基础,能够大胆取舍教材。

比如说巴金的《小狗包弟》的教学,课文本身的解读很简单,理清事件和情感线索只花了 10 分钟。但是笔者把重点调整为:第一,给大家读的《随想录》中的另一篇文章《怀念萧珊》;第二,介绍巴金,尤其是在"文革"中的种种艰难。

记得在读《怀念萧珊》的时候,笔者情不自禁地流下了眼泪,不少学生也跟着暗自垂泪,整个课堂在一种浓浓的悲情和深沉的忏悔中沉浸,学生受到了极大的情绪感染产生了强烈的情感共鸣。在此基础上,笔者开始介绍巴金在"文革"中的种种遭遇和磨难,不仅介绍巴金,同时也加入了"文革"中人们失去了理智和冷静之后的其他种种疯狂举动。在此基础上笔者开始总结巴金的作品和人生:

巴金——20 世纪的良知符号

"文革"中备受折磨的巴金在 20 世纪 80 年代初就被确诊为"帕金森症",但他仍然在病魔的折磨下坚持创作。从 1978 年 12 月 1 日,写下的《谈〈望乡〉》《怀念胡风》,到 1986 年 8 月 20 日写完最后一篇,历时八年。他写作时有时连笔都拿不稳,有时刚写几个字,手指就不动了,要横横不出来,要撇撇不出去,老人只好用自己颤抖着的左手去推动自己颤抖着的右手去完成写作。然而他就是这样推出了洋洋洒洒"掏出心来,力透纸背,情透纸背"的 42 万字的《随想录》,推出了一座"'文革'的博物馆"。

在学生们感慨唏嘘之余,笔者又打出了 2005 年度感动中国人物对巴金的评价:穿越一个世纪,见证沧桑百年,刻画历史巨变,一个生命竟如此厚重。他在字里行间燃烧的激情,点亮多少人灵魂的灯塔;他在人生中真诚地行走,叩响多少人心灵的大门。他贯穿于文字和生命中的热情、忧患、良知将在文学史册中永远闪耀着璀璨的光辉。

至此,本课的教学,笔者带领学生见证"文革"这段历史,见证了一个进步文学家的无论何时都不放弃理想的执着追求,见证了一个人在绝望中的坚守和困难中的坚持,见证了一个正直心灵的痛苦审问,一个最无责任者对自己责任的深深拷问。学生感受到了一个伟大人物的伟大心灵,学生的精神在真诚、责任、反思、拷问、感动中浸染。想一想,如果一个人的精神常常在这样崇高的精神世界中游走,那么,你觉得他会很容易变成一个小人,或者你觉得他在自己经历那么一点点困难的时候会轻易就放弃吗？笔者认为,答案是否定的。

第三节　语文教学课外拓展

一、用传记丰富学生的精神世界

笔者会经常去问学生,你们的偶像是谁？我们的学生往往回答的都是歌星、影星或者球星,男孩子可能会加入一些政治明星,很明显这样的浅层的文化倾向已经成为一个社会问题。作为一个语文教师,我们应该去关注学生的精神世界,去为学生建构一个丰富充盈的人文世界,所以大量地引入一些名人,用名人去引领学生意义重大。一般情况下,笔者都会以 PPT 的形式来为学生介绍他的经历、作品、成就和名言。特别好的作品,笔者会带领学生一起赏读;特别好的视频,笔者会介绍学生去观看。

记得 2013 年在全市高考备考研讨会上,来自西工大附中的曾琦老师说,高考作文一定要往文化上靠一靠,否则是很难得高分的。尽管这是一种相当功利的说法,但是也的确揭示了一种倾向。而在引导学生的过程中,尽管有时候目的是功利的,但我们也欣喜地发现有些做法可能为学生打开了一个丰富的精神世界。

以下就是笔者在高考前为学生选择的文化名人系列:

钱钟书、梁从诫、林徽因、路遥、史铁生、李敖、孔庆东、余华、余杰、莫言……

当然,有时候学生还是会感觉文化名人距离他们比较远。针对笔者带的每一届都是文科生(当然对理科生也很有作用)的特点,有时候笔者会选取一些当下的甚至是热门的励志语文名人系列。这样做不光是作文素材的积累,更重要的是引导学生走上拼搏奋斗的人生,这样的引导不是生硬的口号式的,而是潜移默化的、巧妙的。笔者经常有一个深刻的感受,学生的精神世界很苍白,他们缺少的就是这样一种输入和引导。

笔者为学生设置的励志语文系列人物有:张泉灵、白岩松、撒贝宁、俞敏洪、英拉、孙维、林书豪、林毅夫、曾子墨、杨澜……

俞敏洪在当下是一个很火的人物,他缔造了新东方的神话,被称为是中国最富有的教师,在观看了他的大量讲演视频和他的传记之后,笔者真是觉得他的成功绝不是随随便便命运的青睐,他是一个有着人文主义情怀的商人。他的三年考大学并最终考取北京大学的经历,他学的是英语专业但是从小英语口语又非常薄弱而为此深深自卑的经历,他上大学在孤独和自卑中度过并因为生病休学一年的经历,他在大学读了800本书的经历,深深地吸引着笔者并且吸引着学生。在介绍他的时候,他的两段精彩的一分钟讲演笔者必定要介绍给学生:

> 人的生活方式有两种,第一种方式是像草一样活着,你尽管活着,每年还在成长,但是你毕竟是一棵草,你吸收雨露阳光,但是长不大。人们可以踩过你,但是人们不会因为你的痛苦,而让他产生痛苦;人们不会因为你被踩了,而来怜悯你,因为人们本身就没有看到你。所以我们每一个人,都应该像树一样地成长,即使我们现在什么都不是,但是只要你有树的种子,即使你被踩到泥土中间,你依然能够吸收泥土的养分,自己成长起来。你也许两年三年长不大,但是十年八年二十年你一定能长成参天大树。当你长成参天大树以后,遥远的地方,人们就能看到你;走近你,你能给人一片绿色、一片阴凉,你能帮助别人。即使人们离开你以后,回头一看,你依然是地平线上一道美丽的风景。树,活着是美丽的风景,死了依然是栋梁之材,活着死了都有用。

> 每一条河流,都有自己不同的生命曲线,但是每一条河流都有自己的梦想,那就是奔向大海。我们的生命,有的时候会是泥沙,你可能就会慢慢地像泥沙一样,沉淀下去了,一旦你沉淀下去了,也许你不用再为了前进而努力了,但是你却永远见不到阳光了。所以我建议大家,不管你现在的生命是怎么样的,一定要有水的精神,像水一样不断地积蓄自己的能量,不断地冲破障碍,当你发现时机不到的时候,把自己的厚度给积累起来,当有一天时机来临的时候,你就能够奔腾入海,成就自己的生命。

在介绍完俞敏洪之后,笔者又给学生介绍了大量他的视频,还有他的传记。记得2013届的一个学生在读完他的传记之后,激动地告诉我"老师我觉得读完之后我热血沸腾",听着学生这样的感受,笔者也为此而高兴和欣慰。

二、用诗歌滋润学生的心田

人是物质的,但是人绝不仅仅是物质的。在精神上,人人追求完美,追求诗意,追求浪漫。然而,在现实生活中,充满着种种世俗的、琐碎的、平凡的、不完美的东西,人们往往会在现实中迷失了自我,变得随波逐流,心灵的空间变得越来越狭窄,有时候对诗意的呼唤便成了内心永远的追求。

诗,语言的皇冠;诗,情感的依托;诗,心灵的家园。中华民族五千年的灿烂文化,为我们留下了一首首光照千古的灿烂诗歌,所以,在传统的语文教学中,我们更加注重中国古代诗歌的教学,我们可以说在唐诗宋词的熏陶中长大。然而,通过笔者多年的教学经验和对初高中学生的了解,一些现代诗的精品更容易引发大家对语文的兴趣,对朗诵的兴趣,对文学语言的兴趣,甚至能够点燃学生心中的诗情、写作的兴趣,点亮他们的生命。

不知道大家有没有关注过中央电视台的《新年新诗会》,从 2005 年到 2010年,一共举办了六届,每年都在清华大学举行。每年都有一个主题,中央电视台的主持人悉数登场,带给我们一场视听盛宴,同时也是心灵的盛宴。每当听到新诗会开始时大器晚成的任志宏那磁性而富有穿透力的声音朗诵《给我》时,笔者的心头都会掠过一丝丝兴奋的感觉,"给我一粒种子,我为一颗颗荒芜的心灵插上新绿;给我一缕阳光,我用爱去点燃跳动的田野;让星火传递星火,让夏日的野藤蔓,爬满一个个光秃的山头。给我一滴白露,我涂抹一条丰收的河流;给我一个妄想呵,我要让时间一分分慢下来;让头顶上飘扬的白发,和新年的雪花一起悄悄地融化,悄悄地……"也许是教语文的原因吧,笔者特别喜欢新诗会,因为它能够把人们带入一种超现实的浪漫境界当中,人的思绪会变得辽远而深邃,人的心灵空间会变得阔大而静谧!

语文课堂,就是要给教师和学生提供这样一个释放诗意的空间。语文课,绝不仅仅是应对考试,有时候,它比任何课都显得更加纯净、更加非功利。那个时候,语文课完全是一种享受,一种超越了现实的纯粹浪漫的感觉。当然我们也不可能回避高考,我们必须以出世的精神来做入世的事业,我们要学会在夹缝中顽强成长并学会带着沉重的镣铐也能舞出最美的舞蹈。

所以,笔者会在校本课的研发上去弥补现行教材对于新诗教学的缺失,尽管我们选修教材也有现代诗,但是笔者希望通过自己的努力把最适合学生的现代诗教给他们。笔者计划讲的诗人有:顾城、海子、汪国真、泰戈尔、纪伯伦、余光中、北岛、央仓嘉措、艾青、刘半农、舒婷……在上校本课的时候,笔者将介绍每个人的生平经历和代表作品,当然最好能引导学生把他们作为作文素材进行积累,从而在理想和现实之间架构一座桥梁。

鉴于学生对新诗的喜欢,所以在寒假,笔者会选择教材当中没有出现的但又适合给学生介绍的八首小诗,分为六个任务让学生背诵并选择一个任务进行配乐诗朗诵。请看资料:

2011 年寒假诗歌朗诵——张晓华推荐

要求:全部背过,并选出一个任务进行配乐朗诵

任务一:汪国真《热爱生命》

任务二:顾城小诗两首《远和近》《一代人》

任务三:《宣告》北岛

任务四:艾青诗两首《盼望》《礁石》

任务五:刘半农《教我如何不想她》

任务六:泰戈尔《世界上最远的距离》

布置这个任务,一是考虑到对诗意的语文教学气场的营造,同时也让学生接触到教材上没有出现的优秀的现代诗人和作品。

诗意的课堂,是美丽的课堂;诗意的课堂,是纯净的课堂;诗意的课堂,是湛蓝的晴空,是深邃的湖水,是雪被下古莲的胚芽。在当下这样一个浮华而嘈杂的社会中,它给我们提供的是一个现实而又超脱的心灵栖息地。

在此,我们也必须明确:

诗意盎然的课堂充分发挥语文形象、激情、可感的特点,这不仅是语文的最大魅力,同时也是文学的最大魅力;另外诗意课堂注重深挖掘,注重客观、冷静、理智,它显示出思维的深度和魅力,这同样也是语文课所要追求的。当然,在具体的教学实践中,学生需要的是一张一弛,一文一武,这样才能更加丰富地显示出语文气场的最大魅力。

三、用名言点亮学生的心灯

对于名言的作用,笔者有着很深的体会。笔者觉得名言不仅能点亮孩子们的文章,也同样能够点亮孩子们的一生,激励着他们不断前行。所以这一轮高考复习作文教学的一个重点就是为学生们积累 300 句有质感的名言,其中包括 100 句中国古代名言,100 句中国现当代名言,100 句外国名言。从教学的现状看来,学生反响不错,笔者也很满意。下面是笔者写的一篇德育案例《开启生命的天窗》,从中可以看出人文性名言对学生的引导和带来的作用。

开启生命的天窗
——用人文性名言点亮孩子们的世界

作为一名语文老师，对于文字可能会有着天生的直觉和敏感，在我的眼里，语言从来都不是孤立的存在，每一个词都布满历史的脚印，充盈着生命的呼吸；作为一名班主任，对于成长和励志，我也怀有宗教般的虔诚和热忱，在我的眼里，关注孩子们的心灵和精神成长，使之始终保持丰富和强大，独立和坚韧，就是为教育坚守着根，传承着魂。

如何把两者结合起来，让我们的德育不再是空洞的说教，而是处处充盈人文的气息和灵动的神韵，名言可以说充当了一个重要角色。在这里，我所说的名言并非是传统意义上的那种端正呆板的、政治口号式的只是作为一种摆设，让人看了也不会产生任何感觉的名言。对于那些用俗了用烂了的名言，我是坚决抵制的，我们要为孩子们的成长精心挑选一些诗意灵动、深刻形象的、能够给他们心灵深处带来某种觉醒和启示的好句子。

比如每年开学初教室布置标语的时候，我绝对不会再选"团结紧张严肃活泼"之类端正刻板的话语，也绝对不会选"书山有路勤为径，学海无涯苦作舟"之类的让人一看就觉得学习很苦无比压抑的诗句，也不会选取那些尽管不错但是已经毫无新意的句子。2016 届我们在前方张贴的标语是"太阳总在有信念的地方升起"，后边选取的标语来自南京师范大学附属中学的校训"英雄有大美，嚼得菜根、做得大事"，两侧我们选取了"激流勇进，乘风踏浪，我欲搏击沧海横流；傲视群雄，飞鞭催马，吾将痛饮黄龙美酒"。这些句子阳光而大气，处处给人以豪情大志的感觉，我们的学生也会受到一定程度的熏陶和濡染。

比如说对于高中生涯的三年规划，我会提出以下整体设计：高一，为自己种一棵理想树；高二，有一颗为梦想而远眺的心；高三，我们比任何时候都接近梦想。再比如，同样是说书籍的重要作用，我们一般人都会选取"书籍是全世界的营养品"和"书籍是人类进步的阶梯"这样的句子。"腹有诗书气自华"尽管不错但用得有些多了，所以我在倡导孩子们读书的时候选取了"阅读是最浪漫的教养"这句名言，它来自一个书名。还有美国著名女诗人迪金森的关于读书的箴言：没有一艘船能像一本书，也没有一匹骏马，能像一页跳跃着的诗行那样，把人带往远方！这样的句子既诗意又浪漫，孩子们非常喜欢，的确产生了意想不到的教育效果。

有时候,我还会根据季节给孩子们选择一些相应的名言。春天来了,我们的后黑板会贴上一段话:"别人还在沉睡,他已经醒来;别人醒来,他已经起身;别人起身,他已经行动,那是早春的行动!"抑或是结合每年开春央视组织的"感动中国"人物评选,我们会选择"用感动为春天开幕"这样的主题词;冬天到了,我们会选取"没有一个冬天不可逾越",或者是"我们要把春天吵醒"这样的句子来告诉孩子们坚守和热情的重要性。

孩子们失误了,遭遇挫折了,我会用刘同的那句"成长中的每一次低头,都是对自己的肯定"来激励他们;孩子们抱怨太多,我会告诉他们柴静的那句"与其诅咒黑暗,不如点亮灯火";孩子们在成绩上很焦虑,我会用朱光潜评价弘一法师的那句"以出世的精神,做入世的事业"来安抚他们;孩子们嫌条条框框太多,我会引用胡适的那句"你们不要总是争自由,自由是外界给你们的,给你自由你不独立仍然是奴隶"来平衡他们牢骚的心理;要孩子们学会生活的时候,我会引用刘墉的"我们必须有一颗很热的心,一对很冷的眼,一双很勤的手,两条很忙的腿和一颗很自由的心情";在倡导学生学会享受孤独并在其中奋勇前行的时候,我会引用莱蒙托夫的那首诗"一只船孤独地航行在海上,它既不寻求幸福,也不逃避幸福。它只是向前航行,底下是沉静碧蓝的大海,而头顶是金色的太阳";在鼓励孩子们学会自我成长的时候,我告诉他们,"鸡蛋,从外打破,是食物;从内打破,是生命。人生从外打破,是压力;从内打破,是成长";在鼓励他们心系天下关心他人的时候,我会告诉他们鲁迅的那句"无穷的远方,无数的人们,都和我有关";在我要他们学会担当的时候,我会引用朱光潜的"此身、此时、此地"(具体解释为:此身,凡此身应该做而且能够做的事,决不推诿给别人;此时,凡此时应该做而且能够做的事,决不推延到将来;此地,凡此地应该做而且能够做的事,决不等待想象中更好的境地")。这样质朴而又有张力的句子会给学生不一样的感觉。

如此点滴的累积和润泽,使很多学生的人格特质和做事方式都悄悄发生了变化:浮躁的班风安静了,牢骚话抱怨声变少了,自私自利的行为收敛了,坚硬叛逆刺猬式的性格柔和了……班级里大家开始变得温文尔雅,变得有自信,变得朝气蓬勃了,变得更加乐观幽默豁达开朗了,最重要的是他们懂得了拼搏和彼此温暖的重要性。作为一名教育工作者,在"名言点亮孩子们的世界"的过程里深深地体会到了来自文字的魅力和给人带来的精神感召。看看我们七班的孩子们是如何受到这种来自精神的濡染和熏陶，下来是赵任媛同学读书笔记的一点文字：

"所有的人，起初都是空心人，所谓自我，只是一个模糊的影子，全靠书籍、绘画、音乐、电影里他人的生命体验唤出方向，并用自己的经历去填充，渐渐成为一个实心人，而在这个由假及真的过程中，最具有决定性的力量是自己的内心。看你自己是否想要改变什么，想要接触什么。以前的自己有小梦想，过小日子，做小人物。是一个平凡抑或可以说浅显的人，我的家庭不是什么书香门第，父母都没有很深的文化素养，也不会教我琴棋书画，我自己也是在浅显的路上随波逐流还欢呼雀跃。每周看的书籍无非是《意林》《读者》，偶尔加一本《故事会》，没有对问题的思考和想法，思维方式就像一本平凡的单薄的可怜的《故事会》。

"高二，文理分科，来到七班与小花老师的接触后，我开始对以前的生活果断割舍，我要做一个大写的人。刚来到这个班，黑板上面的标语不是"好好学习""刻苦勤奋"那些从小看到大已经视觉麻木的生硬的话语，而是红色背景下金黄的象征着希望朝阳的黄色标语：太阳总在有信念的地方升起。我当时就想，我也要升起我的太阳，不要再做一个捧着《故事会》随波逐流的女孩，我也要用自己的信念去支撑自己的太阳，我要做一个大写的人。做努力爬行的蜗牛或者坚持飞翔的笨鸟，在最平凡的生活中，谦卑并且认真地活着。但你总会发现，现实和理想之间总是不合人意的，今天苦恼大吃大喝一顿，信誓旦旦地说从明天要有一个新的开始，而从第二天睡懒觉开始又循环着自己讨厌的样子。我们都一样，年轻又彷徨。有时候也会因为自己成绩的小小进步而沾沾自喜甚至得意忘形，被得意冲昏头脑而忘记继续奋斗。在迷茫颓废生活中觉醒，挺感谢我们的班主任小花老师。小花老师有一次在班上说：每天都把自己当一个新人看待。我不知道这是她自己的话还是积累的句子，我只知道我拿它来不断告诫自己，戒骄戒躁，俯下身去学习，沉入水底，不断去做人生的加法，每天把自己当一个新人看待。

"每天把自己当一个新人看待，以学习的眼光看待一切，以谦卑的姿态去过好每一天，我们都是单薄的空心人，只有每天把自己当一个新人看待，不断去做人生的加法，才能由假变真，变成一个实心人。总有一天，你会站到最亮的地方，活成自己曾经渴望的模样。"

看着这样的文字,我的内心一片安静祥和,这就是一个老师最幸福的时刻,想起了雅斯贝尔斯的那段话:教育意味着一棵树摇动另一棵树,一朵云推动另一朵云,一个灵魂唤醒另一个灵魂。让我们珍惜师生之间的生命相遇,让我们不断饱满和润泽彼此的生命,让我们守望心灵,也同时守望我们的精神家园。

第四节　语文教师的阅读拓展

我们都知道,一个人的阅读史就是一个人的精神发展史,阅读对于一个教师尤其是一个语文教师的重要性不言而喻。然而回顾笔者自己的阅读经历,的确是让现在的笔者很痛惜。上大学前,笔者只是读过《儿童文学》《少年文艺》等杂志,还有几本琼瑶小说;上大学之后,因为觉得进了"保险箱",四年时间基本上是在无所事事中度过,要说阅读的话也只是被动地阅读了一点点。直到笔者大四开始实习的时候,接触到笔者的指导教师宋小平老师,他带领笔者参加了"席殊好书"俱乐部,并开始接触一些现当代的作品。真正走上教师岗位的前几年,笔者还是有点摇摆。直到2005年才静下心来准备不再犹豫不再徘徊,尽力做一个好教师。也就是从那个时候开始,笔者的阅读才刚刚起步。因为知识的贫乏,所以感觉自己工作起来并不像别人那样从容,总是很狼狈,但是只要开始就是好事。就像摩西奶奶的百岁感言,人生永远没有太晚的开始。尽管已经走过了最佳的读书年龄,但是笔者还是从读书中吸收到不少有益的东西。

关于读书的文章很多,给笔者留下最深刻印象的一篇就是2015年6月25日《中国教育报》上的四川省成都市新都一中语文教师夏昆老师的一篇文章《教师真正的绝活是读书》,文章分为四个小标题:唯一的途径就是读书,十年晴下浩瀚二十四史,语文的根就扎在历史中,重要的是能否安静地读。其中有两段话给笔者留下了深刻的印象:

我从1998年开始阅读"二十四史",随着阅读的深入,我越来越深地体会到何老师当初告诉我的那句话:语文的根就扎在历史中。当我在2005年开始读《宋史》的时候,明显感觉到以前学过的很多散乱的知识现在凭借着历史的线被串在了一起,或者更确切地说,历史像一棵根深叶茂的大树,而所有的语文知识都能在这棵树上找到自己合适的位置。而一旦它们找到了自己的位置,就不再是孤立静止的一点,而是随着这棵大树的生长而生长,随着它的壮大而壮大。

我的学生告诉我,他们刚上我的课的时候,每每惊讶于我上课时对于课文有关的知识如数家珍,旁征博引娓娓道来,经常一节课下来,老师连书都没有翻开,但是一切却了然于胸,毫厘不爽。这并非我故意炫技,真正的原因是在阅读了这么多原始史料之后,我已经将课本的知识还原到了它们在历史中各自的本来位置上,而这棵历史之树又是有机联系的,牵一发而动全身,举一反三,触类旁通,因此我的课既立足于课堂,又放飞于课外。而长期大量的阅读更使我对文本的理解和领悟能力上了一个新的台阶,对一些课文中传统的观点也有了自己的视角和看法。

这篇文章最后说,作为教师,最重要的并不是读不读二十四史,最重要的是能够安安静静地读进去。无论出于什么目的,只要开卷必定有益,而且每个人都有自己的阅读的客观情况,所以要从兴趣出发,首先让自己爱上读书,其次再慢慢从浅层次的阅读走向专业阅读,最后再走向精神阅读、灵魂阅读。每个人不可能从一开始就能啃动二十四史,但是每个人都可以安静地阅读。从笔者的阅读习惯来说,因为工作习惯笔者阅读的主要是教学专业书籍和文化类散文,百家讲坛的相关书籍也看了不少,笔者觉得有用处。下面笔者从教学的角度谈谈面对海量的资源我们应该如何去取舍。

一、我们应该少去关注的资源

(1)相关的图片或者视频;

(2)教案和教学设计;

(3)课件和试题。

二、除了教学参考之外,我们应该多去关注的资源

1. 著名学者的文化散文和理论文章

笔者自己看得比较多的有:周国平、余秋雨、于丹、鲍鹏山、康震、龙应台、王立群、钱文忠、程世和等。

对于有些人,可能批评的声音比较多,但是我们不要被别人的批评声音左右,我们也不能让自己的大脑成为别人思想的跑马场。我们要打开书籍自己去看,自己去感受。比如这几年批评余秋雨的声音很多,但我们亲自感受他的

文字：

　　唐诗确实是一种大美，不管在什么情况下一读，都能把心灵提升到清醇而又高迈的境界……唐代诗坛有一股空前的大丈夫之风，连忧伤都是浩荡的，连曲折都是透彻的，连私情都是干爽的，连隐语都是靓丽的。

　　李白永远让人感到惊讶。我过了很久才发现一个秘密，那就是，我们对他的惊讶，恰恰来自他的惊讶，因此是一种惊讶的传递。他一生都在惊讶山水，惊讶人性，惊讶自己，这使他变得非常天真。正是这种惊讶的天真，或者说天真的惊讶，把大家深深感染了。

　　这就像大鹏和鸿雁相遇，一时间巨翅翻舞，山川共仰。但在它们分别之后，鸿雁不断地为这次相遇高鸣低吟，而大鹏则已经悠游于南溟北海，无牵无碍。差异如此之大，但它们都是长空伟翼、九天骄影。（李白和杜肯）

这几段文字均出自余秋雨《唐诗几男子》，无论别人怎么批评，笔者觉得还是很好。再比如于丹，尽管有人把她比作"学术超女"，总是给现代人浇灌各类"心灵鸡汤"，对经典的解读很是肤浅，网上更是有对她的恶搞图片，但是笔者认为她在口头语言的典雅方面是第一流的，而且对于经典我们也确实需要一个由浅入深的过程。任何书籍，任何作者，只要提升了我们的认识，让我们在不断成长中吸收到有益的东西，那对我们就是好书，就是很棒的作家。我们就书论书，不要去评价别人的私生活，更不要总是搭着显微镜去看别人，因为我们自己也并非是完美的人。

　　2. 著名学者对中学教材的深度分析

　　现在，我们已经越来越强调语文教师的个性化文本解读能力，这是语文教师必须面对的实际问题、基本问题，它是一个教师的基本功。但事实是我们的许多教师并不具备这样的能力，在教学中，许多教师并没有真正静下来，关注文本，关注学生可能在阅读中产生的真问题，很多教师只是按照教参或者教辅书上的内容来讲，没有任何拓展和高层次的解读，请问我们教师的作用是什么？试问在现代信息爆炸的时代，如果我们所交给学生的只是一张光盘、一本书就能解决的所谓知识，这样的教学有何价值可言？难道我们不是在浪费学生的时间，不是在消耗他们的生命吗？

　　在此，我们提倡不看任何资料的素读。一篇文章至少原汁原味地素读上十遍，在素读中提出自己的问题并思考这些问题，因为你的问题也极有可能就是学生需要解答的问题。在此基础上，我们大量查阅资料并对相关资料进行筛选整合,最终拿出一个合理的方案。当然这样做的确需要很多时间,也并不是第一轮就能把所有文章这样处理的,但是我们的教学也是一场马拉松比赛,我们可以有重点、有计划地一点一点这样去做。

另外,我们也需要学会借力。因为我们的时间毕竟是有限的,而且从理论的高度和深度上,我们和大学教授是没有可比性的,更何况大学教授中也有不少关心我们的基础教育和语文教学的。这几年笔者在文本解读方面看的比较多的是福建师范大学孙绍振教授的系列作品,有《如是解读作品》《名作细读》《名作细读:微观分析个案研究(修订版)》《月迷津渡:古典诗词个案微观分析》等,还有著名的鲁迅研究专家,北京大学钱理群教授的《解读语文》等,还有程世和老师的文章和著作。

3.知名中学一线教师的论文和课堂教学实录

当然如果说前两者解决我们对教材理解的深度问题,那么在语文教学中还存在一些具体问题,需要我们去关注一些操作性更强的实践性理论著作。所以,我们也应该关注一些一线教师的书籍和相关作品。

这十年来,对笔者的影响比较大的一线教师有:魏书生、李镇西、韩军、程翔、黄荣华、赵谦翔、黄厚江、干国祥、黄玉峰、程红兵、余映潮、王开东、薛瑞萍、郑桂华、王荣生、董一菲、马小平、熊芳芳等。他们中绝大多数都已经是全国知名的特级教师,每个人在语文教学的园地中都有了自己的一方天空,很多人都有自己的语文教学思想和教学模式,我们可以学习。但是我们始终要记住每个人都有自身的特点,我们绝不可能照搬照抄其中的一种,我们应该博采众长,为我所用。再好的模式长期使用都将会僵化,最好的教学模式就是没有模式,永远给学生以期待,永远给学生带来丰富灵动的感觉。当然它的前提就是我们在整个语文教学中要生命倾注、灵魂在场。

问渠那得清如许,为有源头活水来。关于语文教学拓展篇,我们到此就要结束了。作为一名语文教师,经过这么多年的教育教学实践,想要把自己扎根于一线十六年的心得分享给大家,分享给每一个年轻的朋友们,希望可以给大家的工作和生活带来些许的启发。祝愿大家都能成为优秀的语文教师,经营好自己的语文人生,让成长成为自己一生的主题!

第九章　课堂作文的理念与实践

作文是检验学生综合语文素质的关键。作文涉及的方面相当广泛,既有思想认识、生活态度、基本生活阅历与经验,又有表达习惯、表达技巧、表达手法与能力等。本章仅以高考作文为例,探讨课堂作文的理念与实践。

第一节　符合题意和文体要求

一、符合题意

题意就是作文的宗旨、中心、观点、思想。符合题意,就是对作文命题上展示的各个部分仔细审读揣摩,准确、全面地理解其含义,不偏不漏,不折不扣地按要求作文。

(一)准确

所谓准确,是指能够把握题目的要点,确切理解题目的含义。无论哪种形式的作文题,题目和材料中都隐含着命题者的基本意图,学生要善于从关键词句中提取重要信息,准确把握命题意图。如 2002 年高考作文题《心灵的选择》是一个偏正短语,这就要求学生既要扣住"选择",更要注意修饰语"心灵"。"心灵"的内涵是指内心、精神、思想等,故"心灵的选择"实际是"内心、精神、思想等的选择"。可是,有的学生大谈其物质上的选择,谈选择书籍、选择学校、选择朋友等等,这些均不符合题意。

(二)全面

所谓全面,是指仔细阅读分析题目中的每一句话、每一个词,包括写作要求中的每一项内容,确保无一遗漏。如 2002 年高考作文题《心灵的选择》的题干中,至少有三个方面的信息:(1)要写生活中遇到、见到、听到的,不要编造虚幻的、脱离生活实际的内容;(2)要写触动心灵的选择,不要写一般的与心灵无关的选择;(3)要紧紧围绕"怎样选择""如何选择""选择过程""选择结果"等构思行文。否则就容易偏离题意。

(三)写作指导

1. 材料作文要有"材料意识"

材料作文的"要求"或"说明"中一般都有"所写内容必须在这个材料范围之内"字样。这是材料作文的一个限制条件,也是在提醒学生要有根据材料涉及的范围立意、选材、谋篇成文,即有"材料意识"。

材料作文的"材料意识"表现在以下几个方面:

第一,吃透材料含义。例如 2002 年高考北京卷作文话题"规则",是指对人们的思想行为具有约束力的制度和章程,不等于"束缚""习惯""裁判""道德"等。2001 年高考作文全国卷"诚信"这个话题,其含义是"诚实、守信",有些学生误解为"自信、坚贞、相信、信仰、良心、信服"等,还有些学生只抓住艄公"有弃有取,有失有得"一句话作文,均不合题意。

第二,明白材料范围。例如,2002 年高考全国卷是"心灵的选择",这就有别于"选择";上海作文题"面对大海",也有别于"大海";2001 年高考明确规定"所写内容必须在诚信的范围之内",出离了这个范围,就偏离了题意。如 1999 年"假如记忆可以移植"为话题作文,虽然是假定,但仍是一个规定,不可以违背。可是有的考生却在文章中谈大脑移植,狗也会做奥数题等,这就脱离了题目的范围,造成文不对题。

第三,弄清"注意(或要求)"。"注意"是作文试题的重要组成部分,切不可掉以轻心。例如,2001 年高考作文"注意"有四项:(1)立意自定;(2)文体自选;(3)标题自拟;(4)不少于 800 字。前三项提供了自由空间,审清了才能充分展示个性;后一项是限定条件,审清了才能避免因字数不够而失分。

第四,围绕材料选材。根据材料范围确立文章主题之后,还要精选材料,充分表现主题,才算真正符合题意。有的考生没有注意这一点,文章开头也能抓住材料,但主体部分却不能围绕中心行文,这也是不符合题意的表现。

第五,适时点明材料。考场作文有其自身的独特性,试题有限制条件,阅卷有时间要求。这就要求考生,严格依题为文的同时,掌握一些点题的方法,把自己的观点、思想明确地表达出来,切不可晦涩艰深,不知所云。要利用标题、开头、结尾、段首等醒目之处,有意地点明材料。例如,2002 年高考陕西一考生写的《心灵绝唱》开篇写道:

　　天行健,宇宙的选择。博大有容,海洋的选择。那么什么是心灵的选择呢? 大写的人必有伟大的精神:心灵的选择,择一颗博大的心,可受天下之善;择一颗赤诚的心,可结天下之友;择一颗专一的心,可治天下之学;择一颗宁静的心,可悟天下之理;择一颗恒久的心,可善天下之事。

　　开头两句境界开阔,充满天地正气,恰好引出伟大的心灵选择:博大、赤诚、专一、宁静、恒久。句句不离材料,体现了考生的材料意识。

　　2. 偏离材料,要学会逆转

　　如1957年,高考作文题是《我的母亲》。有位考生一看题目欣喜若狂,因为他中学时老师曾出过这样一个题目,而且他的那篇作文写得特别好,老师曾在班上当范文读过,至今他还能记清文章的内容。于是他把那篇得意之作默写了下来,反复润饰后,抄写在试卷上。最后他才发现,试卷上的题目是《我的母亲》,而自己的得意之作却是《我的母校》。一字之差,内容要求却相去甚远。此时,离考试结束只有两分钟,重写或做大的修改都不可能。怎么办呢? 考生急中生智,唰唰唰——在原文后加了一段文字:

　　我是一个孤儿,一直在校园中成长,我的母校就是我的母亲!

　　阅卷老师认为,文章先抑后扬,通篇用了拟人手法,富有真情实感,这篇偏题作文意外地得了高分。

　　3. 材料作文的拟题技巧

　　题目只有独创新颖,才能眉清目秀。精彩富有个性的题目会令教师眼前一亮。那么,怎样给自己的文章拟定一个好标题呢?

　　①材料添加法。就是在材料关键词的前面或后面添加新词,对其进行限制或补充,构成适合自己写作的新题目。如以“幸福”为材料作文,在“幸福”之前加新的词语,可以构成《感受幸福》《体味幸福》《珍惜幸福》《追求幸福》《创造幸福》等题;在“幸福”一词后面添加新词可以构成《幸福无忧》《幸福的感觉》《幸福的心情》《幸福大观园》《幸福是一种乐趣》等题目。

　　②化用佳句法。引用或化用诗文名句、流行歌曲、影视广告等暗含旨趣,妙化无痕,点石成金。如《言必信,行必果》《为诚消得人憔悴》《只留诚信满乾坤》《若为诚信故,一切皆可抛》《得失寸心知》《让我悄悄告诉你》《横看成岭侧成峰》等。

　　③引用俗语法。引用惯用语、俗语、谚语、格言拟题,入时化俗,显得自然、朴实、亲切。如《条条大道通罗马》《都是答案惹的祸》《谎言不开花》《择善而

从》等。

④移用点染法。对中外文学名著书(篇)名、影视剧名、名人名事名物等进行机智地移用点染,推陈出新,妙趣横生。如《阿Q新传》(鲁迅《阿Q正传》)、《道德苦旅》(余秋雨《文化苦旅》)、《诚信无价》(电视剧《情义无价》)、《小鲁达的选择》(《水浒传》)、《凤凰的选择》(郭沫若《凤凰涅槃》)、《苏东坡的选择》(历史名人)、《无悔五丈原》(《三国演义》)等。

⑤妙用修辞法。妙用比喻、比拟、仿词等修辞方法,隐含理趣,发人深思,生动形象。如《我心如雪》(比喻)、《诚信——人生的通行证》(比喻)、《"诚信"喊冤》(拟人)、《摆正心灵的天平》(比喻)、《站在心灵的十字路口》(比喻)、《你还会爱我吗?》(设问)、《瞬间选择,永恒坐标》(对偶)、《守护心灵的明镜台》(比喻)、《诚信——人生的指针》(比喻)、《心是一棵会开花的树》(比喻)等。

⑥嫁接术语法。把各行业、各学科的专用术语巧妙地引入标题,往往给人耳目一新之感。如《诚信旅店》(金融)、《拍卖"诚信"》(金融)、《吴良心病历》(医学)、《点击"选择"》(科学)、《心灵的审判》(司法)、《心灵比色卡》(化学)、《心灵实验报告》(实验)、《纯天然诚信口服液》(广告)等。

二、符合文体要求

符合文体要求有两层含义:一是符合作文题本身的文体要求。例如1994年高考,要求以《尝试》为题写记叙文。如果写成其他文体,便不符合文体要求。二是符合考生自己选定的文体的要求。2002年高考作文由2001年"文体不限"改为"文体自选"。这意味着考生可以选择自己擅长的文体施展写作才能。也要求考生一旦选定某种文体,作文就要符合这种文体的要求,那些不伦不类,"四不像"的文章会被"酌情扣分"。

(一)怎样写才能符合文体要求?

符合文体要求的关键是认清记叙、议论两种文体的特点。

记叙文(包括叙事散文、小说、通讯、报告文学、日记、寓言等)和议论文(包括书信、说理散文、随笔、杂文、生活评论等)是考场作文的两种基本文体,要写出符合文体要求的文章,最关键的一条是懂得这两种文体的思维方式和表现手法不同。

记叙文以形象思维为主,主要以形象的手法来感染读者。例如:

童年的时光匆匆结束,不知不觉我已长成大姑娘了,世界猛地变开阔了,大人的话"这个世界坏人可多了",总在我的耳边回荡,让人心惊胆战,我更把心封闭得严严实实。可是灰色的日子还是闯进了我的世界——爸爸去世。从此,我的世界黯淡无光,爸爸走了,家里失去了顶梁柱,妈妈猝然生出了白发。我从此明白,生活多艰,一切要靠自己艰苦奋斗。我不能再在妈妈怀里撒娇,也没有爸爸为我驱散"敌人",我习惯的热饭热菜,习惯的家的温暖,突然失去这一切,我哭我怨。然而现实容不下软弱,生活容不下眼泪。我必须学会自己长大。

这段文字是记叙,记叙文一般都要有一个时间线索。尽管其中有点议论的成分,这种议论是为记叙服务的,记叙文总的来看要以记叙为主,记叙文中的议论是为了深化记叙所表达的思想。写记叙文要力避材料陈旧,表达平庸,尽最大努力追求文章的生动性、形象性。

议论文以抽象思维为主,主要以事理的论证达到以理服人的目的。写议论文,要学会使用常见的论证方法——例证法、引证法、正反对比法、比喻论证法、因果论证法、引申论证法,重点是例证法和反证法。写好一篇议论文,至少要采用两种或两种以上的论证方法,要着眼于"议"。从高考实际情况来看,考生的失误在于"只叙不议"或"以叙代议"。现在流行一种"开头＋故事(1)＋故事(2)＋结尾"的简单的结构模式,它的主要缺陷在于缺乏对故事的深入开掘,没有鞭辟入里的议论。

(二)高考作文选哪种文体写作最好

高考作文采用材料作文的形式,文体自选,考生选择哪一种文体最好呢?

首先,要选择自己最擅长的文体。高中生一般都比较熟悉常用文体的写作,但不一定各种文体都擅长。因此,考生选择自己最擅长的、平时课堂上练得最多、写得最好的文体,写好的把握就最大,就能发挥自己的写作优势,就能最大程度地张扬个性。

其次,选定文体还要考虑到试题的实际情况。譬如,考生擅长写微型小说和随笔,但面对高考作文试题,而自己没有这方面的素材和生活经验,不适宜写这两种文体,倒觉得写议论文更有把握,议论文写作能力也不差,那就应该写议论文,这样得分就会更高一些。

再次,在记叙文和议论文两种文体选择哪一种,一时不能确定,而自己写记叙文和议论文的水平又相差无几时,建议你写记叙文。因为记叙文故事情节可以千变万化,容易写出真情实感。写得好,能使评卷老师眼前为之一亮,心灵为之一震,得分高低可想而知。

第二节 感情真挚 思想健康

一、写作要求

感情真挚要求在作文中自然地表达真情实感,使情感的流露给人真实感、真诚感,没有附加感、装饰感。喜怒哀乐,真情表露,写实事,讲实话,抒实情,明实理,不人云亦云、随波逐流。合情合理,恰如其分,展开联想、想象要合乎生活情理,抒发感情要恰到好处。不要为了迎合教师而矫揉造作,夸大感情,更不能胡编滥造。

思想健康是指在作文中表达的思想观点和感情倾向要健康、积极,要有正确的世界观、人生观、价值观,符合社会主义道德规范,要继承民族传统中优秀的精神遗产;符合有理想、有道德、有文化、有纪律的"四有新人"要求;体现符合时代精神、积极向上的进步思想,切不可消极颓废。

二、写作指导

(一)怎样做到感情真挚

(1)生活写真法。叶圣陶曾说:"作文就是用笔来说话。作文要说真话,说实在的话,说自己的话,不说假话、空话、套话。"(《〈学作文报〉题词》)这种实话实说,用朴实本分的情感,使读者流下激动、心酸泪水的写法,就是生活写真法。文章有了发自肺腑的真情实感,就能做到写山情满于山,写海意溢于海,富有永久的艺术生命力。

例如习作《父爱昼无眠》,写父亲每天午睡时总是鼾声如雷,气壮山河,不是打断"我"做题的思路,就是赶走"我"作文的灵感。"我"多次提醒不见奏效之后,终于提出了"抗议",那一刻父亲的脸像遭到霜打的柿子,红得即将崩溃,但他终于没有说话。只是每天上午吃过饭,就悄悄走出家门。后来,"我"渐渐觉得,父亲的皮肤比原来白了,人却瘦了许多。两个月后的一天晚饭后,我和同学到离家附近的一个浴池里洗澡,却发现父亲在那里给人家擦背。作者这样写道:

> 雾气缭绕的浴池边,一个擦背工正在给一具肥硕的身体刚柔并济地运

作。与雪域高原般的浴客相比，擦背工更像一只瘦弱的虾米。就在他结束了所有的程序，转过身来随那名浴客去更衣室领取报酬时，我们的目光相遇了。"爸爸!"我失声地叫出来，惊得所有的浴客把目光投向我们父子，包括我的同学。父亲的脸被热气蒸得浮肿而失真，他红着脸嗫嚅道，原想跑远点儿，不会让你和你的同学看见，叫你没面子，哪料到这么巧……同学惊讶地问，这真是你的父亲吗？我的回答是那样的响亮，因为我没有一刻比现在更理解父亲，感激父亲，敬重父亲并抱愧于父亲。我明白父亲下岗后，为何白天睡觉了，那是为了积蓄晚间为人擦背的精力。

我随父亲来到更衣室。父亲从那个浴客的手里接过两块钱，喜滋滋地告诉我，这家浴池整夜开放，生意特别好，他已经挣了1000多元钱，够我下学期的学费了。在一旁递毛巾的老大爷，对我说："你就是小刚吧，你爸为了让你静下心来写作业，白天就在这些客座上躺一躺，唉，都是为儿为女呀……"我泪眼汪汪地望着父亲，认真地说："爸爸，我想为您擦一次背……""好吧，你小时候经常帮我擦背呢。"父亲以享受的表情躺下来，我双手朝圣般拂过父亲条条隆起的胸骨，犹如走过一道道爱的山岗。

(2)细节显情法。列夫托尔斯泰说："艺术起于至微。"这里的"至微"就是指那些显示人情美、人性的美，具有永久艺术价值的细节。成功的细节描写往往能达到"一瞬传情，一目传神"的艺术境界。例如，刘卫的《回家》写少年海子在距家20余里的一所中学读书，为了节省每趟8分的车票钱，每周都跑着回家。甚至为了不磨破鞋子，光着脚跑着回家。

地冻天寒，娘老远看见，海子赤着双脚，一双鞋套在手上，裹一身寒气跑回来。娘愣住了。海子看着爹娘，怯怯生生地说："我没有穿鞋，我是光着脚跑回来的。"娘猛地搂住了海子，紧紧地搂住，红着眼睛流泪。爹却转身走出屋外，外面很冷，爹站在院子里一动不动。

这段细节描写，让我们看到了一颗在冰天雪地里，跳动着的热气腾腾的赤子之心。时间、空间、严寒、贫苦都不能阻隔海子对老家、慈母的思念和向往，裹一身严寒的海子，血管里奔流着亲情的热血。搂着海子流泪的母亲，兀立寒风的父亲，心中同样翻腾着亲情的波涛，其中却有阵阵的剧痛和丝丝缕缕的辛酸掠过。

海子长大了，成了一名警官，为了千家万户的安宁，他很少回家。在文章结尾处，作者又安排了一个细节描写：

后来,在处理一起突发案件时,走在最前面的海子受到了重伤,当时就有些不行了。送医院急救的路上,海子拉着同事的手说:"我想回家,看我娘,……我三个月没回家,……"说完就真的不行了。

"我想回家,看我娘",海子在生命的最后时刻对老家、慈母的殷殷呼唤,是英雄内心世界情感与理智的统一。这个细节,写出了为人民的利益而舍生忘死的英雄埋藏在心底的对慈母的深情的眷恋,正是这种美好的情操,使海子的形象更加光彩照人。

(3)氛围渲染法。生活中的一些寻常琐事,从选材"新"这个角度来看,并没有什么优势,但如果考生能够对其进行情感化的处理,在叙事伊始,就渲染出浓郁的情感气氛,则可能收到震撼人心的艺术效果。

2001 年高考中,河南一考生的《假如时光可以倒流》,一开始就渲染一种隐隐的悲切气氛:

无法忘记那个秋天的黄昏。

秋风吹过,略有一些寒意,发黄的树叶无奈地随风飘扬。望着这一切,我只有默默地流泪,这一切都是我亲手造成的。

作文的中段,当"我"失去朋友"悻悻而归"时:

我无言,伫立在风中,随着飘零的树叶一同无奈。这原本伤感的季节,让我渲染得更加伤感,无奈,无奈——

考生以萧瑟悲切的秋日气氛做背景,不断地倾诉着自己对朋友的"愧疚"以及意欲忏悔而又无法忏悔的"无奈",情融于景,情融于事,流利自然中却不断折射着几许凝重、缕缕愁绪。

最后,作者走进了神圣的考场,仍然要"写下这个无法让我忘记的过错",仍然要一呼三叹地鞭挞自己:

当我一次次地忆及往事,我无法把你的身影抹去;当我夜半醒来,我无法不为自己的无知而自责;当我远远地看见你,我根本没有勇气上前和你打个招呼,也许你不能谅解我,就连我自己也一样无法谅解我自己。

如此反复的心灵叩问,仿佛为前面铺就的愧疚气氛泼洒着情感的浓墨,一个充满负疚感的孩子的忏悔镜头,更加栩栩如生地浮现在读者眼前,谦恭、诚恳、真诚。

文章结尾这样写道:

假如时光可以倒流,我多想回到从前,让一切重来。

这发自肺腑的深情呼唤,圣洁无邪,浓烈的情感气氛,令人黯然伤神,有谁能不为这位考生的纯真善良而喟然叹息。

除了学习一些写作手法之外,还要大胆地参与生活、体验生活,擦亮尘封的眼睛,观察高山流水,感知风花雪月,体验世态炎凉,捕捉生活中的闪光点,采撷真情的花朵。如此,才能在高考中写出光彩照人的篇章。

(二)作文要表达积极向上的思想感情

考试说明强调考生作文要"思想健康",这不是一项虚设的要求,它在高考评卷中总是得到比较具体的体现,每年评卷都有一些作文因思想格调不高而得了低分。

请看 2002 年高考中两篇思想格调不同的高考作文的命运:

其一,《心灵的选择》,记叙文,850 字。叙述"我"在家里接到了采血站的电话,说"我"不久前献的血经化验,与一位白血病患者的造血干细胞一样,希望"我"能捐献骨髓。"我"经过一番"心灵的翻江倒海"之后,同意捐献骨髓,从而挽救了一名白血病患者的生命。

作者通过"捐献骨髓"的故事,表现了救死扶伤,勇于奉献的崇高精神加语言朴实,感情真挚,得了 58 分。

其二,《爱在我心》,记叙文,850 字。写"我"爱上了同桌的女孩,找她借书,她说:"我从来不把书借给别人。"这越发挑起了"我"对她进攻的欲望。"我"就经常投其所好地买书给她,终于,"我"的热情融化她心头的冰霜。女孩给"我"写来了一张纸条:"我是一只风筝,我愿把线交给你,让我时时有依靠和思念。"后来,她不与"我"同桌了,"我"在思念的日子里,"吃糖都是苦的"。但最终意识到她与名牌大学之间,二者"我"只能选一个,只好放弃她而选择了名牌大学。

高考作文可以写同学之间,包括男女同学之间纯洁的感情,真诚的友谊,但根据我国的国情,在中学生中是不提倡谈恋爱的,而这篇文章用第一人称写了中学生的恋爱史,再从作者安排的结尾来看,主人公怀揣的是一颗沾满了自私自利、狭隘功利等世俗风尘的心灵。这种作文怎么能得高分呢?

(三)如何提高作文思想品位

"言为心声,文如其人",文章内容是学生心灵美丑的折射,考场作文如果满纸消极思想和错误认识,阅卷老师势必对你的品行打折,直接影响到作文的得分。近年来的高考作文又比较注意社会公德方面的材料,针对这种情况,考生要注意提高作文的思想品位。

提高思想品位可从以下几个方面入手：

1. 叙写自身经历，凸显个人修养

2002年高考云南一考生写道："父亲是献身于缉毒事业的武警，看着那静静躺在棺木的父亲和亲人们痛苦悲伤的神情，我决定不再走父亲选择的道路，但一次国际缉毒晚会的播出，使我受到了心灵的震撼和精神的洗礼，最后在高校录取志愿表上，毅然填上了公安院校的缉毒专业。"这一由伤痛到感悟再到果断选择的心路历程，展示出作者高尚的思想觉悟和道德操守，再加上第一人称的亲切与可信，更能引起读者的共鸣。

相反，有些学生不注意这一点，幻想甚至虚拟了许多缺德的经历：如1994年命题作文《尝试》，有的考生写自己第一次偷自行车、初恋和首尝禁果；1999年想象作文《假如记忆可以移植》，有的考生畅想自己移入江洋大盗的记忆后，闯荡江湖大发横财的经历；2000年材料作文"答案是丰富多采的"，有的考生直陈己见："'公说公有理，婆说婆有理'，在官场上，谁的官大，谁说的有理，在我看来，谁说的话对我有利，谁就有理。"如此的思想素质，作文得分可想而知了。

2. 编写他人故事，讴歌高尚情操

考场作文不受生活中实有其事的拘束，自然可以合理虚构，但褒扬什么、批评批判什么要有间接甚至直接的思想表露。

2002年陕西一考生以"人间大爱"为材料真情演绎了一则动听的他人故事：一位母亲，面对两个儿子只能有一个继续读书的抉择时，设计使幼子弃学从工，让长子求学深造，气极的幼子背上行囊离家出走了，后来他无意中读到母亲的那封信"哥哥是捡来的"才知真相。

此文歌颂了"老吾老，以及人之老，幼吾幼，以及人之幼"这一中华民族的传统美德，这种高雅的思想格调，无疑是本文成功的一个重要因素。

3. 聚焦时政要闻，升华文章主题

一旦把举世关注的国内和国际热门材料介入作文，便会使人顿感浓郁的时代生活气息清香，而且文章主题显得新颖而不陈旧，深刻而不肤浅，高雅而不庸俗，不失为一种提高文章思想品位的有效方法。

2001年高考作文材料"诚信"，河南考生写的《"诚信"与"以德治国"》大气而有强烈的时代感。2002年高考上海卷材料"面对大海"，写岛屿归属的国际争端就比探究水产品的生长特性和鱼类食物的味道生动得多；写两岸同胞的回归盼望和对"台独"分子的憎恨，就比写近海污染现状与环境保护构想深刻得多。

"文以意为主""意高而文胜",思想品位是衡量文章价值的天平。所以,树"德"应是写作的第一要务,而思想性、艺术性二者兼备的"双馨"之作,则是写作上理想的最高境界!

第三节　内容充实　中心明确

一、写作要求

内容充实就是言之有物,持之有据。用足够的高质量的材料显示文章的主题。写记叙文,人物和事件具体实在;写议论文,论据典型充足。与充实对立的则是假大空,捏造事实,无病呻吟,夸大其词,无的放矢。

中心明确是指文章的观点鲜明而准确。中心的表现形式可以是明示的,也可以是含蓄的,可以是理性的概括,也可以具有浓厚的感情色彩,但它必须是鲜明的。

二、写作指导

(一)选取怎样的材料才显得内容充实

内容充实的文章必须具有高质量的材料,其标准有三点。

1. 丰富性

丰富性就是材料本身有丰富的意蕴。意蕴就是材料的内在含义。意蕴丰富才能引发读者的情思,给读者以某些启示。一则材料有无意蕴,要先从读者的眼光来看,要用心去感受它,你果真动了情,那就是有意蕴。这种鉴别方法很有效,不妨一试。

2. 现实感

这是针对材料陈旧而言的,高考作文要求考生立足于现实,从现实中取材。考生要在平时养成关心社会的习惯,积累丰富的素材,一旦需要就能源源不断地拿出来。当然,不是说写文章不能用历史材料,即使是写记叙文也可以写历史故事,关键是历史材料中要注入新的时代内涵,文章才能有新意。

3. 新颖度

这是针对人云亦云而言的。读者对文章内容的印象,其强度往往与材料的新颖度成正比,所以考生必须在平时积累一些新的材料,随时记下来备用。

时代在发展,社会在前进,我们身边就有许多新鲜的可写的人、事、物,只要我们用心去观察、感受,就能找到内涵丰富,具有现实感、新颖度的材料。

(二)作文怎样做到中心明确

首先,中心论点本身应该明确表示赞成什么、反对什么、肯定什么、否定什么,决不能模棱两可、含糊其词。论点一般由简洁的判断来表达,例如《做一个快乐的付出者》。其次,一篇文章中心论点应该始终不变,作者不能提出与中心论点相对立或矛盾的观点。再次,整篇文章论证要紧扣一个中心论点,防止论证过程中,转移论题、偏离题意。最后,要善于点明中心,在考场作文中,这一点更为重要。

点题的方式多种多样,下面举例分述:

1. 从表达方式上看,有抒情点题、议论点题、叙述点题、描写点题

抒情点题。杜鹏程的《夜走灵官峡》在描述夜走灵官峡的见闻后,直抒胸臆:"我猜想:即使在这风雪迷茫的黑夜,工人、工人的妻子、孩子,谁也看不清楚,可是他们一定能感觉到相互间深切的鼓舞和期待。"作者将一家三口的骨肉之情同热爱社会主义事业的崇高感情联系在一起,借抒情之笔突出文章的主题。

议论点题。唐弢《同志的信任》结尾:"鲁迅先生不是中国共产党党员,可是在所有共产党员的心目中,他永远是一个能以生命相托付的最可信任的同志。"以评价作结,点明中心。

叙述点题。朱自清《背影》开头:"我与父亲不相见已二年有余了,我最不能忘记的是他的背影。"借叙述直接点题,引出回忆吸引读者。

描写点题。茹志鹃《百合花》结尾:"在月光下,我看见她眼里晶莹发亮,我也看见那条枣红底色上洒白色百合花的被子,这象征纯洁与感情的花,盖上了这位平凡的拖毛竹的青年的脸。"这诗意浓郁的点题描写,把作品推向一个更高的艺术境界:百合花——纯洁与感情的花,伴随着主人公的身体,映衬着他高尚的灵魂,永远留在读者心里。

2. 从修辞的角度看,有反复点题、设问点题、比喻点题、排比点题、拟人点题、引用点题

反复点题。茅盾的《白杨礼赞》开头便点题"白杨树实在是不平凡的,我赞美白杨树!"中间结尾也多次点题,直抒胸臆。朱自清的《背影》,从开头到结尾,

四次提到"背影"："我最不能忘记的是他的背影。""看见他的背影,我的眼泪很快流了下来。""我看见他的背影混入来来往往的人流里,再找不到了,我便进来坐下,我的眼泪又来了。""在晶莹的泪光中,又看见他那肥胖的青布棉袍黑布马褂的背影。"这样反复点题,把父子间浓浓的亲情展现得淋漓尽致,而且几次点题前后呼应,使全文结构紧凑,浑然天成。

设问点题。魏巍《谁是最可爱的人》开头部分:"谁是我们最可爱的人呢?我们的战士,我感到他们是最可爱的人。"设问直接点题,引出典型事例的叙写。1998年高考作文《坚韧——我追求的品格》,有位考生这样点题:"坚韧是什么?坚韧就是不埋怨命运的坎坷曲折,不叹恨生活的无情磨难;坚韧就是夸父逐日,精卫填海,愚公移山;坚韧就是突破,就是追求,就是创新。"这一问一答,直达中心,加之整齐的句式,自然给阅卷者留下深刻的印象。

反问点题。杨朔《茶花赋》结尾:"如果用最浓最艳的朱红,画一大朵含露乍开的童子面茶花,岂不正可以象征祖国的面貌?"呼应开头,恰到好处。

比喻点题。田晓菲《十三岁的际遇》:"在这令我惊喜的天地里,我渴望生活,渴望有一副轻灵的翅膀,摆脱这沉重的肉体束缚,在无际的天空自由的飞翔!"用比喻抒发了北大这扇神奇充满活力的窗子带给人的清新自由的感受。

排比点题。陶行知《创新宣言》:"所以,处处是创造之地,天天是创造之时,人人是创造之人。"在前面列举了五种"不能创造"的错误观点并逐一分析后得出结论,用排比的句式表达出来,文句自然、紧凑、醒目,增强了文章的气势和说服力。如朱自清的《春》:

　　　春天像刚落地的娃娃,从头到脚都是新的,它生长着。

　　　春天像小姑娘,花枝招展的,笑着,走着。

　　　春天像健壮的青年,有铁一般的胳膊和腰脚,领着我们上前去。

三个比喻组成排比段,非常醒目,形象地讴歌了朝气蓬勃、生机盎然的春天,给人强烈的震撼。

拟人点题。海伦·凯勒《我的老师》:"这件事给我上了一堂生动的课——自然并不总是对你微笑,给你仁慈。"在叙述爬树的惊险经历后,用拟人手法点明独特的感受,形象生动,恰到好处。

3.就点题的位置而言,可分为标题点题、开头点题、结尾点题、段中点题

标题点明中心。材料作文要求自拟标题,我们就用标题来点明中心,让阅卷教师一目了然。例如,2001年高考优作《诚信,人与人之间的纽带》《人生需

要诚信》等。

开头点明中心。例如一位考生写的《敢为天下先》一文的开头:"老子说:'我恒有三宝:一曰慈,二曰俭,三曰不敢为天下先。'虽然这古训倍受推崇,但实际上不过是一张'护身符'。'不敢为天下先'就是不敢勇挑大梁,不敢锐意创新。我以为,在这腾飞的新时代里,人人要敢为天下先。"这个开头破中立论,鲜明地亮出了自己的观点:在新时代,人人要敢为天下先。

结尾点明中心。例如 2001 年高考优作《诚信不可抛》一文的结尾:"看看吧,诚信何其可贵,何其重要。诚信不可抛,唯有诚信,才能让你的生命如一股清泉,沁人心脾,永不枯竭!"这则结尾,收束全文,点明主旨,要言不烦,干净利落。

段中点明中心。写记叙文可以描写几个场景,在场景描写之前或之后点明文章中心;写议论文可以把中心论点分解为几个小观点,放于每段醒目位置,强化阅卷教师对文章中心的印象;总之,点题的方法多种多样,点题的位置也自由灵活,可在开头可在中间,可在结尾。

第四节　语言通顺　结构完整

一、写作要求

语言通顺,就是能正确使用词语,正确选用句式,遣词造句符合现代汉语的要求。

结构完整,就是文章有头有尾,有交代有照应,布局周密,上下连贯,主次分明。对文章结构的要求集中在以下三个方面:

第一,段落的划分。合理划分自然段,是写作的基本技能,也是作者思维条理性的外部标志。一个自然段只需表达一个中心意思,具有单一性;这个中心意思在该段中要得到完整的表现,具有完整性。

第二,段落的合理安排。合理安排段落,要考虑两个方面:一是服务于表达中心的需要;二是合乎逻辑要求。

第三,段落的技术性处理。考生要掌握一些处理段落的基本技巧:段的开头、结尾技巧;段的衔接、过渡与呼应技巧;段的特殊处理技巧;段间的策略性调整。

考生还要掌握记叙文、议论文等常用文体的基本结构特色,学会根据不同文体处理文章的结构。

二、写作指导

(一)语言通顺的基本要求

1. 规范

规范,即用规范化的现代汉语来作文,词汇和语法都要规范化。没有生造词语、文白夹杂、前言不搭后语、乱用方言俚语、乱用外文、不按语法规范构句、刻意雕琢而不知所云等现象。

2. 准确

准确,即选词造句贴切,符合实际,能正确使用词语,没有语序不当、搭配不当,成分残缺或赘余、表意不明、不合逻辑等语病。

3. 连贯

连贯,即句子内部组合得当,句子之间上下衔接,顺序合理。连贯的一般标准是通顺,较高的标准是流畅。

4. 得体

得体,即注意语言表达的对象、场合乃至说话方式,在一定的语言环境中把语言表述得恰如其分。

(二)材料作文的开头技巧

高尔基曾说,写文章最难的是开头,它如同在音乐上一样,全曲的音调就是它给予的。可见开头多么重要。考场作文写个好开头就能给评卷教师留下一个好的印象。

那么怎样才能写好文章的开头呢?

1. 开门见山

清人梁启超说:"文章最要让人一望而知其宗旨之所在,才容易动人。"例如,2002 年高考四川考生写的《选择永恒》,开头写道:"徘徊在生与死间,踌躇于明与暗间,有人选择生,有人选择死,有人选择明,也有人选择暗……真正源于内心深处的一缕精神血脉,却选择永恒。"文章开篇点题。作者将生与死,明与暗对举,在一次次拷问每一个灵魂对待选择的态度中亮出自己的观点:选择永恒。

2. 短小精悍

开头宜短不宜长,宜简不宜繁。这不仅因为短的空间,能在视觉上引起读者的注目,还因为几行文字要求我们必须把问题提得明确而集中。例如《丰富,怎能拒绝》开头写道:"春的柔美,夏的欢乐,秋的成熟,冬的执着……你最喜欢哪一季? 艳阳的热烈,细雨的多情,劲风的干脆,白雪的纯洁,你,最欣赏哪一个?"短短两段,如欢乐的鼓点,触发读者丰富的联想,唤起读者美丽的憧憬。

3. 引人入胜

"好的开头,有如春云初展,鲜花含露,叫人一见钟情。"如果一见开头便知结果,谁还愿意读下去呢? 例如《雾里看花丰富多彩》的开头:"窗边有一棵梧桐。那个秋日夕阳红得怪异,似要滴出鲜血。独坐屋中决定读一读梧桐,读它的哲学,读它的人生。"从一棵梧桐上能读出什么哲学和人生要义呢? 这个悬念式的开头颇能引人深思。

(三)材料作文结尾的技巧

结尾是作文的一道重要的"工序"。写得不好,会使文章显得结构松弛,黯然失色;写得好,则可以使文章显得结构严谨,大添异彩,真可谓"回眸一笑百媚生",这"一笑"使人驻足,令人心动。

下面介绍几种好的结尾方法:

1. 启迪人心的结尾

在结尾处,写出肺腑之言,或充满激情的呼吁,或富有理性的启迪。这样的结尾一般精练而有力。

例如,2002 年高考山东考生的《让我轻轻告诉你》,结尾写道:"让我们心灵深处,每一次美丽而谨慎的选择,必将如高山之水,洗尽铅华,洗尽躁动,还生命一股清流,给世界一眼甘泉,用晶莹的浪花奏出生活浩然大气的乐章。"

优美的语句,形象的语言,澎湃的激情,昂扬的格调,在悦人心性的同时,给人生活的信心和力量。

2. 诗情画意的结尾

在文章结尾处,用精彩的语言描绘出既有诗情画意又有丰富思想的艺术画面,达到景中有情,情中有景,字字句句皆有情,达到高考作文"意境高远"之要求。

例如,2002 年高考重庆考生写的《那山,那月,那人》的结尾:"黎明来临,太阳从山外探过头来,唤醒了山里的小村庄。在日光阴影处,露珠也在闪着光,远处传来几声清晰的鸟鸣,他正迎着阳光,循着一条开遍山花的小路,向半山腰的学校走去。他相信自己的选择是对的,因为他要改变这个山村。前面的路很长,可路边总有灿烂的山花相伴……"

文章写一位大学生面对"贫困愚昧的小山村"与"灯红酒绿的大城市"而进行的"心灵选择",为了山村,为了山村的孩子,为了传播文明精神,在清冷的月光下,他流着泪做出了选择:献身山区教育事业。结尾作者所写的画面中,太阳张开笑脸,露珠闪着亮光,鸟儿唱着山歌,山花铺着山路——这明丽欢畅的画面中,饱含着作者对献身教育事业的山村教师的热情的礼赞。同时,作为人物活动的背景,衬出了一个光彩照人的人民教师形象。

3.促膝谈心的结尾

写作文,作者要告诉读者自己对问题的看法,对生活的领悟。因此,结尾处,用真切朴实的语言,与读者促膝谈心,很容易引起读者情感上的共鸣。

例如,《沧桑看云》一文的结尾:"朋友,走过历史的烟云,你对生活有什么答案?你将如何面对现实?你将用什么姿态去面对未来生活的挑战?别忘了,我们正年轻,'看云'的日子不要迷失在天真烂漫中,寻找理性的答案,让我们追,让我们飞。生活需要我们去创造,美好的未来是我们自己的。"

这种结尾给文章一种平和的气氛,接近读者与作者之间的距离,使其欣然接受作者的观点。

4.感悟升华的结尾

在全文叙述、描写的基础上,品味出人生的意义,升华出感情的火花,闪耀出生活哲理,显示出精神风采和思想品位。

例如,2002年高考湖北考生写的《飘落心灵的秋叶》的结尾:"望着这片火红的梧桐,我激动得流下了眼泪。其实生命在为难你的同时,也在用自然给你生存的暗示。毕竟生命的长途需要你跋涉。当我转身走出这片树林时,我在心里默念着:感谢梧桐叶,感谢生命。"

5.照应开头的结尾

结尾呼应开头,显得文章结构完整,关合严密,写得好,可给读者留下整体性的美感。

例如,2002年高考四川考生写的《倾听心灵的钟声》开头写道:"站在人生的岔路口,我们无数次面对这样的抉择:爱与恨、悲与喜、苦与乐、得与失……我们犹像、踌躇,举棋不定,左右为难。其实,此时,我们只需静下心来,倾听心灵的钟声,作出正确的抉择。"

结尾处作者写道:"是啊,人生就是在这不断的抉择中前进,从不断的跌倒中爬起,世事便是这样的,人就是这样长大的。朋友,当你面对人生的抉择时,请不要慌乱,静下来,倾听心灵的钟声。"

文章开头,作者将读者的灵魂放在特定的环境中去审视,将读者的目光锁定在人生的岔口,让读者在面对"爱与恨,悲与喜,苦与乐,得与失……"的"犹豫、踌躇,举棋不定"中经历一番刻骨铭心的斟酌、思量。结尾处则是为读者开出的妙方:"此时我们只需下心来,倾听心灵的钟声,作出正确的抉择"即可。真是为文妙点题,文章巧裁写啊!

6. 令人回味的结尾

好的结尾如品香茗,让人回味再三。那些似断非断,似了非了之笔,读之更是雅有余味。例如《捡拾阳光》描述开窗南北迥异的感受,结尾:"打开朝阳的那扇窗,捡拾生命的阳光,何妨将生命凝结成欢乐贝壳,撒在幸福的岸边;何妨将岁月凝结成一枚绿叶,让每条叶脉都昭示出无尽的生命力。"寓呼告于设问之中,藏哲理于妙喻之内,言有尽而意无穷。

文章结尾应多种多样,丰富多彩。好的结尾能使文章主旨更鲜明,结构更严谨,内容更富有文采,更有新意,使文章更具魅力,更吸引人。在高考时,考生千万要亮出这"回眸一笑"。

第五节 深刻 丰富

一、深刻

(一)具体要求

1. 能透过现象看本质

人们认识事物总是从现象入手,现象是本质的外在表现,本质是现象的理性概括。如果我们能透过现象的迷雾,深入思考,对现象进行"去伪存真,去粗存精,由表及里,由此及彼"的加工,就能发掘出寓于事物中的本质来。写记叙文,就着眼于人物思想品质和精神世界的发掘;写议论文,应在纷纭复杂的事物表象中,剥去现象的外壳,抓住问题的核心,高屋建瓴地确立自己的观点。

2. 能揭示问题产生的原因

任何事物的存在都不是孤立的、偶然的，有后果就必然有前因，要善于探究事物的本源，以敏锐的目光，借助事物发展变化的脉络，探寻问题发生的原因，从而找到解决问题的方法。

3. 观点具有启发作用

所持观点具有丰富的思想内涵，有时代感、有前瞻性并能引发别人思考，使读者产生心灵的共鸣，灵魂的震颤，思想境界的升华。

(二)写作指导

1. 叙述中渗透感悟

考生要想写出思想深刻、见解独到的文章，就必须对生活现象进行深入的感受、领悟、思考。例如《飘落心灵的秋叶》中的一段：

早上来公园的时候是起着风的，因为时近晚秋了，所以小路边的梧桐林虽将那秋日里和煦的太阳捣碎后筛得满地都是，却也禁不住在秋风中洒下些枯黄的树叶来，扬扬洒洒，飘落在地……眼前的秋叶仍在不停地飘飞零落，一片接着一片，这是生活在为我哭泣吗？忽然有一种想伸手抓住一片落叶的欲望，于是慢慢地伸出手去，一片火红的梧桐叶立刻飘落到手掌上。仔细端详这片秋叶，竟然发现秋叶曾被撕裂过，在那业已枯萎的身躯上仍很清晰地留着一道弯曲的疤痕，可是这疤痕处却又连着一小片梧桐叶，它是接着疤痕与残损的树叶一起生长着的！又是一阵清风吹来，送走了手掌上的树叶，可我的脑海里涌动的依旧是那片沟通心灵的红树叶。猛地觉得这片树叶是生活给我的一种暗示，因为树叶的一生与我们的处境是如此的神似，那一道深深的疤痕不就是生活迫使我们做出的痛苦的决定吗？为什么它在疤痕的一端顽强的生长出另一片小树叶，仍然蓬勃地延续着自己的短暂生命？而我却始终徘徊在绝望的生命线上，总是难以挣脱命运的束缚呢？我应该振作起来，应该对我的一生负责。毕竟生命太珍贵，哪怕是一丁点儿的失去也会带来无尽的伤痛。

作者怀着失落、彷徨之情来到公园，面对一片火红的秋叶，对生活进行深入的思考，那枯叶的疤痕处却顽强地长出一小片梧桐叶，拂去了作者心灵上昏暗的阴影，带来了生活的勇气和信心。感悟给这段叙写注入了奔涌的情感、深刻的思想。

2. 议论中点亮哲思

好的议论往往内涵丰厚,蕴含哲思,能启发人们深入思考,得到人生的教益。例如,蔡海鹏的《石牛》一文,写自己在地摊上以8元钱的低价抱回了一头石牛,它"笨重丑陋,暗淡无光"被冷落在书橱的一角,全家人都不喜欢它。后因朋友(鉴赏文物的行家)一句"这是唐货!"而骤然成为"稀世珍宝"。后来,却在人们的以惊奇的眼光传看时,"啪"的一声摔得粉身碎骨。

那位朋友听到此事后,意味深长地说:"那石牛虽说不凡,可是它已过惯了那种寂寞平凡的生活,一旦改变了生活方式,受到人的仰慕,反而使它走向了毁灭!"作者借独具眼光的行家之口,揭示出石牛摔碎的哲理内蕴:当头衔、掌声、金钱、地位——笑着向你走来时,你要能够耐得住"寂寞与平凡",保持一颗平常的心,否则,等待你的必将是失败与毁灭。这点睛之笔,点亮了哲思之光,使文章通体发亮,身价倍增。

3. 抒情中渗透理性

一位学生在描绘战争给人类带来的灾难时写道:"一幅摄影作品中,一个金发碧眼的姑娘带着迷人的微笑翩翩起舞于一间破败的教室,缕缕阳光透过没有玻璃的门窗洒在她的裙皱上。多么美丽宁静,多么富有诗意……你也许这样想。但当你知道这间教室是被轰炸的废屋子,当你知道屋外的巴勒斯坦是怎样的局势时,你还这样想吗?"

字里行间流动着一股难抑的悲愤激情。但没能揭开浪漫的诗意和残酷的现实背后的伤痛。文章接着写道:"也许你会感慨这美丽与诗意是多么脆弱,一颗炮弹就可以使它灰飞烟灭;也许你会叹惋:小女孩脸上那迷人的微笑还能盛开多久?她那纯净的心灵能否不飘进一片战争的乌云?战争摧毁的竟是这般美丽这般美好的事物!物质的毁灭可以重建,但心灵的创伤能否愈合?"

女孩的美与摧残美的战争的对比,表达了作者强烈的激情,同时也形象地揭示了战争是给人类带来危害的恶魔这一公理,理性之花只有在激情的活土的滋养下开放,才能明艳动人!

4. 炼句中升华主题

惊警深刻的用字,隽永深挚的用词,总是给人怦然心动的美感。用精要富于意蕴的字词表达思想,定会绽放出奇丽的异彩。有一篇叫作《友谊的故事》的文章,讲了一个故事:饿狮在扑向与之角斗的囚徒罗莱斯的一刹那,突然停止了进攻,用温热的舌头舔舐瑟瑟发抖的罗莱斯。原因很简单,就是在这头狮子受伤时,罗莱斯精心救治了它,建立了人兽间无言的友谊。令人击节赞叹的是,小作者讲完故事后,仅用一句话点示主旨,却惊警有力,耐人寻味。这句话就是:"谁若想在困厄时得到救助,谁就应该在平时播种友谊。"格言式的语言,简单明了,启迪人心。特别是"播种"一词,将"友谊"化为种子的形象,生动活泼,并且让人想象到,困厄时得到援助,那就是采撷友谊的鲜花,收获友谊的果实。

二、丰富

(一)具体要求

1. 材料丰富

材料丰富,是指文章使用的材料种类多、数量大,内容丰赡,血肉丰满。写记叙文,情节生动,人物性格鲜明,场景描写突出;写议论文,论据丰富而典型。这是针对近年来高考作文内容陈旧单一、论据苍白无力的现状提出的一个新要求,考生要善于观察思考,从生活中汲取新鲜的营养,不断丰富自己的材料库。

2. 形象丰满

形象丰满,指叙事类作文中能够塑造出具体可感,有血有肉的人物形象,做到既能绘形又能传神,使人物形象有独特的性格、有丰富的精神世界,真实自然地站立起来。

3. 意境深远

意境深远,是考场作文的高境界,要求考生能用精彩的语言描绘出既有诗情画意又有丰富思想的艺术画面,达到景中有情,情中有景,字字句句皆有情,这情是浓烈的,又是含蓄地表达出来的。

(二)写作指导

1. 怎样做到材料丰富

材料是文章的血肉,材料丰富的文章不仅会显得内容厚实,中心突出,而且还能使内容显得斑斓多彩、引人入胜。

材料丰富必须要有两个前提条件:

一是不同内容具有相对的意图一致性,以使中心走向鲜明。

二是不同的内容有各自的代表性,使整体内容具有较大的涵盖性。

2002 年高考满分作文《选择之流水账》,文章分六个小节:第一节写公元前禹和其子对于禅让制度存废问题的选择,结果建立了第一个奴隶制国家;第二节写民国初年孙中山选择资本主义道路,结果使革命失败;第三节写 1949 年毛泽东选择社会主义道路,结果创建了中华人民共和国;第四节写1978年邓小平选择了"改革开放",结果使中国走向了小康之路;第五节写21世纪,江泽民选择了"三个代表",结果为长治久安奠定了基础;第六节"后记"是对前面内容的总结和感悟。

这篇文章被阅卷者肯定为"材料丰富"。首先就得益于其材料的一致性和代表性。一方面,它的材料都是历史关键时期关于国家走什么道路的选择,具有很强的一致性;另一方面,不同的材料反映了不同历史时期不同性质、不同结果的选择,又具有俯瞰历史的综合性。

材料丰富在不同的文体中有不同的表现。

在记叙性文章中材料的丰富表现在以下几个方面:

(1)串珠为链。文章分为许多小片段,每一个小片段写一个内容,这些内容像一颗颗精彩的珠子,而内里又有一根相通的红线,串进来后就可以表达鲜明的主题。如高考满分作文《心是一棵会开花的树》,开头一段"生活在这个阳光灿烂的年代,我们每一个人都会拥有一些小故事⋯⋯"之后,依次介绍了四个故事:一个老人选择"宽容",原谅了撞倒他的青年;一个大学生选择"奉献",来到贫困山村当一辈子教师;一个保姆,选择"诚信",在困境中一直保管好主人的名画;一个小女孩选择"善良",临死前捐献出自己的眼角膜。文章在此基础上,最后加以总结生发:"让我们每个人好好培育心中那棵树,用一颗宽容的心,用一颗奉献的心,用一颗诚信的心,用一颗善良的心来浇开这棵树的花朵⋯⋯"

(2)化整为零。文章的目的是从整体上写人或事,但为了表达得更充实,往往从整体的层面上切入进去,从不同角度选择一些具体的材料来构造内存。如高考满分作文《选择文学,我一生无悔》,就是从"走进历史""寻访故园""融入自然""充实人生"来表现选择文学给"我"带来的收获,充分表达了"选择文学,我一生无悔"这一主题。

(3)点面结合。在重点介绍一两点内容之后,再横向展开,既可以使全文内涵更加广博,也使得文章详略得当。如一篇高考满分作文,重点写我们应该为自己选择一种什么样的人生。此外,作者还用下面的一段文字对文章的内涵进一步的拓展:

　　心灵的选择是什么?成功者的选择是再接再厉,百尺竿头更进一步;失败者的选择是心灰意冷,意志消沉,情绪低落;快乐者的选择是欢快淋漓,任意东西;郁闷者的选择是郁郁寡欢,内心痛苦;恐惧者的选择是丧心病狂,制造恐怖气氛,唯恐天下不乱;济世者的选择是和平共处,积极发展经济,营造一份"大唐盛世"的新气象。

在议论性文章中,材料丰富主要表现为论据的丰富上,具体面言常常表现在下列四个方面:

(1)事例充足。有些议论文为了使论据充足,往往用排比的句式列举大量的事例,这样既显得材料丰富,又显得富有气势。如高考满分作文《寻找心灵的故乡》就是这样做的:

> 松树放弃了沃土的安逸,选择陡峭的山壁之后最终有了敖立于东风的雄姿;小溪选择了奔向大海的执着之后最终有了波澜壮阔的气势;小草放弃了土壤中的温暖之后终于实现了为大地带来一丝生机的美好愿望;白云选择了蓝天之后终于有了"一览众山小"的绝唱。于是我懂得了怎样去寻找并选择了事业。

这段文字用丰厚的积累,诗一般的语言表达了作者"选择事业"的强烈愿望。气韵流畅,文采飞扬,文思的敏捷,超出常人。

习作《永恒的瞬间》在点明论点"给瞬间注入真善美,瞬间也能化作永恒"之后写道:

> 所有对真善美的选择,都是因为我们知道让美好站立,那是我们一生的雕琢。因此便产生了这许多感人肺腑、亘古长存的瞬间。

> 缆车坠地的一瞬,年轻的父母一同托起年幼的孩子,像托着自己的希望一般,他们用自己的双肩托起了孩子重生的起点;爱人坠崖的一瞬,深情的伴侣毅然松开绳索,用自己柔弱的双肩抱住爱人的肩头,他们相拥而坠,他们用两颗彼此挚爱的心筑就了坚不可摧的爱情长城;登山绳索将断的一瞬,他毅然把手伸给朋友,两人手握着手一起落进了万丈深渊,他们用这生命之手、友谊之手浇开了不败的友情之花;小鸟落地的一瞬,网球运动员扔下球拍,俯身跪地,双手合拢,又在胸前画了一个十字,以示忏悔,他用自己人性的闪光照亮了大自然昏暗的天空。

> 人生苦短,生命的俯仰之间,面对那瞬间的剧变,怎样的选择才让自己无怨无悔? 跳出心灵的黑暗与漩涡,去选择每一次触动,去选择每一声欢笑,每一声放歌,那么,短短的瞬间,就将化作美丽的永恒。

> 所以,厄运降临的一瞬,亚里士多德选择冷静地对待,为全人类的利益奋斗到最后一刻;死神降临的一瞬,布鲁诺选择无言地抗争,为真理放弃生

的渴望;机遇降临的一瞬,贝多芬选择了放弃,为了尊严他慨然陈词"公爵很多,贝多芬只有一个";财富降临的一瞬,子罕选择拒绝:"我以不贪为宝,尔以玉为宝……不若人有其宝!"

这段文字中,四个真情瞬间,演绎人间大爱,放射人性之光,催人泪下,洗尽心灵灰尘;四个瞬间抉择,昭示坦荡心胸,造就千古英杰,撼人心魄,鼓起求真热情。信息密集,材料丰富,展示文化积淀,显示开阔视野。

接着作者又用精彩的语言,概括全文,强化中心:

> 只要我们心怀真善美,面对那需要我们决定的瞬间,我们所做出的选择必将如高山之水,洗尽铅华,洗尽躁动,还生命一股清流、一眼甘泉,用晶莹的浪花奏出生活浩然大气的乐章,必将把每一个瞬间化为永恒,定格于历史的长河。

(2)引用丰富。恰当地引用名人名言或哲理警句能增加文章的说服力。所谓恰当,最主要的是引用的名言的基本思想与文章的中心论点是相通的,引用之后,能够使自己的观点更加令人信服。2002年高考满分作文《心灵的选择》就是一篇靠恰当引用而增色的作文。作者分别在文章的开头、中间、结尾引用三句名言。罗曼·罗兰说:"心灵的选择通向两条路,一条是光明大道,另一条则是黑暗的沼泽!"泰戈尔说:"因为灵魂在高处,所以我们应该做出崇高的选择。"托尔斯泰说:"选择一条正确的心灵历程,那么在不远的将来你便会看到光明和希望,也会看到自身所具有的价值。"有了这三句名言的支撑,不但丰富了文章的内容,而且显得立意高远,框架合理,论证有力。

(3)分析透彻。在说理性文章中,材料的丰富性还体现在作者对材料意蕴的透彻的揭示,它往往使文章显得见地高超,不落俗套。

例如,2002年高考满分作文《坚守心灵》一文,在写了徐志摩、纳兰容若两个雅致的故事后,推演出自己思考的精髓:

> 在一切的批评家中,时间是最冷静、最公正、最可依赖的。时间在流动,人们终于等到了答案从水底浮到了水面——不朽啊,志摩。不朽啊,纳兰。他们对得起心灵的选择,在风里浪里坚守住了选择,坚守住了心灵。他们的生命在痛苦中发光,在挣扎中绽放——选我之所爱,爱我之所选。当选择做出时,早已和心灵和生命订下了契约的你我,就该一千次地告诉自己——坚守心灵。纵然一千次被打倒,也应有勇气一千零一次站立,去倾听那来自蓝天云海的召唤,去继续我们赴约的征程——坚守过后,会是

多么刻骨铭心的靓丽。

隽永而不失凝重的文字,箴语式的点题,反弹琵琶式的论述中体现的对社会人生之深刻洞悉和辩证告白,终于将这篇精美的作文点化到了一个更高的境界。

2.怎样做到形象丰满

形象丰满,主要是对记叙性文章人物塑造的要求,有一些用拟人手法的文章,虽然主人公不是人,但其实质应该是一致的。那么,怎样迅速达到形象丰满的要求呢?

(1)综合描写现丰满,就是综合运用肖像、语言、行动、心理等描写手段,对人物进行全面的反映。如鲁迅的小说《故乡》中,闰土、杨二嫂两个人物之所以立体丰满,很重要的原因就是鲁迅综合运用了多种表现手法。应该强调,对人物进行描写,一定要表现出"这个"人物区别于他人的不同之处,为描写而描写毫无意义。

(2)立体展示塑丰满,就是在表现人物特点时,不是概念化、脸谱化地光写其高、大、全或假、恶、丑,而是写出人物的丰富性和复杂性,写出生活中有血有肉的人。2002年高考满分作文《月若有情月长吟》中,主人公"我"就面临以德报怨还是以怨报德的选择,经过心灵的斗争,"我"终于选择了前者。再如,何家庆同志是享誉全国的优秀知识分子典型,在一篇介绍他的先进事迹的通讯《情到深处品自高》一文中,作者写何家庆携带全家的积蓄2.7万元去西南考察魔芋种植时,有这样一段话:

可是鬼使神差,先后三次,他分别到了绩溪、安庆、浙江、又转回来了。前行的脚步是那样滞重,何家庆陷入了极度的矛盾和痛苦之中——何家庆清楚此行意味着什么:茫茫大西南,语言不通,民族习俗各异,毒蛇、恶狼出没,风霜雷电相逼,饥饿寒冷侵袭——但是另一方面,随着年龄的增长,身体每况愈下,对家庭倍加依恋,稍一迟疑,就难以成行。在最终成行之前,他一夜辗转反侧,次日凌晨4点就起床了。从居住的四楼跑上跑下四趟,在家磨蹭了两个小时……

作者写出这些矛盾心理,不仅没有损害先进人物的高大形象,而且可以使人物更加丰满可信,更加深切感人。

(3)历时变化显丰满,就是写出人物心灵的变化过程,而不只是静止地表现一个时间点。这样,就可以动态地表现人物的性格层次。2002年高考满分作文

《凤凰的选择》就是以此制胜的。文章记叙了"我"——一只火凤凰"经过烈火的洗礼才能重生,才能实现自己的彩虹梦"的过程,我们来看一看作者笔下的火凤凰的前后变化。

前:去年的今日,我梦到的七月彩虹在我还没有来得及触摸时就消失了,无影无踪,无声无息,留下的是黑暗的世界,凄凄惨惨,我无法走出这黑暗的原野,灰色脆弱的心灵一触即碎。也许我的心是块冰做的。

后:我释放了一年来的能量,将自己冰做的心融化,将我的羽毛烧化,将一切投入烈火熊熊之中,我瞬时燃烧了。火凤凰重生了,我像快乐的风旋转直到云霄,那七色的彩灯就在我的脚下。我的泪像雨注,任何的言辞和歌唱都无法表达我此时的心情,我尽情地欢唱,我要让大地和青山知道这就是我——凤凰的选择。

(4)独特个性树丰满,人物具有鲜明的个性就容易显得与众不同。要在篇幅不长的文章里使得人物形象丰满起来,有效的方法就是对其特征进行夸张式的描绘。你看,下面一小段文章就在我们面前树立起一个"辣椒迷"的形象:

嘿,说起来,"迷辣椒"的确是我打小养成的嗜好。现在,餐餐都离不开它了。一碗热气腾腾的面条中,如果少了那鲜红的辣椒,哼,胃口全无;那肥腻的红烧肉中,如果再添上一些辣椒末,哈,胃口大开,吃起来就管不了身材苗条淑女形象了,大嚼狂咽,直到辣得舌头打卷,眼圈发红,不断抽气,进而大汗淋漓,飘飘欲仙。那时,只觉家乡有辣椒——爽,够味,能生在辣椒之乡,吃上如此上等的辣椒,实属一种无上享受。

(5)细致描写绘丰满,典型细节的真实刻画可以使人物形象迅速丰满起来。这种细节不仅要反映人物做什么,还要反映他怎样做。《笑林》中记载了一个吝啬鬼的笑话,作者先三言两语简单介绍,"汉世有老人,无子,家富,性俭吝"。接着有一段极传神的描写:"或人从之求丐(借钱)者,不得已而入内取钱十,自堂而出,随步辄减,比至于外(等到走到外边),才余半在,闭目以授丐者,寻复嘱曰:'我倾家赡君(把全部家当拿给了你),慎勿他说,复相效而来。'"此段之所以生动传神,关键得益于"随步辄减""闭目以授乞者""寻复嘱曰"等细节,而这些细节的产生,极传神地刻画了此吝啬鬼的性格特征。

(6)铺垫渲染衬丰满,人物的活动总是在一定的环境中进行的,在不同的环境中,人物活动就有不同的意义。因此,善于利用环境的渲染能有效地突出人物的形象。如2002年高考赢得普遍喝彩的满分之作《昭君的选择》,作者一开始就营造了深深的庭院、迷茫的灯光、扑火的飞蛾这样一种压抑的环境,而"就在这时,传来了和亲的消息。像春日里的第一声惊雷,在死一般的后宫里炸开了"。为了突出昭君的形象,作者再一次作出了重要的铺垫:"天明时,有人奉旨来挑选宫女。一遍遍述说着皇帝的封赏,嫁妆的豪华,国家的边患,战事的紧张。宫女一个个双眉紧锁,一想到遥远的异域他邦,就舌底打战。官员们失望了,哀叹着准备离去。"在这样的情况下,昭君想到的是"待嫁的少女举目无亲,戍边的将士浴血奋战,无辜的父兄沙场喋血",她终于挺身而出。这样,其为国献身的形象就显得更加丰满感人。

3. 怎样做到意境深远

著名美学家朱光潜说:"意境,就是作者的主观情感与客观物象互相交融而形成的,足以使读者沉浸其中的想象世界。"可见,只有作者内在的"意"和外在的"境"高度融合才能达到"意境深远"的要求。

作文中,意境的形成常常有殊途同归的两种途径:

一是"境"中寄"意",就是外显形象中蕴含丰富的情或意。如关于母亲的一个故事:

> 一个小伙子爱上了一个姑娘,一次,姑娘问小伙子:"你真的喜欢我吗?"小伙子回答:"真的。"姑娘又问:"你真的听我的话吗?"小伙子回答:"当然。"姑娘说:"那好,把你妈妈的心挖来给我看。"小伙子听了,真的回家把妈妈杀了,并捧着妈妈的心奔向姑娘,路上,小伙子不小心摔了一跤,那颗重重摔在地上的妈妈的心说了一句话:"孩子,你摔得疼吗?"

这个故事中,母亲的话只有一句,可它足以让我们浮想联翩,百感交集,这就是境中含情的效果。

二是化"意"入"境"。就是把抽象的思想感情用形象的物境表达出来。如一篇赞颂教师无私奉献精神的文章《今生为你》,结尾这样写道:

> 我是你人生路上的一朵小花,为你开过了,然后就谢了;
>
> 我是你绿茵场上的一根草,为你绿过了,然后就黄了;
>
> 我是你苦读时的一盏灯,为你亮过了,然后就熄了——一生为你。

这几个句子形象可感,又含义深刻,真正体现了意境深远的写作特点。

要做到意境深远,有下面几种方法:

(1)注重画面的诗意美。要精心描绘富有诗意的艺术画面。朱自清在《关于散文写作》中说:"意境似乎就是形象化,用具体的暗示抽象的。"例如,贾平凹的散文《月迹》写几个农家孩子中秋之后盼月、望月、等月等情景。文中描述了三幅具有诗意的画面：一是孩子们在屋中盼月，月亮款款地、悄悄地溜进来了，一会又没了踪迹；二是在庭中望月，望月中桂树嫦娥，看甜酒杯中浮起圆圆的满月；三是到河岸边寻月，两处水中都有月亮，月亮那么多，只要你愿意，它就有了哩。在这宁静甜美的形象画面中透露出孩子们真挚、纯洁、天真而富有幻想的情趣。"月亮是什么呢？""月亮是个好。"表达出对美好事物的热烈憧憬与向往。这篇散文将如画之景，景中之人和深邃之意、纯真之情融为一体，创造了诗意盎然的优美意境。

（2）追求画面的音乐性。在艺术画面的描绘中追求语言的音乐性，或者在艺术画面中融入与文章水乳交融、相得益彰的音乐内容，达到一种诗乐结合，一唱三叹的艺术效果。例如，2001 年高考山西考生写的《黄河需要诚信》："古道口，四月天，不见艳阳，只见沙。风丝毫不逊于腊月正月里的疯狂。渡口凌洪汹涌，冰块一堆挤着一堆，像是走西口的男人们，一伙一伙相跟着，去外面寻找钱，寻找生活。可又有多少再踏上这块故土，见亲娘娇妻？乔老三上了船——春去春来，风行风止，水涨水落，总能看见她挎着篮子徘徊在黄河渡口。采一会苦菜，她就站直了腰向远处瞧瞧，红围巾随风招展，老远的船夫看见了，叫个不停，'大妹子，还等呢？'她默默地站在沙旁河湾，注视着古道口，祈祷着河神，不知不觉地低吟着《走西口》：'哥哥你走西口，妹妹我泪长流。哥哥你别变心，妹妹我守在村口——'"雄浑、苍凉的画面，凄楚、悲切的细节点染，俨然构成一幅刀法粗犷、线条古朴的版画木刻。而"哥哥走西口，妹妹我泪长流"这样哀愁宛转的千古酸曲，则仿佛这幅木刻的背景音乐。黄河边上曾经演绎过几百年的生死离别、长盼苦守，被这位考生铺排得从容有致、舒缓自如，在浅浅的叹惋之中，昭示了一种淡淡的恻隐之情。

（3）含蓄地抒发感情。要使自己的感情以含而不露、溢而不流的形式，自然有机地渗透在具体生动的形象描述之中。例如《骑骆驼的小姑娘》一文中写道："说来也怪：人的大脑该是一个录像盒吧。我刚到内蒙古大草原时，录了许多像，都被岁月的流水洗掉了。而有一个小小的场景，却竟留存并时时播放出来。有一个骑骆驼的小姑娘：绿的袍子，红的头巾，黄的腰带。她在骆驼的双峰上，顶天而立：天，蓝蓝的；地，白白的。她唱着歌儿，冉冉地驱驼，向东方走去。东方，那刚擦过胭脂的太阳，露出了那羞得通红的脸蛋儿。二十多年过去了。但在记忆的录像上，这小女孩，依然那么娇小，那么可爱——"小女孩的录像究竟在作者心头激起了什么样的情感或想象的浪花,文章没有明说。但是通过那幅造型优美、色彩鲜丽的人物剪影,读者分明能清晰地聆听到作者深情地讴歌大草原和新生命的"弦外之音"。

(4)形象地表达思想。通过比拟性的联想,把人思想认识、精神气质移注到描写对象之中去,造成亦此亦彼、亦虚亦实、形神兼备的效果。袁鹰的《井冈翠竹》之所以脍炙人口,一个很重要的原因,就在作者通过"睹物思人"和"以物喻人"的手法,成功地做到了笔笔写"竹"而又笔笔见"人"。例如:"井冈山五百里,最使人难忘的是毛竹。从远处看,郁郁苍苍,重重叠叠,望不到头,到近处看,有的峻峭挺拔,好似当年山头的岗哨;有的密密麻麻,好似埋伏在深坳里的一支奇兵;有的看来出世还不久,却也亭亭玉立,别有一番神采。"这段文字从"形"的刻画上说,它简洁而生动地勾勒出苍山竹海的蓊郁气势;从"神"的寄寓上说,却又正是井冈山人民往昔和现今战斗风貌的剪影。

诗意美、音乐性、形象、含蓄地表达思想感情是酿造文章意境的关键所在,做到了这些,就能使文章描绘的生活图景与自己的思想感情融于一体,形成艺术境界,构成文章的亮点。

第六节　有文采　有创新

一、有文采

(一)具体要求

有文采是对文章语言的要求,它包括下列几个方面:

1.用词生动,即要求文章用词恰当、精练、形象。

2.句式灵活,就是句式要富于变化,或对偶,或排比,或整散结合,或反复,或设问等。

3.善于运用修辞手法,如比喻、比拟、借代、夸张等。

4.文句有意蕴,指文句含义深刻、有韵味。

(二)写作指导

1.化抽象为形象

比较下面两个句子:

①繁忙的工作之后,女孩也开始有些想家了。

②繁忙的工作之后,女孩喜欢一个人爬上顶楼,面对家的方向,去读雁阵、夕阳。(颜文静《寻人启事》)

两句话虽然都表达了"女孩想家了",但①句只是交代,"想家"是抽象的,模糊的。而②句是通过女孩"一个人爬上顶楼,面对家的方向,去读雁阵、看夕阳"的意象,蕴蓄了思念萦怀、感伤别离的孤独感、凄凉感,很容易使人想起"乡书何处达,归雁洛阳边""断送一生憔悴,只消几个黄昏"等诗句,所以给人的印象特别深刻。

再如,一位同学在写小提琴演奏的艺术效果时,说"琴声吸引了许多路人驻足倾听"。这句话没有写出小提琴的演奏内容、旋律之美,也没有写出听众的沉醉神态,体现不出小提琴演奏的艺术效果,枯燥无味,缺乏应有的艺术美感。可以改写为:"优美的《梁山伯和祝英台》小提琴协奏曲,轻轻地飘出小白楼的窗口,穿过蒙蒙细雨,撒落在林间小路上。许多行人情不自禁地放慢了脚步,听得如痴如醉。"

2. 化静态为动态

莱辛在《拉奥孔》中说,动态之美是一纵即逝却令人百看不厌的美,比一般的美能产生更强烈的效果。正因为如此,对那些静态的事物,我们要善于"化静为动",使之富有生气,充满活力,情趣盎然。例如,孔孚的《千佛山龙泉洞某佛前即景》中是这样描写佛像和绿苔的:"他微笑着,看苔爬上脚趾;他微笑着,听苔跃上双膝;他微笑着,任苔侵佛头。"

佛是静态的,就是生长着的苔在人人看到的那一刹那也是静止的,作者用"微笑、看、听、爬、跃、侵"等动词,佛和绿苔仿佛有了生命似的,都动态化了,给人留下了深刻的印象。

山水名胜,多是静物,静则无势,无势则不能动人。因此,善于让静物动起来,让无生命的东西活起来,摇荡人的情怀。

3. 绘形绘声绘色

绘形绘声绘色就是能把自然界的声响,物体的形状与色彩具体地写出来,使人有身临其境的感受。陀思妥耶夫斯基举过这样一个例子,他说:"有个小银圆落在地上",这个句子不够好,应该写成"有个小银圆,从桌上滚了下来,在地上叮叮当当地跳着"。这就绘形绘声了。

4. 幽默俏皮活泼

文章过于严肃,不免给人沉重感、压抑感,来一点幽默,讲一点俏皮的话,不仅读起来感到活泼有趣，而且使文章形象生动，富有文采。请看王锋的散文《家添小壮丁》中开头的片段：

2001 年岁末，一个晴朗的日子，随着一声不算洪亮的啼哭，很荣幸我也荣升为舅舅了。小家伙可不管这些，嘴巴撇成瓢状，扯开喉咙只管哭他的。我想男子汉大丈夫有泪不轻弹，看他都嚎上了，定有什么伤心事！姐姐哄着抱起来，小家伙知道似的张开了小嘴，四处寻找“食堂”；喉咙还急急地发出“哼哼”的声音，原来饿了，看他那副吃相，没准前世生活在 20 世纪 60 年代吧！

作者夸张性的用词，超前性的沟通，使文章有了特有的氛围和情调，读之令人忍俊不禁。

5. 善用修辞手法

修辞是使作文语言有文采的重要手段，特别是比喻，恰当的比喻会给文章带来可观的姿色。例如，2002 年高考优作《在选择中启航》中的一段：

选择，是深邃的天空霎时滑过的一颗流星；选择，是青春的面庞上掠过的一丝神秘的微笑；选择，是秋水的碧波上荡起的一层美丽的涟漪。选择是如此的诱人——似隔着轻纱的美女，似含茹着生命的花蕾，似幽静的山谷中飘出的一缕花香。

一连串的比喻色彩斑斓，委实迷人之极，顷刻之间使评卷教师沉浸在一种美的愉悦之中，为这位考生的才华而赞叹不已。

6. 注意句式变化

整句和散句、长句和短句，灵活搭配，交替使用，语言就会变化多姿，产生一种特殊的美感。如 2002 年高考满分作文《得失寸心知》中的一段：

生命是一个选择的过程。在这个过程中，有人“利”字为先，好处抢尽；有人“荣”字当头，虚实兼收；亦人有“德”字为重，铁肩道义。

没有唯一的选择，没有绝对的真理。因贪选利，因欲选荣或因心选德，其实是见仁见智。

可是我们的心灵呢？它时刻在倾听着选择跋涉的足音。噢，利字，你不要前行了，欲壑难填，人心无厌，纵使你走过千山万水，守着万贯家财，又何曾给我们带来一丝欢愉呢？葛朗台守着金钱困苦一生，你不知晓么？

荣字，也请你止步吧。虚荣搏尽，最终也不过繁华梦一场，盗名欺世者，难逃可悲下场，梦醒举目四看，风光占尽的凤姐也只能黄土掩破席，哀哭向金陵。

这段文字风格古雅,词语丰富,使用了许多成语、典故。从句式的角度看,以对偶、排比的整句为主,同时使用散文的章法,注重整散、对称与呼应,形成一种整散结合之美。

7. 引用、化用名句

阅读面广、知识面宽、文化底蕴丰厚的同学要在符合题意的前提下引用、化用名言警句,尽情展示自己的才华。例如,2001 年高考山西一考生在《选择诚信,选择中华魂》中写道:

> 有这样一朵诚信的花,它诚信于爱情:这朵花里充盈着孟姜女的眼泪,雷峰塔下的呻吟,遥遥天河间无尽的思念,草长莺飞中梁祝的化蝶双飞;这朵诚信的花,凝聚了王维的"红豆生南国",柳永的"执手相看泪眼",李清照的"寻寻觅觅",陆游的"几年离索"。这朵诚信的花哟,凄美、哀婉。有这样一方诚信的土,它诚信于人民:这一方土里,孕育出岳飞的精忠报国,戚继光的横扫倭寇,林则徐的虎门销烟;这一方土里,培养出周恩来的鞠躬尽瘁,焦裕禄的不辞劳苦,孔繁森的一心为公。这是一方诚信土啊,深厚、凝重。

这位考生旁征博引,撷华掇英:从孟姜女的相思泪到梁祝的化蝶双飞;从王维的"红豆生南国"到李清照的"寻寻觅觅";从岳飞的精忠报国到林则徐的虎门销烟;从周恩来的鞠躬尽瘁到孔繁森的一心为公。其视野之广阔、材料之丰赡、信息之密集、语言之精美,确实令人叹服。

考生要消除语言有文采高不可攀的思想,认真品读有文采的精美时文和语言有特色的高考优秀作文,确立适合自己实际的语言目标,掌握方法,认真训练,在较短的时间就能使文章展现出亮丽的语言色彩。

二、有创新

(一)具体要求

有创新是对文章立意、选材、结构等方面的要求。它包括见解新颖,材料新鲜,构思精巧,推理想象有独到之处,有个性特征。

见解新颖,就是考生用自己的眼光去看别人见过的事物,在深刻感悟、真切体验的基础上,提出创造性的见解。

材料新鲜,就是写进文章的事件或资料具有浓郁的生活气息和时代感、新颖度。

构思新巧,推理想象有独到之处,就是在审题准确的前提下,想别人想不到的,想别人不敢想的,想别人想不透的事物。写记叙文,要使情节的设计和材料的安排新奇巧妙;写议论文,要在符合题意的前提下,从新的角度提出创造性的见解。

有个性特征,指文章的整体风格有鲜明的个性特色,这是对有创新的最高要求。

(二)写作指导

1.作文怎样做到立意新

(1)多角度思考,悟出新意。就是对作文命题多推敲、多琢磨,多想门径,在比较权衡中,优胜劣汰,爆发出创新求异的火花。例如《尝试》这个题目,许多学生写尝试游泳、尝试骑自行车、尝试打工、尝试做饭等。这些都很一般化,容易与别人的选材雷同。有位考生从尝试接受继父的感情,弥合继父和家庭变故带来的心灵创伤来立意,写出了人间真情,做到了立意创新。

(2)逆向思考,萌发新意。逆向思维,就是从反面思考问题,"反弹琵琶"出新意。2001年高考要求以"诚信"为材料作文,一般考生都是从赞扬诚实守信、批评虚伪作假的角度来立意的。河南一考生写的《不诚不信不为过》一文则指出:"在通常情况下,我们都把诚信作为一个正人君子不可缺少的美德。我们都讲究待人真诚守信,喜欢老老实实地做人,可是在特殊的情况下,不诚不信也不为过。"立意别开生面,不落俗套,新颖别致。为使自己的观点成立,文章用战场上"兵不厌诈"和商场上"诈而不欺"的事实来支撑,最后辅以辩证的分析论证,使中心思想不失于偏颇绝对。这一立意恰如万绿丛中一点红,是那么亮丽,那么惹眼,一下便赢得了阅卷教师的青睐。

(3)力避传统,独辟蹊径。例如,对蒲松龄的《促织》这篇小说描写的"魂化促织"这个情节,历来被认为是批判统治者对劳动人民迫害之深的。散文《促织,促织》却从新的角度,提出了自己的见解:"生不可为之事,死以魂魄为之!这是一种执着,奋斗,无畏无惧,山河为动,金石为开的力量。"化同情为赞美,变低沉为悲壮,谱写了一曲为命运而抗争的赞歌。

2.新鲜材料何处来

美国教育家华特·科勒涅斯指出:"语文学习的外延和生活的外延相等。"作文的过程从某种意义上说也是对生活的"加工"过程,因此,新鲜的作文材料,也只能从生活中来。只有密切联系生活，开发作文资源，才能让考生的作文中流淌出清新的生活之水。

（1）从社会生活中来。"文章合为时而著，歌诗合为事而作"，考生要紧跟历史潮流，把握时代脉搏，放眼世界，关注社会，关爱人类，这既符合作文教学的规律，也是中学生成长的需要。可以利用电视，收看《新闻联播》《焦点访谈》《东方时空》等栏目，订阅《中国青年报》《半月谈》等报刊，开阔视野，开拓素材空间，提高思想水平和文章品位。还可以深入生活实地采访，走出课堂，走进工业园区，走进商场，走进养殖户，走进下岗工人家中。如学生走访下岗职工后，再要求他们以"下岗职工"为材料作文，学生就能把下岗的痛苦、失落，再就业的艰难、辛苦，成功的喜悦、自豪写得具体生动。

（2）从校园生活中来。校园生活丰富多彩，校园故事生动感人。悉心体察，深入开掘，就能采摘到真情的花朵，谱写动人篇章。如《六个瓶塞》一文，写"我"去茶房提开水时，不小心弄丢了暖瓶塞，就先用食品袋套住暖瓶口，急忙去上课了。等上午下课"我"买回瓶塞往暖瓶上盖时，让"我"感动的是，瓶上已经盖上了一个新瓶塞，暖瓶的一边还并排放着四个瓶塞，"我"轻轻地把第六个瓶塞和那四个瓶塞放在一起，心头热热的，眼里溢出了幸福的泪水。（原来，这间住室中，其他五位同学发现瓶塞丢了，都买了一个瓶塞）一件平凡的小事，折射出新时代中学生的精神风貌，写出了他们如溪水般透明、如美玉般晶莹、如冬雪般洁白、如春阳般温暖的真诚纯洁的友情。

（3）从家庭生活中来。家庭生活中，血浓于水的亲情，温馨无比的爱意，酸甜苦辣的悲欢——是学生作文取之不尽的素材源泉。一位同学在《母亲残损的手》中写道："我急惶惶地来到母亲的病床边。母亲微微侧卧着，脸色晦暗，嘴角深深地凹陷下去。头部摔伤导致她严重中风，她说不出一句话，微睁着两眼，用混浊而呆滞的目光看着我。两只手放在被子外面，这是一双伤痕累累的残损的手。手背上青筋条条突起像纠缠的老藤，指关节如竹节般粗大突出，手指屈曲不能伸直，指甲盖有的残缺不全，有的已快脱落，手茧层层相叠，又厚又硬，手掌和手指头又深又密的裂口处露出淡褐色，那是长期劳动的积染……这是我第一次这样近也第一次这样仔细地看母亲的手，母亲就是用这双伤残的手，把我和哥哥抚养成人的。"精细的观察，深沉的感悟中蕴含着作者沉重的愧疚之意和真挚的报恩情怀，没有亲身经历，是难以写得如此情真意切的。

（4）从家乡生活中来。家乡的山水、风俗、人情、人文景观等，经过饱蘸情感笔墨的点染,都会放射出夺目的光彩。一位同学在《梦里榆钱香》一文中写道:"蒸榆钱,是豫东农村的一种风味。有经验的妇女,往往把淘净的绿花花湿漉漉的榆钱拌上玉米面,垫着馏布子,盛在竹箅上放进锅内文火烧。蒸熟后捏着馏布子角合盘出锅,倒在小红盆里。滴几滴香油,浇两勺蒜汁,撒上点葱花或芫荽,热腾腾黄澄澄的'蒸榆钱'做成了。开饭了,你盛一盘,他挖一碗,就着绿豆稀饭吃。一口稀,一口稠,稀的像水,稠的像油。三天不改样,保证吃不够。"小作者以小见大,借榆钱抒发了对家乡无限的爱恋之情,描写生动真切,语言通俗质朴,乡土气息浓郁。

生活赋予了每个人一个生存和展示的舞台,朝气蓬勃的中学生,应果敢地走出旁观者和局外人的行列,大胆地参与生活、体验生活、创造生活,做生活的主人。我们必须擦亮尘封的眼睛,以主人翁的姿态去观察高山流水,去感知风花雪月,去体验世态炎凉,只有这样,我们才能学会生活并调动缤纷绚烂的生活积累去塑造生活。

3.记叙文精巧构思法

记叙文的构思一定要讲求精巧,只有精巧,才能引人品读。精巧不是故弄玄虚,而是选用一种最恰当的形式表现文章的立意。下面介绍八种记叙类作文构思的方法,以期为广大高中学生写记叙类作文提供一点有益的借鉴。

(1)横向剪辑法。中学生的日常生活看起来相当刻板和平淡,很难写出超级震撼之作,但如果能从经历过的日常生活中、阅读过的书刊中、体味过的点滴感悟中机智地"抓拍"几个特定镜头,加以横向的剪辑,就能够创造出全新的主旨和丰富的内涵,收到化平淡为神奇的构思效果。

2000年江苏阅卷点的满分作文《四幕剧》在构思上就显示了横向剪辑法的独特魅力:第一幕取材于郊游所见,捕捉的镜头是暴雨、小路、溪流、石头,着眼于"爱心与希望";第二幕取材于一日三餐,捕捉的镜头是一日三餐,着眼于"两种生活状态";第三幕取材于阅读书刊,捕捉的镜头是如豆的灯火,着眼于"人性说";第四幕取材于人生感悟,捕捉的镜头是真实的人生,着眼于"人生的思考"。

"四幕剧"通过横向的剪辑,纷纷闪亮登场,炫人心目,充分体现出作者构思的精巧。

(2)纵向连缀法。"流水账"是记叙类作文写作的大忌,究其原因,主要是作者缺少连缀典型事件的功力。如果作者能在文章"明晰的发展脉络"这根红线上,巧妙缀上几颗闪亮的事件"珍珠",就能逐层拓展开文章丰富的内涵,使文章迸射出强劲的纵向穿透力。

《父亲的军大衣》以"军大衣"为线索,在这根红线上,作者巧妙地缀上了三颗闪亮的事件"珍珠":一是"救命之衣"——靠着军大衣的神力,危在旦夕的"我",享受了一次"军人优先"的特权,转危为安;二是"温暖之衣"——(后来)父亲军大衣成了"我"小床上的被褥,使"我"每天感到父亲特有的温暖;三是"爱心之衣"——(再后来)父亲把他心爱的军大衣捐给了灾区,使素不相识的灾区人感受到了父亲的爱心。三颗事件"珍珠",巧妙地纵向连缀,逐层拓展开父爱丰厚的内涵,给人以丰满的审美享受,很有借鉴价值。

(3)设置悬念法。悬念是指在作品的某一部分故意设置疑团,引起读者对人物命运、矛盾冲突的关注,使其产生急切期待,欲知后事的心理。如杨朔的《茶花赋》开篇设悬,然后笔锋宕开,由南国春早写到二月花事,由红梅飘香写到茶花盛开,由花色名目之多写到辛勤育花之人,至鲜活的小孩看花而终得一幅画的构思,解除悬念。全文以设悬为切入点,自然地展开叙写,诱导、指引读者去感受、体味和接受"童子面茶花"积淀成象征物的过程,丰富了文章的内涵。

(4)巧置误会法。利用时间、地点、人为因素,故意造成人物之间的误解,为行文推波助澜,丰富情节的戏剧性。如习作《期望》写"我"整天沉醉于武侠小说的刀光剑影之中,成绩急剧下降。而没有文化偏想培养出一个文化人的母亲见"我"整天抱着厚厚的一本书"用功",心中有几分欢喜。"我"则为自己的瞒天过海之术而得意。直到一个风雪肆虐的日子里,母亲一大早起来,踏着冰雪,忍着饥饿,来到二十里外的学校,给"我"送来"我"常念的厚书——《神雕侠侣》时,"我"才流下了悔恨的泪水。文章用误会法,写母亲因"我"学习用功而欢喜,又用误会法,写母亲错把"我"常看的武侠小说当成教材,冒着风雪忍着严寒饥饿到二十里外的学校送书的感人情节,突出了母亲的善良和盼子成才的热切心情,也表现了"我"的忏悔和惭愧。

(5)欲扬先抑法。"抑"是蓄势,"扬"是兴波。如2001年高考话题作文"诚信",一位考生这样写:

新"狼来了"的故事

小二拿着鞭子放牛去了。一路上,小二不断挠头,他还在想今儿早上奶奶给他讲的"狼来了"的故事呢!"哇呀呀,可了不得,一口吃了一个也叫小二的放牛娃。"小二心想,不禁有点"两股战战","不怕不怕,奶奶说了,只要诚信,就准没事!"

啊,山路上风光可真好! 小二让牛儿自己吃草,他独个玩去了。他东摘一朵野花,西折一枝小草;一会儿捉蛐蛐,一会追蝴蝶,好不快活!

突然,一只大灰狼从草丛中跳了出来!

"妈呀! 你……你是谁?"小二哆嗦道。

"嘿嘿,爷儿我姓大,叫灰狼。今天要吃掉你这个小家伙。"

眼看这只姓大的灰狼步步逼近,小二的脸越发苍白。

"现在还诚实,再诚下去小二我连命都诚没了! 怎么办? 苍天呀!"小二绝望地小声说。

狼来了……狼来了! ……

"对,有了!"小二眼睛一亮,计上心头。他一个"鲤鱼打挺"跳了起来,反而吓了大灰狼一大跳。

"嘿,我说,狼兄,咱们做笔交易怎么样? 保你不吃亏。"小二一手拍着老狼的肩膀笑道,"你看,我这儿现在有两只小牛犊儿,肉嫩味鲜、营养丰富,不比我一放牛娃差。你看我,又干又黑又没油水,肯定没啥嚼头。"

老狼先一愣,然后停步寻思了一下, 又上下打量了小二一番。

"明天,明天再特别给你送来牛犊二十只,羊羔二十只,怎么样,够吃半年的,绝对划算。"

老狼掰着脚趾头算了半天:"中,牛犊加羊羔,嘿嘿,中!"虽然算不出二十加二十等于几,但大灰狼还是爽快地答应了。依依惜别之前,老狼又专门叮咛了一句:"人,可要讲诚信的。"

老狼带着两只牛犊回窝去了。第二天一早,它赶往山梁上,想去迎一迎小二。可是,等到太阳快落山了,小二的影子也没见着,老狼气得直骂娘。

结果,哈,您猜怎么了:小二领着二十个壮汉上山来了。老狼临死前,瞪着眼睛只说了最后一句话:"人,最不讲诚信。"

哈哈! 故事讲完了,结尾的教训就是:诚信有的时候可以保命,可如果不分对象对所有人都讲诚信,那是万万行不通的!

阅卷教师评语:这是一篇在构思上很有特色的童话故事。首先,表现在题材的推陈出新上。它既沿用了小二在山坡上放牛的老故事,但情节、立意却迥然不同。其次,它成功地描写了两个具有对立性格的形象——精明的小二和狡猾愚蠢的老狼。此外,结尾一句点明寓意,将一个人人都懂但却未必能够说得明白的主旨一笔点化了出来,读来令人会心会意,不能不佩服该考生的认知能力和语言表达的功力。

(6)情节陡转法。故事情节不是循常理发展,而是陡遇情理中的"意外",转向另一方面去。如《窗》(泰格特小说)写两位卧床的重病人,住在仅有一门一窗的狭小房里。只有透过窗口才可见外界,生活死寂。为了安慰病友,近窗人每天向病友编织窗外斑斓多姿的景观,病友摆脱了寂寞,得到了快慰。至此故事似可以作结了。然而病友突生嫉妒,对近窗人竟见死不救,待争到近窗的铺位,见到的只是光秃秃的一堵墙,文末陡起波澜,出现逆转,使小说有了强烈的艺术魅力。

(7)故事巧合法。故事巧合是指在文章中设置故事的偶合或人物的奇遇。例如《卖牛》一文,写由于家庭贫穷,哥哥三十多岁了还没有找到媳妇。母亲十分着急,好不容易托一个能说会道的媒人找到一个愿意嫁过来的姑娘,但要求5 000元的彩礼,母亲东奔西走,只借得了2 000元,还剩3 000元,母亲决定让"我"与哥哥一起去卖牛。牛也顺利地卖给了一个老汉,卖后哥哥却又主动告诉老汉自己卖的牛曾得过烂蹄病,并同意老汉退牛,最后又把经纪人拿走的那100元也送给了老汉。由于哥哥的老实,好端端的一桩婚事又要告吹了,"我"埋怨哥哥,母亲也为哥哥不能娶上媳妇而再次流下了伤心的眼泪。此时,作者安排一个使人物命运柳暗花明的"巧合":那买牛的老汉,原来正是姑娘的父亲,哥哥未来的老丈人,老人看上了哥哥"心底好,诚实守信",决定不要彩礼,把姑娘嫁过来。这使文章顿生波澜,善良诚实的哥哥终因善良而改变了命运,过上了幸福生活。

(8)视角变换法。常人的头发大概不会引起人们太大的兴趣,但我们能不能变换一下视角,去看看秃子头上的几缕青丝呢,相信它会成为人们瞩目的焦点。视角的变换能够使文章的构思另辟蹊径,别开生面,"见人所未见,发人所未发",从平淡中显出奇绝来。

"减负"是个老材料,学生、老师、专家各有自己不同看法,对此读者早已不感兴趣。《书房里的对话》却把视角一变,去写书房物品眼中的"减负",顿生文趣,给人以耳目一新之感,请看下面这段精彩的片段:

> "望着咱家小主人日益肥胖的身躯,我就着急。"书桌悲伤地说,"现在我再也看不到他勤奋好学的场景了,现在他可能正在睡梦中畅游了吧,唉!看来我这把老骨头迟早要退休啊!"

"你在瞎说什么?"书橱愤愤地说,"你怎么连这个都不懂,素质教育是时代发展的需要,也是学生的心声。你难道没有觉察到小主人现在每天都开开心心,学习变得主动多了。他每天都来我这里汲取丰富的文化营养。"书橱得意地指着自己的胸膛。

(9)细节凸显法。要善于发现捕捉人物的"一言一动之微,一沙一石之细",把它们巧妙地镶嵌在自己的文章中,表现人物的神韵和文章的旨趣。例如,《感受母爱》中有这样一个细节描写:

我慢慢地把馒头拿起来。忽然我在上面发现一个非常清晰的指纹印。以它的大小,我甚至能够辨认出它是母亲中指的指印。它是个"箩",而不是个"箕",一圈一圈的,里面小,向外渐渐地扩大,如同春日湖塘上小鱼喋起的波纹。波纹又渐渐荡漾开去,荡漾开去——

啊,我一颗清亮的泪水滴在手中的馒头上了。

通过这个细节,母亲对"我"深深的爱和"我"对母爱的深切感受,都得到了充分的体现。

以上九种方法,相信会对参加高考的同学构思记叙文带来一些帮助。

4. 怎样写出个性特征

文章有个性特征是高考作文发展等级的要求之一。个性特征大致说来有两个方面:一是有独特的创造性的发现。就是考生用自己的眼光去看别人见过的平凡的事物,激起了自己的情感激动,得到深刻的感悟,真切的体验,新奇的想象,创造性的见解等。例如,2000年高考,河南一位考生在《换个角度,天地一新》一文中写道:

在祖国熠熠闪光的艺术宝库中,宋词可以说是一道亮丽的风景。它让人百看不倦,百读不厌。但是,谈到宋词,人们的评价却众口不一。有人欣赏苏轼"乱石穿空,惊涛拍岸"的雄奇,而贬抑柳永"杨柳岸,晓风残月"的清丽;有人赞叹李清照"帘卷西风,人比黄花瘦"的纤巧,却排斥辛弃疾"金戈铁马,气吞万里如虎"的豪壮。答案竟是如此的丰富多彩。

倘若你问我,你喜欢宋词的婉约派,还是豪放派?

我会毫不犹豫地回答你,两派都喜欢。因为这两种不同风格的美,才构成了绝妙的宋词。

词有抵御外侮,忧国忧民之情,也有山水风月,伤春怀人之意。前者振奋人心,慷慨激昂;后者朦胧浪漫,缠绵萦绕。

······

　　千年的风霜是无情的,但宋词依旧是那么动人,吸收它的精华,你一定会得益不少。

　　婉约派和豪放派两种不同风格构成了绝妙的宋词,它们像山间泉水那样动听。

　　宋词,两种不同的风格的词作,是我永恒的热爱。

　　考生针对历来人们对宋词两种风格褒贬不一的事实,抒写自己全新的感受和认识:两派都喜欢,因为是两种不同的风格美,才构成了绝妙的宋词。见解独到,富有个性。

　　二是独特的创造性的表现。要求考生将自己的发现独辟蹊径地表现出来,不模仿别人,不因袭某种模式,而是别开生面,面目一新。例如 2000 年高考,江苏一考生的《四幕剧》,称得上是创造性表现的范例。他大胆采用剧本的形式,写得新鲜活泼。生动的艺术画面,辅以情感饱满的议论性语句,表明作者对生活独特的感悟和乐观向上的人生态度,体现了可贵的创造精神,具有鲜明的个性特征,新颖别致,值得称道。

第十章　中学语文课堂观察的理论与实践

第一节　中学语文课堂观察的理论设计

在我国中小学语文学科,听评课是教研活动的重要方式,是教师专业成长的重要途径。但长期以来,由于缺乏必要的规范和专业意识,听评课随意性大,效率比较低下,不能很好地促进教师的专业发展。改进听评课的方式,提高听评课的科学性和针对性,是提高教研活动效率的关键。

近年来,很多学者都提出新的听评课的方式。华东师范大学崔允漷等人倡导的课堂观察的 LICC 模式,是一种有代表性的听评课方式。所谓课堂观察,"就是通过观察对课堂的运行状况进行记录、分析和研究,并在此基础上谋求学生课堂学习的改善、促进教师发展的专业活动"①。LICC 指课堂观察的四个维度:学生学习(Learning)、教师教学(Instruction)、课程性质(Curriculum)与课堂文化(Culture)②。

语文课堂观察借鉴了课堂观察的 LICC 模式,结合本学科的特点进行了改造。我们在郑州市第106中学进行了为期一年的语文课堂观察实验,探索语文学科课堂观察的方法。通过研究探索,提出分课型进行观察的新思路,设计出不同课型的观察量表,提高了教研活动的效率,促进了教师专业成长。

一、中学语文课堂观察的特征

语文课堂观察具有一般课堂观察的共性,也具有本学科的特点。相对于其

---

①沈毅,崔允漷.课堂观察:走向专业的听评课[M].上海:华东师范大学出版社,2008:74.

②崔允漷.论指向教学改进的课堂观察 LICC 模式[J].教育测量与评价(理论版),2010:5.

他学科来说,语文学科具有一些鲜明的特点,如课程目标的概括性,教学内容的多样性,与学生思想情感联系紧密等,这使得语文课堂观察有自己特别的关注点。

1.进行语文课堂观察,要重视审视反思教学内容的合理性

语文学科属"素养学科",《义务教育语文课程标准》只是规定了学生经过一段时间的学习要达成的素养目标,没有具体规定学习内容,虽然语文教材提供了部分课程内容,但不是全部,还需要教师根据所学内容的性质和学生情况进行设计。由于语文学科的特色和相关研究的薄弱,教学内容的设计呈现出多样性的特点,不同教师所教的内容常常不同,我们有必要对不同教学内容的合理性进行追问。在听评课时,我们不仅要关注教师的教学方法,更要审视反思教师的教学内容,后者对语文学科来说更为重要。从课前会议阶段开始,教师就应对教学内容进行讨论和分析,课中观察和课后反思阶段都应对教学内容的合理性和适切性进行思考。

2.进行语文课堂观察,不仅要关注结果性目标的实现,也要观察表现性目标的落实

《义教育语文课程标准》里不仅有结果性目标,而且有表现性目标。结果性目标大多属于知识、能力、方法维度的目标,容易观察,而表现性目标多属情感态度价值观方面的目标,不太容易考察。后一类目标对语文学科来说非常重要,观课者要特别关注这一类目标,关注语文学习过程。我们在"课堂文化"维度的量表里设计了"总体感受"一个栏目,要求观察者记录对课堂教学的总体感受,关注表现性目标的实现。

3.要重视对课堂进行连续性观察

评价一节课的好与不好,仅凭一次观察是不够的,还应将它放置在与前一堂课、后一堂课,前一周、后一周,乃至前一学期、后一学期的关系之中。这并不意味着要观察一位教师的所有课,而是要了解前后教学内容的联系,站在全局的角度考察一节课的合理性。进行语文课堂观察,要关注学生实际所驻留的学习经验。教是为了帮助学生学,最终也要落实到学生的学。观察课堂,不能仅仅关注学生说了什么、做了什么、写了什么,还要考察语文学习的实际效果。仅仅观察学生在课上的表现,还不能完全看出学生的发展。对学生学习经验的了解,应该"前伸后延":在上课前,就应该通过一定的观察工具了解学生相关学习经验;在一节课结束之后,还应通过作业、检测等手段了解学生的知识掌握

情况。

二、中学语文课堂观察的策略

语文课堂观察主要依托研讨课和公开课等教研活动进行,以备课组为基本单位。我们的课堂观察按照"教师教学""学生学习""课程性质""课堂文化"四个维度进行。针对每个维度设计一个量表,由一位教师进行观察。在观察的过程中,创造了适合语文学科的特有的观察模式。

(一)分课型进行课堂观察

不同的课型教学内容不同,教学重点和难点不同,教学方法有异,因此不能用同样的量表。根据语文学科的特点,我们按"现代文阅读""文言文阅读""语文基础知识教学""作文"四种课型设计了观察量表。课程内容不同,教师教学和学生学习行为肯定会有较大的差异,而课程内容类似,那么教师的教学和学生的学习行为就会有一定的相似点。课堂观察应该是针对具体的教师、具体的学生和具体的课程内容进行的,课堂观察和评价应该是因人、因内容而异的。可是如果每一次观察都设计不同的量表,那这样的工作量将是相当大的,操作性也比较低。因此,设计观察量表,考虑不同课型的相同点和不同点,将会使量表设计更加容易。

针对现代文阅读的特点,我们设计了"学生是如何突破难点的"量表,对现代文教学来说,学生初步理解课文容易,但深入理解品味较难。依据郑州市正在进行的细化解读新课标活动,我们设计了"学习目标的设计与达成"量表,了解教师学习目标的细化分解及达成情况。文言文教学是语文教学的重点和难点,与现代文教学有较大的不同,为此我们专门设计了"学生是如何掌握文言文重点的"(见表 10 - 1)等量表。语文基础知识教学是语文教学的重要组成部分,也是教学的一个难点,在毕业年级,语文基础知识教学更为重要。根据这种课的特点,我们设计了"知识类型与教师活动""学生参与课堂活动的方式"两种新的观察量表。作文教学是语文教学的重点和难点,如何有效地进行作文教学,是非常值得探讨的问题。根据作文课的特点,我们设计了专门的量表,包括"学生学习写作的方式""读写活动的安排"等。

分课型进行观察有利于把握不同课型的特点,总结不同课型教学的有效方式,促进教学经验的积累。

表 10 – 1　学生是如何掌握文言文重点的(学生学习维度)

教学步骤	学生的表现					效果评价
	朗读(齐读/个别读)	翻译(译词/译句)	应答(集体/个别)	合作(讨论/互助)	思考(倾听/写作)	
……	……					
总体评价						
改进建议						

(二)观察教学内容和教学方法并重

当代语文课堂教学内容存在的一个突出问题是随意性过大,教师对教学内容的科学性缺乏学理审议。为了提高语文教学内容的科学性、合理性,我们提出从教学内容和教学方法的角度观课评课的主张。

教学方法不能脱离内容。杜威说:"方法就是安排教材,使教材得到最有效的利用","方法就是使教材达到各种目的的有指导的运动"①。从他的话可以看出,方法绝对不能脱离教材,脱离教材的方法往往是不合适的。比如说,品味形象是诗歌教学的有效方法,如果用来教一般性的说明文就不妥当了。教学是一种特殊的认识活动,是教师指导下的学生学习,在学生和教材之间有教师这样一个中介,教师除了指导学生用正确的方法来阅读教材,还要采用种种办法让学生与文本接触,深入文本,学得知识技能。

在教学内容基本确定的前提下,"怎么教"要重点考虑学生的情况,不同班级学生总体情况不同,班内还有个别差异,更为重要的是,学生情况在课堂上是动态变化的,这就为教学方法的选择提供了极大的空间。在教学内容确定的前提下,教学方法还有更多的选择。上每节课之前,教师首先要设计教学内容,虽然说有些是在教学过程中生成的,但教师之前必须有预设。在设计教学内容的时候,必须同时考虑教学方法,这就需要教师细致考虑教材内容、学生整体水平、个别差异等因素,合理选择教学方法。语文教学内容和语文教学方法有密

---

①杜威.民主主义与教育[M].王承绪,译.北京:人民教育出版社,1990:181.

切的联系,但是前者并不必然决定后者。语文教学方法有一定的独立性,设计教学既要考虑教学内容的合理性,又要考虑教学方法的适切性。从观课的角度来说,可以侧重一个方面,但不能无视另外一个方面。

在课堂观察的过程中,我们不仅要重视观察教学方法,而且要注重分析教学内容的合理性。通过观察实践,增进教师关注教学内容科学性的意识,提高教师的文本分析能力。

(三)重视连续性观察,提高教师的教学设计能力

从根本上来说,听评课是为了促进教师的成长,可是传统的听评课很难起到这一作用。听课教师听完课以后,对授课者提出一些意见和建议,而授课者是否接受以及在以后的教学中是否改进就不得而知了。

为了改变这一状况,我们对教研方式进行了改革,即听一位教师的课,至少要听两次。第一次听过之后,根据观察点对教师提出评价和改进建议,大家进行讨论,形成一致意见后,由授课者再上同一课,观察效果。观课之后,再进行评议,提出改进建议。为了检测上课的效果,过一段时间,再对学生进行问卷调查,了解上课的实际效果。在实践过程中,我们曾对 J 老师进行连续观察,上课内容是《陈太丘与友期》。在 J 老师上课之前,我们进行了课前会议,一起讨论了教学设计,看了她的课件。观课时,我们按照事先设计好的量表进行观察,课后进行了评课。J 老师对教学设进行了修改,一周以后,J 老师在另外一个班又上了一次这一篇课文,有明显的进步。两个月后,我们对 J 老师第二次上课的班上的学生进行了问卷调查,统计结果显示:学生对《陈太丘与友期》掌握非常好或较好的95.9%,认为教师的引导对自己有帮助的占87.5%,在实施课堂观察之后能独立翻译课文的占92.3%,能够运用老师所教方法的占64.6%。[①] 学生对教师文言文教学的评价较高。这说明课堂观察确实起到了改进教学的作用。

进行课堂观察不能仅仅记录课堂,还要科学地分析、诊断课堂。在课堂观察量表中,我们设计了"改进建议"一个栏目,要求观课者根据量化分析、定性评价,就自己观察的一个维度,给授课者提出建议。所提建议应有理有据,有利于被观察者的成长。通过连续观察,教师的专业能力可以不断得到提高。

---

①根据课题组设计的《文言文学习调查问卷》的统计结果。

第二节　中学语文课堂观察实践探索

一、研究的背景和意义

在郑州市第 106 中学,我们就课堂观察相关问题进行了问卷调查,调查对象为初高中语文教师,调查结果如下:语文教师在课前经常与授课者交流的只占 36.7%,评课时主动发言的占 16.7%,而不得不说时才发言的占到 43.3%,评课时根据感觉的占 30%,凭经验的占 36.7%。从中可以看出,虽然教师每周都要上研讨课,每学期有公开课,可是听课的目的性不强,缺乏必要的观察工具,评课的科学性和针对性不够,听评课不能很好地促进讲课者和听课者的专业发展。据我们了解,郑州市语文学科听评课也存在这样一些问题。

实施语文学科课堂观察,对改善学生课堂学习、促进教师专业发展、提高教研质量等,都有极其重要的意义。首先,课堂观察的起点和归宿都是指向学生课堂学习的改善。无论是教师行为的改进、课程资源的利用,还是课堂文化的创设,都应该以学生课堂的有效学习为落脚点。其次,课堂观察是促进教师专业发展的重要途径之一。无论是观察者还是被观察者,无论是处在哪个发展阶段的教师,都可以根据自己的实际需要,有针对性地进行课堂观察,从而获得实践知识,改进自己的教学技能,提升自己的专业素养。再次,课堂观察可以改变传统教研活动目的性不强、科研含量不高的弊病,提高校本教研的质量。

二、研究概况

从 2010 年 3 月课题立项之日起,我们就一直坚持进行课堂观察。我们研读相关论著,设计观察量表,依托郑州市第 106 中学每周进行的研讨课,进行观察实践。我们通过上公开课、观摩课,对第 106 中学以至郑州市的课题观察起到了示范引领作用。

在课题研究过程中,我们对多位教师的语文课进行了观察。我们发现,分课型来设计观察量表是一个可行的方法。不同的课型教学内容不同,教学重点和难点不同,教学方法有异,因此不能用同样的量表。比如说,现代文和文言文教学的重难点就有较大的不同。我们根据语文学科的特点,按"现代文阅读""文言文阅读""语文基础知识教学""作文"四种课型设计了观察量表,进行了观察实践。

经过实践和研究,我们设计出适合语文学科的分课型观察量表,探索出一套适合语文学科的听评课模式,提高了听评课的效率,有效促进了教师专业成长,提高了教师科研能力。

三、研究过程

本课题以一线语文教师为研究主体,以备课组为基本的研究团队,旨在让一线教师掌握一定的课堂观察记录方法,并在此基础上进行发展性课堂教学评价,从而促进教师教学理念内化、教学行为跟进,同时引领学校教研组的研究范式,促进学校教研组建设。

(一)研读论著,设计量表

在进行课堂观察之前,首先要了解他人的研究成果,设计出合宜的观察量表。在课题研究之初,我们收集了相关的书籍、论文,包括《课堂观察:走向专业的听评课》《听评课:一种新的范式》等论著。课题组教师利用教研活动时间,集中学习课堂观察的相关理论,在平时工作之余阅读相关书籍,写出读书笔记。

我们研读了课堂观察理论方面的重要论文,其中包括:《教育研究中课堂观察的设计》,重点论述如何做好课堂观察前的准备工作,观察目的、视点的选取,表格设计的方法;《进入课堂观察的两种角色》,阐述以教师和学生的两种角色进入课堂观察,从而发现教学问题;《课堂观察从感性描述走向理性实践》,通过对比的方法把课堂观察与传统听课作一番优劣评析;《课堂观察:为何与何为》,主要回答三个问题:什么是课堂观察?为什么要进行课堂观察?怎样进行课堂观察?《课堂观察——拥有透视课堂的眼睛》,与《课堂观察从感性描述走向理性实践》类似,着重与传统听课相比较,但着眼的视点不同;《利用课堂观察研究课堂教学》,从一轮课堂观察的实践出发,总结收获与存在的问题;《论课堂观察及其价值》,论述了课堂观察的含义和它的评价价值、专业发展价值。

通过理论学习,我们对课堂观察有了更深刻的理解,对语文课堂观察的方法和途径有了初步的思考。

在研读讨论的基础上,我们结合郑州市和第106中学的实际,设计了语文课堂观察量表。根据《课堂观察:走向专业的听评课》,我们将课堂观察分为四个维度:教师教学、学生学习、课程性质和学科特点。在观察之前,根据教学内容和教师特点进行具体设计。下面以我们较早观察的康鑫老师的《济南的冬天》为例,来说明量表设计情况。课题组在讨论的基础上,设计出四份量表。针对现代文阅读的特点,设计了"学生是如何突破难点的"量表,对现代文教学来说,学生初步理解课文容易,但深入理解品味难。为了对教师的课堂语言的有效性进行分析,我们设计了"教师提问的有效性"量表。依据郑州市正在进行的细化解读新课标活动,我们设计了"学习目标的设计与达成"量表,了解教师学习目标的细化分解及达成情况。为了解课堂文化,我们设计了"发言权的分配"量表,了解课堂的民主程度及学生参与面。在以后的观察中,我们的量表将不断变化发展。

(二)观察课堂,互助发展

本课题的核心环节是进行课题观察,理论学习之后,我们一直坚持进行课堂观察。

1. 观察积累

我们依托郑州市第 106 中学的教师课堂教学练功比武课和研讨课,进行课堂观察实践,摸索前行。在进行中高级教师练功比武课时,我们对杨雪梅、袁海燕、樊艳平三位教师的课进行课堂观察,对课堂观察有了切身体会。我们根据观察情况,不断研发适合语文特色的有针对性的观察量表,不断尝试,不断改进。

在对练功比武课进行观察的基础上,我们又以学校每周的研讨课为靶子落实课题研究。鉴于课题主要成员大都是七年级老师,所以我们针对初始年级更便于开展工作,做法是:一位教师上课,其余四位教师就"教师教学""学生学习""课程性质"和"课堂文化"四个维度进行观察。以康鑫老师的《济南的冬天》一课为例。

第一阶段,活动前的准备:设计(选择)观察记录的工具。我们课题组采用适合散文教学的观察量表进行观察,我们准备了"目标的设计与达成""学生是如何突破难点的""发言权的分配""教师提问的有效性"四份观察工具。对参与观察的教师进行明确的分工,确定每位教师的观察任务。之后可以由同一个教师在另一个班进行有效改进教学还上这一课,也可以换人轮流被观察,如是再三。我们严格按照课堂观察的流程进行观察。在观察之前,召开课前会议,授课者和观课者就上课内容进行交流,观课者为授课者提出建议,对参与观察的教师进行明确的分工,确定每位教师的观察任务。

第二阶段,进入课堂进行观察:依照事先选定的记录方式,我们对观察对象进行了观察并及时作了记录。因为每一位教师都有特定的观察任务,所以所有教师观察活动都十分认真、专注。

第三阶段，在课后会议上进行观察后的汇报：我们对观察的记录做了汇报，交流了进行课堂观察的感受。因为是观察汇报，所以我们较多地对课堂场景进行描述，对有关数据进行了统计，对图表进行呈现，没有过多的发表观察者对这堂课教学设计或者教学效果的评价。

这一阶段，我们对课堂观察初窥门径，积累了资料，为下一阶段的观察准备了条件。

2. 改进提高

在观察的过程中，我们不断进行反思、改进。在观察现代文阅读课取得一定的成果之后，我们又对其他类型的课进行了观察。

文言文教学是语文教学的重点和难点，在接下来的观察实践中，我们对靳秀红老师的文言文教学进行了观察，了解文言文教学的特点，探讨文言文教学的规律。在前期观察的基础上，靳老师还在郑州市细化解读课标研讨会上演示了观摩课。11 月 15 日的观摩课上，靳老师所讲的课是文言文《陈太丘与友期》。在靳老师上课时，我们课题组成员运用本组自主研发的观察量表，就四个维度的某一具体观察点对该课教学过程进行课堂观察。因这次是文言文，所以观察的角度分别是"学习目标的制定与达成""教师提问的有效性""学生是如何学习文言文重点的""学生参与课堂活动的情绪状态、学习活动及效果评价"等四个方面。

在课后会议阶段，靳老师首先对本课进行了说课与反思，参与观察的教师汇报观察结果。我们根据课堂上观察到的客观数据做出理性分析，充分指出了本节课设计及实施中的优缺点，提出了改进的措施和意见，与会专家和全体语文教师就本课也进行了充分的研讨和交流。

教研室高全套、王燕、刘慧臻三位教师对郑州市第 106 中学运用课堂观察法来量化、细化解读课标给予了高度评价。高老师在总结上再次明确了细化解读课标的学科化、课型化和个性化，并指明了郑州市课堂观察的三个观察方向和重点，即"目标的落实和达成""语文课型模式的有效性""语文学科的特点（四有：有目标、有自学、有讨论、有读写）"。

这次的研讨课很成功，教研室的教师很满意。其实在这次研讨会的前两天，王燕和刘慧臻老师亲自到第 106 中学听课并指导工作，我们也几易其稿，不断改进观察点，最后符合细化解读课标的观察方向。在这次全市的研讨会议中,我们课题组在全市语文界展示了阶段性成果,这坚定了我们的信心,更大的收获在于高老师为我们今后的观察指明了方向,我们更有目标了。

在全市的精彩亮相并不是我们的最终目的,真正意义在于追求课题效益的最大化,即让更多的教师能从中得到启发和实惠,让更多的学科能从中感受到课堂观察的意义。学校郝建校长抓住这个契机,让我们课题组于 11 月 18 日在全校老师面前再为大家展示一次课题的实绩。

我们不是机械地重复,因为班级不同,学生的实际情况不同,因而尽管是相同的课,观察量表也有微调。鉴于靳老师在讲课中在对学生回答后的评价方面稍有欠缺,故专门制定"教师评价语的有效性"这一观察维度,提醒和敦促靳老师不断完善自己。

不出所料,好评如潮。其他年级的语文教师也很感兴趣,于是我们在语文教研的时间,再一次培训整组的教师接受这一专业的听评课形式。比较开学伊始对他们的培训,这次更能感受到教师们的热情,那是基于亲眼所见的改变。不久,第 106 中学邀请华东师范大学专家冯大鸣教授一行来校指导听课,高中语文教师也借用和借鉴我们的量表进行量化评课,受到专家的首肯和赞许。

不仅如此,我们课题组因在全校进行示范、在全市进行展示,起到了良好的示范带动效应。12 月 13 日下午,郑州市初中思想品德细化解读课程标准研讨会在第 106 中学举行,学校政治组也借鉴了我们的课堂观察形式进行评课,获得领导和教师们的好评,称第 106 中学的课堂观察走到了郑州市中学课堂观察的前列。我校历史组也设计了"教学行为的时间分配""任务布置的有效性""课堂提问设计""教学资源利用"等观察量表,边进行课堂观察,边修改观察角度,努力构建高中历史课堂量化评价体系,这也是第 106 中学又一个省级课题的研究。大家的共识是,郑州市第 106 中学开展课堂观察是在该校初中语文教研组的带动下进行的。

3. 充实深化

在对文言文阅读课进行观察之后,我们在观察的道路上继续摸索实践。

我们认为课堂观察应该既有利于提高学生语文素养,又有利于应对中招考试。于是我们决定观察量表的开发从"语言积累与运用""阅读(包括现代文阅读、文言文阅读)"和"写作"这几个方面进行,主要围绕基于不同课型(作文教学和语文基础知识教学)下的观察量表的开发。上学期我们就文言文教学进行了较为系统和细致的观察研究工作,取得了阶段性成果。本学期的任务主要是对作文教学和语言积累运用方面的观察量表的开发,不断扩大量表的适用范围,不断修正观察角度,以期收到更好效果。具体工作如下:

鉴于课题研究伊始,我们对组内康鑫老师的散文教学进行课堂观察时有经验不足的欠缺,观察角度有些僵硬和程式化,因循守旧了一些,我们决定重新对现代文阅读教学进行观察量表的开发。这次由课题组长杨雪梅老师讲课,其他成员进行观察,还邀请了学区内几个兄弟学校的教学领导,也吸引了课题组之外的语文教师一起听评课。

杨老师讲的是九年级下册散文单元的《那树》。课前会议时我们交换了对本课及本班学生的相关信息,确定从"教师引导和评价语的有效性""读写活动的安排""学生参与课堂教学的方式""教师站立的位置及其效果"四个维度进行观察,课堂上师生互动充分,学生学习状态很好。在课后会议中,大家依据观察过程的数据等做出定性定量的评价,数据也显示出在学生活动的角度的优势,评价很高。

我们及时进行总结,组内根据这两个课例和平时备课上组研讨课时的经验,得出对于现代文阅读的观察方向,量表很实用。

课题组成员在初中三个年级分别就字词教学、修改病句、综合性学习课、语言的实际运用等课型狠下功夫,及时总结,制定了相配套的观察量表,且这些量表都是在上过两班次以上的基础上定稿的,凝结了课题组全体成员的汗水和心血。其中李军亮老师的名著导读课给人印象深刻,小组进行观察,量表适用性强。

作文辅导课更是不好上。初中作文教学无序列无教材的现实,多年以来让很多教师陷入尴尬。这种无序、随意直接影响了作文的效率,也无形中弱化了作文教学的地位。作文教学的序列化是实现作文教学有效性的前提。我们根据自己的实践经历制定了三年规划,在循序渐进的螺旋式训练中,力求使学生作文能力达到一定的高度:第一年,入"格"。这里的"格",是作文的一般性规范。入"格"是奠定作文能力的基础和抓手。第二年,出"格"。让学生作文跳出规范,放胆写作,走向自由,突出个性,引导学生关注自己的生活,关注心灵体验。教师在作文的指导上形式要多样,方法要灵活。第三年,长"格"。在对作文的材料(立意)、语言、结构等方面进行综合性训练的基础上进行提升,从而使学生的作文达到一种新的高度,达到有情趣、有意趣、有理趣的境界。针对七年级,为使学生掌握写作的抓手,课题组秦娟老师引导学生抓住心理描写表现人物,上了一节"细体会心理描写,妙点亮人物心扉"的作文辅导课,课题组教师分别就情境的创设和利用、学生参与课堂教学方式等方面进行观察。在课后会议中我们发觉,观察的角度还待调整,观察的方式还需要改进。

课堂观察课题组是一个合作体,在观察的过程中互相帮助、互相启发,无论是观察者还是被观察者,都得到了提高。

(三)反思课堂,总结提升

课堂观察是教师收集信息,评估行为,技巧和效果的基本方式。它可以是教师自己对教学对象——学生,在课堂活动中的片段进行观察,教师通常以参与者的身份观察发生在自己课堂中的现象。通过课堂观察,教师可以了解学生是否取得了预期的进步;及时发现学生的某些问题并制定恰当的计划帮助他们;了解学生是否觉得教学有趣,有价值;了解教材是否适用,一些教学的技巧或活动是否适宜重复使用等等。

由于对课堂观察研究还处在尝试阶段,在交流时教师们觉得还有许多做法值得探究、改进,也引发了许多思考:

首先,我们第一次接触到了科学的课堂观察。自从有了课堂教学,课堂观察的行为就一直存在。但是,作为一种科学研究方法的课堂观察,至今仍然是"一项被遗漏的教师专业能力"。通过这样的课堂观察系统的培训活动,我们的观念发生了变化。

其次,我们将视野从以往听课中仅仅关注到的教学环节、教师的教学活动过程,转移到了教学过程中的种种细节。在听课时将细节放大,细细地品味。将它们记录下来,课后反复琢磨和推敲,并进行科学的分析,提出改进建议。

再次,从关注他人到关注自身。课堂观察,观察的是他人的教学现状,反思的却是自己的教学行为。从他人的成功或失误中汲取经验和教训,从而演变成对自身教学行为的一种改进。这本身就是课堂观察的意义和价值。

在近一年的研究过程中,我们设计了适合不同课型的观察量表,总结了观察案例,写出了教学反思和论文,提升了自己的专业能力。

课堂观察这种新型教学研究手段着眼于学生的健康成长,追求的是课堂的高效。它将让学生快速成长,让教师专业迅速成长。课堂观察基于教师自身的实践水平和教学思想,所以,教师应当不断提升自己的教学理论水平和实践能力,课堂观察远未结束,我们应将观察进行到底。

四、研究成效

(一)探索出一套适合语文学科的听评课模式

在课题研究的过程中,我们依托研讨课、公开课进行观察,在设计量表、积累观察经验的同时,也对语文学科听评课的有效模式进行了探究。我们坚持按照课前会议、课中观察、课后会议的程序进行听评课,课前充分沟通,课堂分工明确、重点关注学生,课后总结反思。按照课堂观察的要求进行教研改革,每次上研讨课前都要召开会议,由上课教师说上课思路,其他教师提出改进意见,确定观察点。上课时同组教师每人观察一个维度,记录相关信息。课后教研组每人根据记录发言,有理有据。例如对教师引导和评价语的使用,我们设计了专门量表(见表10-2),进行观察研讨,促进了授课教师引导、评价能力的提高。基于 LICC 模式的语文课堂观察,既有量化分析也有定性评价,全面而细致地评价了课堂,为教师成长提供了更多的帮助。

课堂观察为教研活动建立了一套规范,提高了听评课的效率,促进了备课组和教研组的建设。

表 10-2　教师引导和评价语的使用(教师教学维度)

引导与评价语 教师提问	引导语		评价语				
	答前引导	答后引导	简单评价	针对性评价	总结性评价	发散性评价	无评价
……	……						
整体评价							
改进建议							

(二)有效促进教师专业成长,提高教师科研能力

课堂观察可以有效促进教师的专业成长,提高教师从事科研的能力。课堂观察是促进教师专业发展的重要途径之一。无论是观察者还是被观察者,无论是处在哪个发展阶段的教师,都可以根据自己的实际需要,有针对性地进行课堂观察,从而获得实践知识,改进自己的教学技能,提升自己的专业素养。课堂

观察对被观察者的专业提升作用是明显的,通过多维度、有针对性的观察,能确切了解被观察者的优点和不足,帮助其更好地提高专业技能。对观察者来说,课堂观察也能起到促进成长的作用,通过细致观察,可以学习被观察者的长处,可以发现被观察者的不足,从而能在以后的教学中扬长避短。

课堂观察紧密结合日常教学,为教师进行科研提供了条件。课堂观察比以往的听评课更规范、更科学,教师在听评课的过程中,需要设计量表,需要交流探讨,需要分析总结,通过一系列活动,加深了对课堂教学的认识,为科研积累了资料。课堂组成员在参与课堂观察的过程中,都有深刻的感悟,都写出了高质量的反思、论文。靳秀红老师、康鑫老师、杨雪梅老师写了精彩的课后反思,秦娟老师写了《巧妙评论,吹动学生智慧之帆》,杨雪梅老师写了《论课堂观察对教师专业成长的作用》,对课堂教学的规律进行深入探讨。

五、存在的问题和设想

语文课堂观察是一项新事物,我们经过研究,取得了一定的成绩,也发现了一些问题。进行课堂观察,有时会感觉到量表不太好记录,如何使量表更加容易记录,这是一个需要研究的问题。语文学科既有工具性,也有人文性,如何使量表更好地反映语文学科的特点,也是需要继续研究的。

参考书目

[1]中华人民共和国教育部.义务教育语文课程标准:2011 年版[S].北京:北京
师范大学出版社,2012.

[2]中华人民共和国教育部.普通高中语文课程标准:实验[S].北京:人民教育
出版社,2003.

[3]杜威.民主主义与教育[M].王承绪,译.北京:人民教育出版社,1990.

[4]王荣生,宋冬生.语文学科知识与教学能力[M].北京:高等教育出版
社,2011.

[5]张华.课程与教学论[M].上海:上海教育出版社,2001.

[6]王尚文.语感论[M].3 版.上海:上海教育出版社,2006.

[7]多尔.后现代课程观[M].王红宇,译.北京:教育科学出版社,2000.

[8]芬斯特马赫,索尔蒂斯.教学的方法:第 4 版[M].胡咏梅,等译.北京:教育
科学出版社,2008.

[9]钱梦龙.钱梦龙与导读艺术[M].北京:北京师范大学出版社,2006.

[10]王尚文.语文教学对话论[M].杭州:浙江教育出版社,2004.

[11]倪文锦.高中语文新课程教学法[M].北京:高等教育出版社,2004.

[12]周庆元.语文教学设计论[M]南宁:广西教育出版社,1996.

[13]王荣生.散文教学教什么[M].上海:华东师范大学出版社,2014.

[14]王林发.新课程语文教材教学法[M].广州:暨南大学出版社,2010.

[15]王荣生.语文教学内容重构[M].上海:上海教育出版社,2007.

[16]沈毅,崔允漷.课堂观察:走向专业的听评课[M].上海:华东师范大学出版
社,2008.

[17]巴赫金.巴赫金全集:第四卷[M].石家庄:河北教育出版社,1998.

[18]巴赫金.陀思妥耶夫斯基诗学问题:复调小说理论[M].白春仁,顾亚铃,

译.北京:生活·读书·新知三联书店,1988.

[19]何成刚,等.智慧课堂:史料教学中的方法与策略[M].北京:北京师范大学
出版社,2010.

[20]陈琦,刘儒德.当代教育心理学[M].北京:北京师范大学出版社,1997.

[21]曹明海.文学解读学导论[M].北京:人民文学出版社,1997.

[22]托尔斯泰.什么是艺术[M].何永祥,译.南京:江苏美术出版社,1990.

[23]刘安海,孙文宪.文学理论[M].武汉:华中师范大学出版社,1999.

[24]南帆.文学理论新读本[M].杭州:浙江文艺出版社,2002.

[25]魏国良.高中语文教材主要文本类型教学设计[M].上海:上海教育出版
社,2007.

[26]金生鈜.理解与教育:走向哲学解释学的教育哲学导论[M].北京:教育科
学出版社,1997.

[27]郑桂华.听郑桂华老师讲课[M].上海:华东师范大学出版社,2007.

[28]王荣生.听王荣生教授评课[M].上海:华东师范大学出版社,2014.

[29]张霞儿.走进文本,走进课堂:问题和问题解决策略:中学语文[M].宁波:
宁波出版社,2010.

[30]余映潮.余映潮的中学语文教学主张[M].北京:中国轻工业出版社,2012.

[31]潘庆玉.语文教育发展论[M].青岛:青岛海洋大学出版社,2001.

[32]孙杰远.信息技术与课程整合[M].北京:北京大学出版社,2002.

[33]林宪生.多元智能理论在教学中的运用[M].北京:开明出版社,2003.

[34]朱绍禹.中学语文课程与教学论[M].北京:高等教育出版社,2005.

[35]刘淼.作文心理学[M].北京:高等教育出版社,2001.

[36]韦志成.语文学科教育学[M].武汉:华中师范大学出版社,2002.

[37]中央教育科学研究所.朱自清论语文教育[M].郑州:河南教育出版
社,1985.

[38]李雁冰.课程评价论[M].上海:上海教育出版社,2002.

[39]区培民.语文课程与教学论[M].杭州:浙江教育出版社,2003.

[40]孙曙辉,刘邦奇.智慧课堂[M].北京:北京师范大学出版社,2016.

[41]崔允漷.论指向教学改进的课堂观察LICC模式[J].教育测量与评价(理
论版),2010.

[42]朱小蔓.情境教育与人的情感性素质[J].课程·教材·教法,1999(1).

［43］何克抗．建构主义的教学模式、教学方法与教学设计［J］．北京师范大学学报（社会科学版），1997（5）．

［44］查洪德，徐姗．特殊句法与古诗解读［J］．名作欣赏，2011．

［45］丁晓红．探究背景　感悟文化　关注生命——例谈古诗的三种解读方式［J］．语文教学通讯，2011（9）．

［46］孙世军．论现代诗歌鉴赏中的意象解读［J］．深圳大学学报（人文社会科学版），2003，20（4）．

［47］马玲凤．中学语文教学与现代诗解读［J］．语文天地，2015（5）．

［48］张弓弼．试论研究型课程学习中的发现问题和提出问题［J］．户学政治教学参考，2002（22）．

［49］余映潮．"主问题"的教学魅力［J］．语文教学通讯，2011，613（2）．

［50］李纪燕，"主问题"当家，课堂更轻松：谈阅读教学中"主问题"的设计［J］．文教资料，2011（02）．

［51］楼佳钰．"一引起纲，万目皆张"：论语文阅读教学中的主干式提问［J］．语文学刊，2006（04）．

［52］郑逸农．语文阅读教学有效性的基本标准［J］．语文学习，2009（12）．

［53］顾德希．信息技术与语文教学的整合［J］．中国远程教育，2002（6）．

后 记

在陕西师范大学研究生院教育硕士教材建设项目的支持下,我们结合文学院公费师范生教育硕士教学的实际情况,组织高等师范院校教师及中学优秀教师合作编写了这本教材。本教材以高等师范院校公费师范生教育硕士、全日制教育硕士、汉语言文学教育专业本科学生及中小学语文教师为读者对象,以义务教育和普通高中的《语文课程标准》为依据,全面论述智慧课堂的体系建构和实践策略,以引导读者进行全方位、多层次的思考。同时,本教材以文本解读、知人论世、课堂主问题设计、教学方法选择、语文拓展等为重点,遵循着服务教学、引导教学的编写思路,力求符合中小学语文学科的实际需要。

这本教材是全体编写成员辛勤努力的成果,是集体智慧的结晶。在本书编写的过程中,编写组同志倾注了大量的时间和精力,大家反复校对,精心编撰,数易其稿,终于付梓。

编写分工:

第一章:吕洋(陕西师范大学文学院)

第二章、第三章:徐殿东(西北工业大学附属中学)

第四章:孔令元(西北工业大学附属中学)

第五章:田甲林(陕西师范大学附属中学)

第六章:屈婷(曲江第一中学)

第七章:彭玲(曲江第一中学)

第八章:张晓华(西安市第89中学)

第九章:胡再平(西安交通大学附属中学)

第十章:李军亮(陕西师范大学文学院)、杨雪梅(郑州市第106中学)

　　感谢陕西师范大学研究生院和文学院的相关领导及老师对我们大力的支持。感谢赵学清老师、蒋鹏举老师给予的大量指导与帮助。此外，为本教材的付印出版，陕西师范大学出版社冯新宏编辑付出了辛苦的劳动。在本书付梓之际，向他致以最诚挚的感谢！最后，谨以此教材求教于各位专家和读者！

编　　者

2018 年 10 月